KB209339

교사론

좋은 선생님 되기

전일균

교육은 과거의 검증된 지식을 바탕으로 미래를 지향해 가는 작업이다. 이러한 교육을 주도적으로 실천해 나가는 사람을 우리는 교사라고 부른다. 가르치는 일을 업으로 삼은 사람들의 호칭으로는 교사, 선생님, 스승님, 강사, 교수 등이 있다. 이 속에는 교육자에 대한 나름대로의 평가가 담겨 있다. 대학에서 학생을 가르치는 나 같은 사람에게는 흔히 '교수'라는 호칭이 정해져 있다. 하지만 나는 교수라는 호칭보다는 '선생'이란 말을 좋아하며, 학생들이 나에게 "교수님"이라고 부르는 것보다 "선생님" 하고 부르는 것을 더욱 기분 좋게 생각한다. 그 이유는 간단하다. 선생님이라는 호칭에 교수님이라는 호칭보다 존경의 뜻이 많이 담겨 있기 때문이다. 사전적 정의를 보더라도 '선생(先生)'은 교사의 존칭이며, 어떤 분야에서 경험이 많거나 잘 아는 사람 혹은 다른 사람을 높여 부르는 말로 정의되어 있다. 그에 비하여 교사 혹은 교수는 초·중등학교 혹은 대학에서 가르치는 일을 직업으로 삼는 사람을 뜻할 뿐이다. 교수나 교사 모두 직업을 의미할 뿐, 특별히 직업에 대한 가치가 담겨 있는 호칭은 아니다. 그러나 선생님이라는 호칭은 가르침을 받아야 할 만큼 존경하는 사람의 의미가 강하다. 물론 현재 우리나라에서는 유치원부터 초·중등학교 교사는 선생님으로, 대학에서는 교수님으로 호칭하는 것이 일반화되어 있기 때문에 구태여 이에 대하여 시비를 걸 마음은 없다. 그러나 적어도 교사 혹은 선생님에 대하여 공부하고자 하는 사람이라면 이 정도의 구별은 하는 것이 마땅하다. 이 책의 제목 역시 『교사론』보다는 『선생님론』이라고 하는 것이 맞지만, 어느 정도의 관행에 거스르지 않기 위하여 『교사론』이라는 제목을 채택할 수밖에 없었다. 이 책은 단지 가르치는 직업보다는 역사와 공동체에 책임감을 가지고 있는 지식인으로서의 선생님을 주제로 하고 있다.

근래 교사에 대한 연구는 주로 교수법에 치우치는 경향이 강하다. 필자가 재직하고 있는 대학에서도 플립 러닝, PBL 수업 설계, 온라인 수업 제작법 등 교수들을 대상으로 한 다양한 교수법 특강이 제공되고 있으며, 학회지에 발표되고 있는 교사에 대한 다양한 연구들도 대부분 교수법과 관련된 내용들로 채워져 있다. 당연히 초·중고등학교 교사들에게도 새로운 교수법 연수가 유행하고 있는 것이 현실이다.

'구슬이 서말이라도 꿰어야 보배'라는 말이 있다. 교사가 아무리 아는 것이 많다고 하더라도 그것을 학생들에게 효율적으로 전달하지 못한다면 훌륭한 교사라고 할 수 없으며, 교사와 학생과의 관계에서 교수법은 매우 중요한 요소라는 의미로 해석할 수 있는 속담이다. 교수법이란 말 그대로 가르치는 방법이다. 그러나 가르치는 방법이 아무리 중요한 교육적 행위라고 하더라도 우리는 도둑질하거나, 남을 속이거나, 나라 팔아먹는 방법을 잘 가르친다고 해서 이를 교육이라고 하지는 않는다. 가르치는 방법의 전제는 바로 '무엇을' '왜' 가르쳐야 하는가에 대한 교육적 판단의 존재이다. 일제 강점기에 조선어는 감히 가르치지 못했으면서 일본어를 잘 가르쳤던 교사를 좋은 선생님이었다고 평가할 수는 없으며, 군사독재 시절 정권의 요구에 따라 엉터리 같은 내용을 잘 가르쳤던 교사를 훌륭한 선생님이었다고 할 수도 없다. 이처럼 교수법도 의미 있는 교사의 능력이지만 더 중요한 것은 무엇을 왜 가르쳐야 하는가에 대한 교사의 성찰일 것이다. 필자는 교수법 위주의 교사론을 교직에 대한 '양적 연구'라고 생각하며, 교육 내용 및 목적과 이의 가치에 대한 것을 연구하는 '질적 연구'와 구분하고 있다. 물론 교직에 대한 양적 연구와 질적 연구 중 무엇이 더 중요한가에 대한 논란은 의미가 없다. 반교육적 내용을 잘 가르치는 것이 교육이 될 수 없듯이 아무리 중요한 것이라도 학생들에게 제대로 전달되지 않는다면 그것 역시 의미 없기 때문이다. 다만 가르치는 방법이 가장 중요한 교사의 역할이라고 생각하는 경향에 대하여 교육의 가치에 대한 교사의 성찰도 매우 중요한 점임을 강조하고 싶을 뿐이다. 이 책에서는 가르침에 대한 방법보다는 교육의 가치, 교사의 품성과 능력 그리고 교사가 지녀야 할 시대적 책임감 등을 주제로 삼고 있다.

교사에게 있어서 가장 중요한 것은 무엇일까? 당연히 학생이다. 학생은 교사 없이도 혼자서 공부할 수 있지만, 교사라는 직업은 학생이 없다면 존재할 수 없기 때문이다. 따라서 학생들이 현재 겪고 있는 다양한 문제들은 교사들이 함께 해결해야 할 과제가 되어야 한다. 다만 교사들이 학생들을 위하여 무엇인가를 주체적으로 해 보려고 해도 안 되는 경우가 적지 않다. 학부모의 권리, 교육 행정 당국의 간섭 거기에 정권 차원의 정치적 압력 등은 교사가 교육 전문가로서 자유롭게 학생들을 가르치려고 하는 것을 방해하고 있다. 전통적으로 교육에 대한 사회적 제권력들은 끊임없이 간섭하고자 하는 경향이 있었다. 교육에 대한 학부모를 비롯한 사회적 압력이 무조건 부당한 것은 아니다. 교육 자체가 공동체의 협업을 전제로 하며, 따라서 공동체를 구성하는 다양한 집단들이 교육에 관심을 갖는 것은 당연하다. 그러나 학부모가 자신의 자녀에 대한 특별한 대우를 바라는 것처럼 특정 세력이나 집단이 자신들만의 배타적 이익을 위하여 교육에 압력을 가하고자 한다면 이는 당연히 배척되어야 한다. 대부분의 현대 국가에서는 이를 위하여 헌법에 교육의 자유와 독립성을 제시하고 있으며, 이는 우리나라도 마찬가지이다. 헌법 정신에 명시되어 있을 만큼 교육의 독립성은 매우 중요한 사회적 과제이지만 이에 대한 간섭도 끊임없이 지속되고 있기도 하다. 교사가 아니면 알지 못하는 교육 행정 당국의 학교 및 교사에 대한 압력, 학부모의 간섭 등은 물론이고, 우리 모두가 알고 있듯 몇 년 전 겪었던 국정 역사교과서 사태 등은 정치적 세력이 자신의 이익을 위하여 교육에 압력을 가하려고 했던 대표적 사건이다. 교육에 대한 특정 세력의 압력은 교육을 왜곡시키거나 공동체를 병들게 할 수 있다. 따라서 교육의 독립은 학생과 학부모, 교사 등 교육 주체자 모두가 지켜나가야 한다. 그중에서도 교육 활동의 중심에 있는 교사들의 역할은 매우 중요하다. 교권이 중요한 이유는 바로 교사의 권리와 의무 중에 이러한 역할이 들어 있기 때문이다. 이러한 점에서 이 책에서는 교사의 권리와 역할, 의무 및 교사의 사회적 책무성 등에 대하여 다루었으며, 아울러 학생의 인권과 권리에 대해서도 살펴보았다.

교육은 기본적으로 과거의 경험과 유산을 기본으로 하기 때문에 보수적 성격을 띤다. 그러나 이를 바탕으로 미래를 지향해 나가기 때문에 진보적 성격을 가지기도 한다. 과거는 현재와 미래의 교본이라는 '온고지신(溫故知新)'은 교육의 이러한 특징을 잘 보여준다. 따라서 교사는 과거를 기반으로 전혀 경험해 보지 못한 미래를 향해 학생과 함께 전진해 가는 진보적 지식인으로서의 의무감을 갖는다. 이러한 점에서 "교사가 되는 것은 인류의 가장 건설적인 모험에 참여하는 일"이라는 케르셴슈타이너의 말은 교직의 특징을 가장 잘 표현한 말이다. 주어진 지식을 정해진 방법에 따라 학생들에게 그저 잘 전달하는 교사보다는 학생과 함께 불투명한 미래를 향해 무소의 뿔처럼 전진해 나가는 교사의 모습을 그리며 이 책을 썼다. 이 책이 이러한 교사상을 그려 나가는 데 작은 보탬이 되었으면 한다. 마지막으로 원고 교정을 도와준 이경희, 김근영, 전유선님과 출판을 도와주고 허락해 주신 박영사 관계자분들께 깊은 감사를 드린다.

2024년 가을
저자 전일균

목차

CHAPTER

01

교육이란 무엇인가

1 교육적 존재로서의 인간

　'교육이란 무엇인가'라는 물음은 곧 '인간이란 어떤 존재인가'라는 의문에서부터 시작될 수 있다. '인간이란 무엇인가', '인간의 삶은 어떤 의미를 갖는가' 혹은 '어떻게 사는 것이 가장 인간다운 삶인가' 등은 우리가 살아가면서 갖게 되는 가장 원초적인 삶에 대한 질문일 것이다. 그런데 이러한 질문에 대한 답변은 그리 쉽지 않다. '세종대왕은 조선의 몇 번째 왕이었는가', '물(水)은 어떠한 성분으로 구성되어 있는가' 등의 질문과는 달리 인간에 대한 질문은 결코 하나의 정답이 나올 수 없기 때문이다. 그럼에도 불구하고 인간은 자신에 대한 질문을 끊임없이 해오고 있다. 아마도 자신의 존재 혹은 자신의 삶에 대하여 이토록 끊임없이 의문을 가지며 사는 동물은 이 지구상에 인간밖에 없을 것이다. 따라서 이러한 '실존(實存)'적 존재로서의 자신에 대한 회의(懷疑)와 삶의 과정에 대한 의문은 인간을 규정하는 특징 중의 하나라고 하겠다. 데카르트는 "나는 생각한다. 고로 존재한다."라는 유명한 명제를 남겼다. 인간은 존재와 삶에 대한 사색의 과정 속에서 세계와 자신에 대한 이해의 폭을 넓혀 나가게 된다는 의미이다. 존재와 삶에 대한 스스로의 질문과 사색은 인간이 다른 동물과는 다르다는 것을 전제로 한다. 이러한 점에서 란트만(M.Landmann)의 철학적 인간학(Philosophische Anthropologie)은 인간과 동물의 차이를 구별해 냄으로써 '인간이라는 존재'에 대한 답을 찾아가는 데 많은 시사점을 제공한다. 그는 특히 인간과 동물의 생물학적 차이를 규명함으로써 인간에 대한 물음의 답을 찾고자 하였다. 그가 제시한 인간과 동물의 차이를 몇 가지 예를 통하여 살펴보면 다음과 같이 설명할 수 있다. 첫째, 인간의 육체적 기관이 갖는 비전문화와 다양성이다. 소는 채식만 해야 하기 때문에 어금니만 있고, 늑대는 육식만 하기 때문에 송곳니만 있다. 그런데 인간은 채식과 육식을 모두 해야 하기 때문에 어금니와 송곳니가 고르게 발달되어 있다는 것이다. 둘째, 특이한 성장의 리듬이다. 인간은 너무 일찍 세상에 태어나며, 출생 후 어미의 적극적인 양육을 받아야만 살아 남는다. 반면에 몇몇 동물을 제외하면 대부분의 동물들은 모체에서 떨어지는 순간부터 걸어 다니며 먹이를 먹고 산다. 셋째, 세계 개방성이다. 동물의 감각으로는 먹이와 먹이 아닌 것, 동성과 이성, 그리고 적과 아군밖에는 보이지 않는다. 동물들은 본능적으로 이분법적 범주 안에서만 생활하는 것이다. 그러나 인간은 뜻에 따라 단식을 하기도 하고, 자살을 하기도 하며, 독신으로 삶을 살아가기도 하고, 원수를 사랑하기도 한다. 동물들의 세계가 본능에 입각한 폐쇄사회인 것에 반하여 인간의 삶은 본능과는 다른 이성과 문화에 의하여 지배받는 개방사회를 지향한다. 이처럼 란트만의 철학적 인간관은 인간에 대한 본질적 의문을 인간과 기타 동물과의 차이에서 찾는다. 또한 인간은 다른 동물과 달리 다양한 본성과 특성을 지니고 있기 때문에 어떤 절대적 기준을 가지고 평가할 수 없으며 복잡하고 다양하며 설명할 수 없는 특성을 지니고 있음을 알게 해준다. 그렇기 때문에 우리는 인간의 본질적 의문에 대한 해답을 영원히 찾지 못할 수도 있다. 다만 다른 동물과 비교하여 인간의 특징을 설명할 수 있을 뿐이다. 란트만의 철학적 인간관은 바로 이러한 점에서 인간에 대한 의미 있는 해석이라고 평가할 수 있으며, 인간에 대한 그의 해석은 인간에게 교육이 왜 필요한가에 대한 해답을 찾는 데 많은 도움을 준다. 란트만의 연구에서처럼 인간에 대한 의문과 다양한 탐구는 인간을 정치적, 종교적, 유희적, 사회적 존재 등으로 규정하고 있기도 하다. 그러나 인간이 교육을 통하여 문명과 역사를 창조해 나가고 있다는 점을 생각해 볼 때, 인간을 '교육적 동물'이라고 표현할 수도 있다. 김정환은 인간을 교육적 동물이라고 하는 이유에 대하여 인간만이 지니는 특징을 중심으로 다음과 같이 설명하고 있다. 첫째, 인간은 미성숙의 상태로 탄생한다는 점이다. 대부분의 동물들이 태어난 지 얼마 지나지 않아 제 발로 걷는 등 삶에 대한 기본적인 틀을 가지게 된다. 반면에 인간은 오랜 세월이 지나야 독립된 삶을 살 수 있다. 걷기까지 1년여의 세월이 필요하고, 간단한 단어를 말할 수 있게 되기까지는 2년여가 걸리며, 독립적인 생활을 하기 위해서는 더 많은 시간을 필요로 한다. 이처럼 인간은 다른 동물에 비하여 훨씬 약하고 미숙한 상태로 태어난다는 특징을 지니고 있다. 둘째, 인간은 가치 지향성을 지닌 존재이다. 인간을 제외한 그 어떤 동물도 삶의 가치 혹은 진리를 추구하지는 않는다. 그러나 인간은 주어진 것에 만족하지 않고 더 나은 무엇인가를 끊임없이 추구하는 존재이다. 그러므로 인간은 종교와 철학을 지니고 있으며, 이를 위하여 삶의 전부를 투자하기도 한다. 단지 동물적 본능과 생물학적 욕구를 넘어서 그 이상의 가치를 추구하는 존재가 바로 인간이라는 의미이다. 셋째, 인간만이 지니는 장기간의 준비성이다. 앞에서 지적했듯이 인간은 독립된 존재로서의 삶을 영위하기 위해서는 15~20여 년의 세월이 필요하다. 즉, 한 인간이 공동체의 책임 있는 일원으로서의 역할을 할 수 있게 되는 데 필요한 능력, 기능, 태도를 갖추기 위해서는 많은 시간과 노력이 요구된다. 특히 현대사회로 접어들면서 이러한 준비 기간은 점점 길어지고 있는 실정이다. 따라서 인간의 삶 속에서 교육이라는 과정이 필수적 요소가 된다. 넷째, 인간이 지니는 행동양식, 문화내용의 재획득성이다. 동물에게는 문자와 언어, 가치관 등에 의하여 형성된 광의의 문화가 존재하지 않는다. 그러나 인간에게는 문화가 가장 중요한 생활수단이면서 존재 이유가 되기도 한다. 그런데 이러한 문화의 전수는 집단에 의해서가 아니라, 개인에 의해서 획득된다. 즉, 집단의 문화가 각 개인에게 흡수됨으로써 문화로서의 의미를 갖게 된다는 것이다. 문명은 인간 집단의 공동체적 삶을 기반으로 하고 있지만, 이것의 기초는 개인에게 있다. 개인이 쌓아 온 문화의 가치가 공동체로 전이되면서 집단적 문명이 이루어졌다. 다섯째, 인간이 지니는 조작적 경험의 전달성이다. 인간 외의 다른 동물에게는 앞 세대의 경험을 다음 세대에 체계적으로 전달하는 기능이 없다. 본능에 기초한 삶의 경험이 단순히 반복될 뿐이다. 이러한 반복은 세대가 거듭되어도 진화와 발전을 가져올 수는 없다. 그렇기 때문에 천 년 전의 원숭이와 지금의 원숭이는 생물학적 진화에 따른 변화 외에는 동일한 원숭이일 수밖에 없다. 그러나 현재의 인간은 천 년은 물론이고 백 년 전의 인간과도 차이를 보이고 있다.

인간은 소중한 경험들을 다음 세대에 의도적으로 전달한다. 이것을 통하여 문명과 가치는 세대를 거듭할수록 발전하게 된다. 이상에서 살펴 본 인간의 특징은 교육을 전제로 하고 있다. 인간은 생물학적 존재로서의 한계를 넘어 삶의 가치와 문명을 창조·계승해 나가고 있는데, 이는 바로 교육이라는 행위의 결과이다. 이러한 인간의 특징을 감안하여 칸트도 "인간은 교육을 필요로 하는 유일한 피조물(Der Mensch ist das einzige Geschöpf, das erzogen werden muβ)"이라고 하였다. 즉, 인간은 앞 세대의 경험을 다음 세대에 의도적으로 계승시키는 교육작용을 필수적으로 지니고 있는 유일한 존재라는 뜻이다. 이러한 점에서 칸트는 교육이 인류구원과 인격 완성을 위한 것이라고 하면서 자신의 '교육학 강의'에서 교육에 대해 다음과 같이 설명하고 있다.

교육은 여러 세대의 실천을 통해서만 완성될 수 있는 하나의 '예술'이다. 각 세대는 앞 세대가 물려준 지식으로 한 걸음 한 걸음 더 교육을 전진시킨다. 교육이란 무엇인가. 그것은 인간 각자에게 하늘이 주신 소질들을 조화롭게 그리고 그 소질들을 목적에 알맞게 계발시키는 일이며, 그리하여 온 인류로 하여금 그 사명을 완수하게 전진시키는 일이다.

교육이란 무엇인가에 대한 칸트의 고전적인 정의에 비하여 현대사회에서의 교육에 대한 정의는 다원화된 사회만큼이나 복잡하고 다양하게 규정되어 있다. 앞 세대의 문명과 삶의 가치를 다음 세대에 체계적으로 전달하는 것을 넘어 정치·경제·사회적 존재로서의 인간을 견인해 갈 수 있는 다양한 교육활동이 필요하기 때문이다. 이러한 현대사회에서의 교육에 대한 정의를 김정환은 인간은 교육적 동물이라는 측면에서 다음과 같이 정리하고 있다.

첫째, 교육이란 앞 세대가 뒷 세대에게 자신들이 만든 질서 · 체제라는 현상을 유지하도록 한다. 성경에 나오는 모세의 10계명 등이 바로 교육의 이러한 의미를 대변하는 사례라 하겠다. 이는 교육의 보수적 · 억압적 기능을 의미하는 것이지만, 세계의 각 문화권 및 체제에서 엄연히 존재해 오고 있는 교육의 의미라 할 수 있다. 이러한 교육관은 앞 세대의 세계관을 계승한다는 의미도 있지만 역사 속에서 대부분 그 시대의 특정 세력이 자신의 기득권을 유지시키기 위해 수구적 성격을 띠기도 한다. 앞 세대가 쌓아 온 문명을 다음 세대에 계승 · 발전시키려고 하기보다는 현재의 기득권을 유지하려고 하기 때문이다. 따라서 일제 강점기의 교육, 군사 독재 시절의 교육 등도 바로 이러한 성격을 갖기도 하였다. 둘째, 교육이란 인간의 조화적인 발전을 돕는 일이다. 인간에게는 여러 가지 능력의 싹이 내재되어 있다. 이러한 내재적 잠재 능력을 고루 발전시켜 전인적으로 발달한 인격을 형성하는 일이 교육이라고 생각한 대표적인 사람이 페스탈로치였다. 그는 "사고하기 위하여 머리를 도야하고, 이웃에 선을 베풀 수 있게 가슴을 도야하며 몸과 손, 발을 도야함으로써 삶을 위한 기술을 익혀야 한다."고 하였다. 이러한 교육관은 이미 그리스 시대의 자유교양교육에서 잘 보이고 있으며 현대에서는 전인교육(全人敎育)으로 불리기도 한다. 셋째, 인류가 수천 년 동안 축적해 온 좋은 문화 유산을 계승시키는 일이다. 그러나 이러한 문화유산은 개인적으로 계승되는 것이 아니라 집단 속에서 계승되는 것이며, 그 속에서 생활하며 익히기는 하지만, 각 개인의 의지와 능동적 노력을 통하여 획득된다는 특징이 있다. 문화 유산의 계승에 대한 이러한 점을 특히 강조한 사람으로는 슈프랑거(E. Spranger)가 있다. 그는 집단을 구성하고 있는 개인은 인격적 · 종교적 체험을 통하여 '내면세계의 각성'을 얻게 되고, 이렇게 각성된 인간의 능동적 참여로 집단의 정선된 문화가 확대·계승해 간다고 하였다. 이것은 주로 유럽의 문화교육학파에서 강조해 온 교육관인데 정신문화의 계승·발전이라는 의미를 가짐으로써 물질주의에 빠져 있는 현대사회에 많은 교육적 시사점을 제공해 주고 있다고 평가되기도 한다. 넷째, 교육은 인간을 한 사회의 구성원으로서 '사회화'하여 그 사회에 잘 적응할 수 있게 키우고, 나아가서는 그런 구성원의 사회적 문제 의식을 고취시킴으로써 보다 나은 사회를 이룩하려는 사회 혁신의 기반을 조성하는 일이다. 이러한 입장을 대변하는 대표적인 사람으로 듀이와 브라멜드가 있다. 특히 브라멜드는 인류의 역사 속에서 교육이 체제의 유지를 위한 수동적·보수적 작용에 머물러 왔지만, 이제는 인류가 교육을 통하여 새로운 사회질서와 복지사회를 이룩하는 기틀을 지녀야 한다고 주장하였다. 교육의 사회화는 학생을 사회에 적응시키는 도구로서의 교육을 강조함으로써 비판받기도 하지만, 한편으로는 사회라는 공동체의 질서와 개인으로서의 역할을 제시해 준다는 의미에서는 가치를 갖는다고 평가할 수도 있다. 현대사회에서의 교육에 대한 정의는 이외에도 다양하게 전개된다. 교육의 경제적 효과와 직업 훈련의 의미를 강조하는 교육경제학의 입장이 있는가 하면 현대사회의 부조리와 양극화의 문제를 해결하기 위한 교육의 역할을 강조하는 경우도 있다. 또한 종교적 혹은 영적 가치의 추구를 교육의 최대 과제로 생각하는 경우도 있다. 이처럼 현대사회에서는 사회의 복잡성과 다양성으로 인하여 교육을 어떤 특정한 한 가지 이념으로만 정의하기는 어렵다. 그러나 다양한 교육적 정의가 있을 수 있다고 해도 교육의 시작과 끝은 피교육자인 학생에게 있다는 점을 잊어서는 안 될 것이다.

2 교육이라는 행위

　　어떤 사물의 본질을 탐구하려고 할 때, 그 사물이나 상황을 지칭하는 어원(語原)으로부터 실마리를 찾는 경우가 많다. 대부분의 경우, 우리가 사용하는 언어 속에는 그 사물의 본질과 그 언어를 사용하는 사람들의 독특한 문화가 담겨 있기 때문이다. 이러한 점에서 어원의 탐색 또는 분석은 사물의 본질을 파악하는 데 귀중한 시사점을 던져 준다. 교육학을 이해하는 데 있어서도 이러한 원리는 마찬가지로 적용될 수 있다. '교육'이라는 인간의 행위에 대한 어원적 분석을 통하여 교육의 본원적 의미를 이해하는 데 도움을 받을 수 있기 때문이다.

　　서양어의 대표적 언어인 영어는 많은 단어가 고대 로마인들의 언어인 라틴어와 고대 그리스인들의 언어인 고대 그리스어를 모태로 하고 있다. 그중에서 교육을 뜻하는 대표적 영어는 'pedagogy'와 'education'이 있다. 고대 그리스어의 'paidagōgos'에서 유래한 'pedagogy'는 어린아이를 뜻하는 'paidos'와 이끌다는 의미의 'agōgos'의 합성어이다. 따라서 'pedagogy'는 어린이를 바르게 이끈다는 의미로 해석될 수 있다. 그동안 그리스 시대의 'paidagōgos'는 보통 귀족 가정의 자녀들을 학교나 체육관 및 기타 공공 장소로 데리고 다니는 노예(교복, 敎僕)를 의미한다고 전해져 왔다. 그러나 이는 약간의 오해에서 비롯된 것으로 보인다. 주인집 자녀를 보호하는 수행 노예를 교육을 담당하는 노예라고 지칭했다는 것은 합리적 추론이라고 보기 어렵기 때문이다. 다만 도시 국가 사이 혹은 이민족과의 전쟁이 많았던 그리스 시대의 정복지 포로들 중, 학문적 역량이 뛰어난 사람들을 승리한 국가의 귀족들이 자신의 자녀 교육을 위한 가정교사 혹은 보호자 정도로 활용했다

고 이해하는 것이 옳다. 그들은 비록 포로로서 노예의 신분이었
지만 교사로 대우 받았으며 'paidagōgos'로 불렸을 수도 있다. 아
무튼 'pedagogy'는 어린아이를 바른 곳으로 이끄는 사람 혹은 그
과정을 의미함으로써 현대에는 교육의 의미로 사용되고 있다.
'education'은 라틴어 'educo'에서 유래했다고 한다. 이는 e(밖으
로)와 duco(꺼내다)의 합성어로서 안에 잠재해 있는 무엇을 밖으
로 꺼내어 키운다는 뜻을 갖고 있다. 따라서 영어의 bring up,
train, draw out, raise up 등과 비슷한 의미를 갖는다. 특히 인간
의 내면에 잠재되어 있는 다양한 재능을 잘 길러주어 이를 발현
시킨다는 뜻을 지녔다는 점에서 교육적 의미를 갖는다. 이것은
모든 인간은 선천적으로 태어날 때부터 자신만의 재능을 갖고 있
으며 이 세상에서 소중하지 않은 인간은 존재하지 않는다는 생각
을 전제로 하고 있다. 따라서 아이를 바른 방향으로 이끌어 준다
는 의미가 강한 'pedagogy'에 비하여 'education'이 가지고 있는
의미는 아이들이 내면에 지니고 있는 소질을 계발시켜준다는 뜻
을 강조함으로써 인간에 대한 소중함을 더욱 강조한다고 평가할
수 있다. 하지만 현대 영어에서 두 가지 용어의 사용은 사실상 커
다란 차이를 보이지는 않으며 서로 혼합하여 사용되고 있는 경향
이 많다고 할 수 있다.

　서양에서의 라틴어와 고대 그리스어처럼 동양에서는 한자(漢
字)가 어원으로서의 역할을 하고 있다. 형상과 어의를 중심으로
하여 발전한 한자에서의 '교육(教育)'이라는 용어는 가르칠 교(教)
와 기를 육(育)의 합성어로 이루어져 있다. 교(教)는 '爻·子·卜·
又' 등으로 구성되어 있으며 육(育)은 '子·肉'의 결합으로 해석할
수 있는데 여기서 교(教)는 교사가 매를 들고 바람직한 방향을 제
시해 주며 학생은 어른들을 본받는다는 의미를 지니고 있으며 육

(育)은 어머니가 아이를 가슴에 따뜻하게 품고 있음을 형상화한 것이다. 이렇게 볼 때, 교(敎)는 교사와 학생의 활동이라고 할 수 있으며, 육(育)은 어머니의 활동으로서 출산, 육아의 의미와 함께 성장, 발달 등 어린이의 활동이라는 의미를 지닌다. 이것이 지니고 있는 교육적 의미에 대하여 교육학자 왕학수는 다음과 같이 요약하기도 하였다.

교(敎)는 교육의 대상인 아동, 즉 피교육자에게 전통적인 문화와 생활 기술, 풍습, 습관 언어 활동을 외부로부터 가르쳐 주는 데 대하여, 육(育)은 아동, 즉 피교육자가 가지고 있는 타고난 소질(생득적 소질), 취미 등에 착안하여, 이것이 바르고 순조롭게 자라나도록 길러 주는 것을 의미한다. 다시 말하면 교육은 교도(敎導)와 육성(育成)이 상반되며 그러나 합치되어 비로소 그 가치를 발하는 정(正) · 반(反)의 변증법적 발전의 합(合)이라는 이치를 내포하고 있는 것이다.

따라서 교(敎)는 서양어에서의 'education', 육(育)은 'pedagogy'의 의미와 비슷하다고 할 수 있다. 다만 서양어에 비하여 한자에서는 매를 든 교사의 모습을 형상화했다는 점은 교육에서의 적극성이 상대적으로 강조되어 있다는 점을 알 수 있으며, 아이를 품고 있는 어머니의 모습을 형상화했다는 점에서는 부모의 자식에 대한 사랑이 특히 강조되었다는 것을 알 수 있다.

한자어권에 속하면서도 독특한 언어 체계와 문화를 담고 있는 우리 글에서의 교육이라는 의미는 두 가지 정도로 대표된다. '가르치다'와 '기르다'가 바로 그것이다. '가르치다'의 사전적 의미는 '알도록 하다. 지식을 지니게 하다. 할 수 있도록 지도하다.'이다. 여기에서 '가르치다'는 '갈다'와 '치다'의 합성어인데, '갈다'에는 '낡은 것 대신에 새것으로 바꾼다. 맷돌로 가루를 만든다. 문질

러서 광채를 나게 한다. 쟁기나 괭이로 논밭의 흙을 파 뒤집는다.' 등의 뜻이 있으며 '치다'에는 '세게 움직이거나 목적물에 닿도록 급한 힘을 주다. 달구어 칼 같은 것을 만들다. 떡매로 두드리다. 남을 타박하다. 식물의 가지나 잎을 베어내다. 길러 번식하다.' 등의 뜻이 있다. 이와 같은 다양한 뜻 속에서 '가르치다'는 결국 새로운 지식을 알도록 방법과 방향을 제시하며 지도한다는 의미를 갖게 된 것으로 보인다. 이러한 점에서 볼 때, '손가락으로 목표를 지적하다. 말이나 동작으로 무엇이 있는 곳을 알려주다.'라는 의미를 지닌 '가리키다'도 교육이라는 의미를 지닌 말이라고 할 수 있다. 물론 어법상으로는 '가르치다'가 맞겠지만 '가리키다'도 충분히 교육적 의미를 지니고 있다는 뜻이다. '기르다'는 '동물과 식물에 영양분을 주어 그것을 섭취해서 자라거나 목숨을 이어가게 하다. 육체나 정신의 도움이 될 것을 주어 쇠약하여지지 않게 하다.'라는 사전적 의미를 갖는다. 이것은 '길'과 어원이 같은데 '길'은 사람이 다니는 도로며 지켜야 할 도리이고 목적을 향해 가는 과정이다. 그리고 짐승을 쓸모 있게 가르쳐 길들임을 의미하기도 하며 어떤 일에 익숙하게 된 솜씨를 말하기도 한다. 따라서 '기르다'는 한자에서의 '육(育)'처럼 잘 키워서 어린아이의 자질과 능력을 형성해 나간다는 의미를 가진다. 이러한 점에서 '기르다'라는 우리말은 '도야(陶冶)'라는 의미로 해석할 수도 있는 등 매우 포괄적인 교육적 의미를 지니고 있다. 이상에서와 같이 우리말에서의 교육에 대한 용어는 서양어 및 한자어에서 보다 풍부한 교육적 뜻을 지니고 있다. 올바른 방향의 제시, 선별, 분별, 판단, 경작, 연마, 사육, 생성, 성장 등의 의미를 포함하고 있으며 앞선 세대가 자신의 경험을 바탕으로 다음 세대에게 삶의 올바른 방향에 대하여 제시한다는 의미 등을 지니고 있다. 이러한 점에서 우리말에서의 '가르치다'와 '기르다'는 교육에 대한 폭 넓은 철학을 담고 있다고 할 수 있다.

이상에서 살펴 본 바와 같이 어원을 통해 본 '교육'은 계발, 제시, 연마, 인도, 사랑 등의 의미를 지닌다. 김정환은 이를 통하여 세 가지 정도로 교육의 의미를 정의하고 있다. 첫째, 피교육자의 발전 가능성에 대한 믿음이다. 피교육자, 즉 아이들의 발전 가능성이 모든 교육의 기초라는 것은 너무나도 당연한 일이다. 교육을 통하여 아이들이 지금보다는 나은 상태로 발전할 것이라는 기대가 바로 그것이다. 하지만 일상생활 속에서 교사 혹은 부모들은 아이들에게 이처럼 당연한 일을 하지 않는 경우가 많다. 가장 대표적인 사례가 바로 아이들에 대한 언어 폭력이다. 교사 혹은 부모들이 아이들에게 무심코 하는 말 중에 "싹이 노랗다"라는 표현이 있다. 아이의 행동에 실망한 나머지 경고 혹은 자성의 의미를 갖기 바라면서 아이에게 이런 말을 아무렇지도 않게 쓰는 경우가 있다. 그러나 가만히 생각해 보면 "싹이 노랗다"라는 표현은 뿌리까지 죽어서 다시는 싹을 틔울 수 없는 완전히 죽은 식물을 말한다. 따라서 "싹이 노랗다"라는 것은 다시는 살아날 수 없다는 의미를 갖는다. 이러한 점에서 아이들이 아무리 한심하고 엉터리 같은 행동을 했다고 해서 아이를 희망이 없는 죽은 생물로 표현한다는 것은 있을 수 없는 일이다. 지금의 아이들이 미래에 어떤 모습을 가지게 될지는 누구도 알 수 없다. 아이들은 자신들 속에 누구도 예측할 수 없는 무한한 가능성을 지니고 있기 때문이다. 교육이라는 행위는 바로 이러한 가능성을 전제로 한다. 비록 지금은 마르고 노랗게 되어서 죽어가는 잎사귀처럼 보일지라도 그 속에 있는 줄기와 뿌리는 싱싱하게 살아서 숨 쉬고 있는 것이 바로 아이들이다. 모든 교육은 바로 이러한 아이들의 미래에 대한 희망으로부터 시작된다.

둘째, 교육자가 지녀야 할 본보기로서의 모습이다. 교사를 전문적으로 양성하는 대학을 사범대학(師範大學)이라고 부른다. 여기서 사범(師範)의 사전적 의미는 '남의 스승이 될 만한 모범이나 본보기'를 말한다. 따라서 전문직으로서의 교사를 양성하는 대학의 명칭으로 적절하지 않다는 의견이 예전부터 있어 왔지만, 아무튼 '사범'이라는 말은 교사를 상징하는 의미를 갖는다. 교육자는 피교육자에게 모범이나 본보기가 되어야 한다는 말이다. 혀가 짧아서 '바담 풍(風)'으로 밖에 발음을 못하는 교사 밑에서 '바람 풍'이라고 제대로 발음할 수 있는 아이들이 길러질 수 없다는 의미이기도 하다. 따라서 교사 혹은 부모는 말 한마디 옷 한 벌 입는 것도 신경을 써야 한다. 본인의 행위가 그대로 아이들의 모습과 행위로 전이되기 때문이다. 이것은 어쩌면 교사가 가져야 할 숙명이라고 할 수도 있다. 현대사회로 접어들면서 교사의 전문직성이 강조되고 있기는 하지만 교사 혹은 부모가 아이들에게 모범이 되는 모습을 보여야 한다는 것은 시대를 넘어 너무나도 당연한 일이기 때문이다.

셋째, 피교육자와 교육자가 지녀야 할 인격 매개성이다. 모든 교육의 근본에는 교육자가 지녀야 할 인격성이 자리 잡고 있다. 교육자의 인격성은 앞에서 살펴 본 모범으로서의 교사상과 같은 맥락이라고 할 수 있다. 교사의 행위는 인간으로서의 도리, 도덕적 행위체로서의 모습 그리고 인간과 공동체에 대한 책임감을 전제로 해야 하며 이러한 교사의 행위를 우리는 '인격성'이라고 표현할 수 있다. 교사는 이러한 인격성을 매개로 학생들과 만나게 된다. 어찌 보면 인격적 존재로서의 교사가 인격적 행위를 하는 것은 당연하다. 다만 모범이 되는 인격자로서의 교사를 강조하다 보면 성인군자만이 교사를 해야 하는가라는 의문을 갖게 된다. 특히 교육자는 교육내용을 효율적으로 전달하면 그만이지 인격자로서의 자질까지 강조한다는 것은 시대의 흐름에 맞지 않는다고 주장하는 견해도 있을 수 있다. 그러나 우리 선생님이 혹은 우리 엄마, 아빠가 거짓말을 자주 한다는 것을 알고 있는 아이가 있다면 그 아이는 선생님이나 부모들이 전달해 주는 지식이나 말을 믿고 받아들이지 않을 것이다. 교사와 부모에 대한 믿음이 교육의 전제가 되어야 한다는 뜻이다. 이러한 점에서 볼 때, 교육내용의 효율적 전달이라는 측면에서도 교육자의 인격성은 중요하다. 특히 학교에서의 교육은 전문 직업인으로서의 교사에 의하여 이루어지기는 하지만, 반드시 인간과 인간의 인격적 만남을 전제로 해야 교육의 목표를 달성할 수 있다는 의미이기도 하다.

이상에서 살펴본 세 가지 교육의 본질 외에도 교육의 근본이 되는 요소들은 다양하게 존재할 수 있다. 다만 교육이라는 말의 어원을 통해 교육의 본질을 찾는다고 할 때 적어도 앞에서 살펴본 세 가지 요소는 반드시 포함되어야 한다. 아이들의 잠재적 능력에 대한 믿음과 교사로서의 본보기가 학교라는 공간을 통하여 이루어지며, 교사와 학생 사이의 인격적 관계가 전제될 때 비로소 교육은 제대로 이루어진다. 결론적으로 교육이란 피교육자가 지니고 있는 내적 가능성을 교사와 피교육자가 서로 소통해 가면서 함께 밖으로 이끌어 내어 이를 구체적으로 현실화시키는 것을 의미한다. 이러한 점에서 소크라테스의 산파술(産婆術)은 교육을 상징하는 대표적인 사례 중에 하나라고 할 수 있다. 아이를 무사히 낳기 위해서는 산모가 힘을 주어야 하는 것과 동시에 산파가 산모 옆에서 이를 도와줄 때, 순산할 수 있는 것처럼 교육이란 교육자와 피교육자가 함께 노력하는 과정이 되어야 한다는 의미이다. 이것과 비슷한 의미로 한자성어 중에 줄탁동시(啐啄同時)라는 말이 있다. 달걀 안에서 쪼는 것을 줄(啐), 어미 닭이 밖에서 쪼는 것을 탁(啄)이라 하여 알의 안과 밖에서 어미 닭과 병아리가 동시에 껍질을 깨고자 하는 노력이 있어야만 새로운 병아리가 무사히 탄생할 수 있다는 의미이다. 이러한 이야기들 속에서 교육이란 결국 교육자와 피교육자의 인격적 작용을 통하여 서로가 합심하는 과정에서 이루어질 수 있는 행위임을 알 수 있다.

3 교육이 필요한 이유로서의 교육목적론

인간의 교육적 행위는 항상 특정한 목적을 지니고 있다. 본능과 생존에 의하여 이루어지는 동물들의 행위와는 다르게, 교육이라는 인간의 행위는 이성적이며 체계적인 유목적성을 지니고 있다. 교육은 어떤 목적을 달성하기 위한 것이기 때문이다. 다만 이러한 교육의 목적은 시대, 사회, 문화 등에 따라 다양하게 나타날 수 있다. 일반적으로 고대사회에서는 사회체제의 존속과 계승이 가장 중요한 교육목적으로 여겨졌으며, 근대사회에서는 개인의 인격도야 및 인성의 발현을 중요한 교육목적으로 여겼고, 현대사회에서는 인간의 사회적 효율성 강화와 인간 삶의 질적 고양 등이 중요한 교육목적으로 자리 잡고 있기도 하다. 현재 우리나라의 교육목적은 국가적 차원의 교육목적이 법으로 제시되어 있으며 별도로 각급 학교별 교육목적이 구체적으로 법제화되어 있다. 또한 이를 기반으로 하여 각급 학교에서는 자체적인 교육목적을 제시하고 있는데, 흔히 우리가 학교 다닐 때 보았던 '교훈'이 바로 그것이다. 또한 이와는 별개로 각 교과별 교육목적이 제시되는데 국어과 교육목표, 미술과 교육목표 등이 바로 그것이다. 현재 우리나라에서 가장 기본이 되는 국가의 교육목적은 다음과 같이 '교육기본법' 제2조에 제시되어 있다.

교육은 홍익인간의 이념 아래 모든 국민으로 하여금 인격을 도야하고 자주적 생활능력과 민주시민으로서의 필요한 자질을 갖추게 하여 인간다운 삶을 영위하게 하고 민주국가의 발전과 인류공영의 이상을 실현하는 데 이바지하게 함을 목적으로 한다.

'교육기본법'에 제시되어 있는 교육목적을 바탕으로 대표적 고등교육 기관인 대학의 교육목적은 '고등교육법' 제 28조에 "대학은 인격을 도야하고 국가와 인류사회의 발전에 필요한 학술의 심오한 이론과 그 응용 방법을 교수·연구하며, 국가와 인류사회에 공헌함을 목적으로 한다."라고 제시되어 있으며, 마찬가지로 초·중등학교의 교육목적은 '초·중등교육법' 등에 제시되어 있다. 이와 같이 교육의 목적은 한 사회 내에서도 교육의 대상 및 내용 등에 따라 다양하게 나타나기도 하며, 민족, 사회체제, 집단 유형 등에 따라 다르게 나타날 수도 있고, 교육 행정가 혹은 교육학자에 따라 이상적인 교육의 목적이 다른 모습을 갖기도 한다. 역사 속에서 그동안 제시되었던 다양한 교육의 목적을 유형별로 구분해 보면 대략 다음과 같이 정리할 수 있다.

첫 번째, 체제의 수구적 계승이다. 한 사회에서의 기득권 세력은 현재의 체제에 대한 유지를 가장 중요하게 생각한다. 이들의 입장에서 자신들의 기득권을 유지해 주는 현재는 가장 훌륭한 체제이기 때문이다. 교육은 이러한 현재의 체제를 유지하는 목적을 지녀야 한다. 따라서 교육은 기득권 세력의 이익을 위해서 존재할 뿐이며, 기득권 세력에 의하여 왜곡되기도 한다. 일반적으로 신분제에 기반한 전통사회 그리고 일제 강점기, 군사독재시절 등에서 강조된 교육목적론이라고 할 수 있다.

두 번째, 자유로운 시민의 육성과 개인의 인격적 자아 각성이다. 교육은 사회적 목적을 위한 수단일 뿐 아니라 개인의 목적을 이룩해야 할 수단이기도 하다. 특히 인간은 그 어떤 목적에도 수단화될 수 없는 주체적·개성적·인격적 존재이다. 이를 위하여 교육은 인간으로서의 각성과 이를 통한 자유로운 시민으로서의 모습을 강조한다. 아리스토텔레스 등이 자유로운 시민의 양성을 강조했다면, 볼노우 등은 실존주의적 발상에서 이러한 인간 형성을 강조하였다.

세 번째, 인간 영혼의 구원이다. 교육은 현재의 삶을 위해서가 아니라 인간의 영적, 종교적 구원이라는 목적을 지녀야 한다는 입장이다. 이것은 특히 기독교적 세계관을 전제로 한 서양 중심의 교육목적이기는 하지만, 불교 혹은 이슬람 등의 종교적 입장이 강한 사회에서 강조되는 교육목적이라고 할 수 있다. 현재도 종교적 입장이 강한 일부 국가에서 강조되는 교육목적론이기는 하지만, 대부분의 현대 국가에서는 정치와 종교의 분리라는 입장에서 종교적 교육목적을 강조하고 있지는 않다.

네 번째, 형식적 능력의 도야와 다양한 지식의 습득이다. 교육은 인간의 능력을 훈련시켜 새로운 문제 상황에 전이시킴으로써 분석력, 추리력, 기억력 등과 같은 형식적 능력을 기르도록 해야 한다는 입장이다. 또한 새로운 시대의 도래와 함께 종교적·철학적 지식뿐 아니라 자연과학적 지식도 필요하고 이를 통하여 다양한 형태의 논리와 지식의 획득이 강조되어야 한다고 본다. 다양한 지식의 획득과 형식적 능력의 도야를 통하여 사회적 도덕성 등이 함양될 수 있다는 것으로서, 특히 중세를 벗어나 과학의 시대에 접어든 근대 이후 서양사회에서 강조된 교육 목적이었다.

다섯 번째, 민주사회의 실현이다. 교육은 신분제의 억압에서 벗어나 인간을 해방시킴으로써 자유·평등의 사회를 건설하는 데 목적을 두어야 한다는 입장이다. 프랑스 혁명을 계기로 강조된 교육목적이며, 콩도르세 등이 주장하였다. 인간에 대한 존엄성과 평등을 강조한 이러한 교육목적은 민주주의가 강조되고 있는 현대사회의 대표적 교육목적으로도 자리잡고 있다.

여섯 번째, 인간능력의 조화적 발전이다. 페스탈로치가 '삼육론(三育論)'에서 시작된 교육목적이라고 할 수 있는데, 인간에게는 신(神)이 주신 능력, 즉 지적능력, 기능적 능력, 도덕적 능력이 있으며, 이러한 세 가지 능력을 고루 발달시키는 데 교육의 목적이 있다는 입장이다. 고대 그리스의 '자유교양교육'과도 그 맥을 함께 한다고 할 수 있다. 특히 근대 이후, 신인문주의 교육론을 거치면서 전인교육(全人敎育)으로 발전하고 있다.

일곱 번째, 완전한 생활의 준비와 사회적응 능력의 육성이다. 교육은 아동들의 장래를 위하여 건강관리, 직업준비, 가정생활의 준비, 사회적 자질 육성, 여가 선용 등에 대한 내용을 가져야 하며, 사회에서 필요로 하는 기술과 역할을 익혀 그 사회에 효율적으로 적응할 수 있는 능력을 갖춘 인간을 양성하는 데 목적을 두어야 한다는 입장이다. 이것은 교육을 통한 사회 생활의 준비 기능을 강조한 교육목적론이라고 하겠다.

여덟 번째, 경험의 재구성이다. 교육의 목적은 궁극적으로 인간의 성장이며 그러기 위해서는 끊임없는 경험의 재구성이 중요하다는 입장이다. 듀이를 중심으로 한 진보주의 교육이론의 대표적인 교육목적이라고 할 수 있는데, 삶 속에서의 다양한 경험은 다음 경험의 기초가 되어 교육적 성과를 쌓게 된다는 교육목적론이다.

아홉 번째, 사회개혁을 위한 교육의 역할이다. 교육은 병들어 몰락하고 있는 현대문명을 극복하고 새로운 사회질서를 건설하는 데 매진해야 한다는 입장으로서 브라멜드로 대표되는 문화재건주의의 입장이다. 또한 여기서 더 나아가 일리치는 탈학교론을 그리고 파울로 프레이리는 민중교육론을 주장하기도 한다. 기존의 비인간적이고 불평등한 사회를 유지하는 데 커다란 역할을 맡고 있는 기존의 학교는 사라져야 한다는 탈학교론과 민중이 교육을 통하여 의식화됨으로써 사회와 역사의 주인이 되어야 한다는 민중교육론은 브라멜드의 재건주의가 가지고 있는 사회 개혁의 입장을 뛰어넘어, 교육은 사회를 변화시키는 적극적 역할을 가져야 한다는 입장이 강하다.

열 번째로 경제적 효율성 강화를 위한 교육이다. 교육은 교육받은 사람들의 경제적 생산력을 높이는 역할에 매진해야 한다는 의미이다. 이를 통하여 개인은 물론이고 사회의 경제적 효과성도 높일 수 있기 때문이다. 이것은 현대 자본주의 사회에서 가장 각광받고 있는 교육목적이기는 하지만 천박한 자본의 논리에 매몰된 교육을 강조한다는 점에서 많은 문제를 지니고 있기도 하다. 인간을 단지 생산의 도구로만 바라봄으로써 비인간화의 극치를 보여주는 교육목적이기 때문이다. 이러한 입장은 교육을 직업훈련의 관점에서만 바라보는 경향이 강하다.

이상에서와 같은 다양한 교육목적론은 역사와 문화, 전통 그리고 학자들의 세계관과 인간관 등에 따라 다양하게 나타나고 있다. 여기서는 간략하게 열 가지 정도의 유형으로만 교육 목적을 정리하였지만, 더욱 다양하고 복잡하게 전개될 수 있으며, 경우에 따라 서로 논쟁이 있을 수도 있다. 미국의 교육사조인 진보주의 교육이론과 본질주의 교육이론의 대립 등이 대표적인 사례라 할 수 있으며, 인간중심 교육론과 경제적 생산가치의 극대화라는 교육목적의 갈등도 존재한다. 우리나라에서도 현재의 학교교육과 각종 대안학교 운동의 차이, 평등주의 교육론과 경쟁 강화 교육론의 차이 등도 교육목적의 상이함에서 나타나는 대립이라고 할 수 있다. 이러한 대립은 앞에서도 보았듯이 역사와 문화 그리고 인간과 사회를 바라보는 시각의 차이에서 비롯된다. 따라서 교육목적론을 이야기할 때, 어느 것이 옳고 어느 것이 틀리다는 평면적인 판단은 오류를 범할 수 있다. 다만 교육이라는 행위가 인간을 대상으로 하고 있기 때문에 인간이라는 절대적 기준을 상실해서는 안 될 것이다. 즉, 인간을 사회적 수단으로 여긴다든지 인간의 기본 권리 혹은 인간성 등을 전제로 하지 않는 교육목적론은 우리가 항상 경계해야 할 교육론이라 하겠다. 일제 강점기의 교육정책처럼 식민지 노예로서의 신분을 정당화시키는 교육, 실용주의라는 명분으로 인간을 도구화하는 경제 논리 중심의 교육 그리고 자율과 다양화라는 명분으로 평등을 저해하는 교육목적 등은 우리 아이들의 정신을 황폐화시키고 주체적 시민으로서의 위치보다는 정치나 경제의 노예로 만들 수 있기 때문이다. 사실 이러한 교육 정책들은 정당한 교육목적이라고 보기 어렵지만 현실적으로 존재하는 교육목적이라는 점에서 많은 우려가 있다.

CHAPTER

02

학교란 무엇인가

1 학교의 시작

최초의 교육적 행위는 어떠했을까? 이는 교육학을 공부하는 사람은 물론이고 모든 사람들이 가지고 있는 의문일 것이다. 이러한 의문 속에서 확실한 사실 하나는 인류가 가장 원시적인 형태에서부터 시작하여 지금까지 변화하고 발전해 온 이유 중의 하나가 교육에 있다는 점이다. 인간보다도 먼저 지구상에 생겨난 많은 생명체들이 이루지 못한 문명을 오직 인간만이 이룩하여 유지·발전해 오고 있다는 것은 인간이 이룩해 온 교육의 역사라고 할 수 있다. 사실 교육이라는 행위는 거의 모든 생물체에서 이루어지고 있다. 그것은 생존을 위한 최소한의 행위라고 할 수 있다. 그러나 인간은 생존을 위한 단순한 행위에서 벗어나 인간과 문명을 위하여 교육이라는 행위를 발전시켜 왔다. 이러한 점에서 인간을 '교육적 동물'이라고 할 수 있다.

그렇다면 학교는 언제부터 시작되었을까? 어쩌면 이는 어리

석은 질문일 수도 있다. 학교라는 조직적인 교육의 형태는 인류의 문명과 함께 시작되었던 것이 분명하기 때문이다. 문명을 지니지 않은 생명체는 다음 세대에 전해줄 것이 아무것도 없기 때문에 학교나 교육이 필요하지 않았을 것이다. 단지 생존을 위한 모방만이 존재했을 것이다. 그러나 문명이라는 것이 생기게 되면서부터는 다음 세대에 전해주어야 할 구체적인 그 무엇들이 존재하게 되었고 이를 위하여 체계적이며 조직적인 교육, 즉 학교교육이 필요하게 되었다. 그러므로 역사적으로 보았을 때, 문자의 발생과 학교의 시작이 동시에 이루어졌음을 알 수 있다. 물론 고대 인도의 브라만 전통에서처럼 암기를 통한 베다(Veda)의 전승이 있기는 했지만, 일반적으로는 축적된 앞선 세대의 문화유산은 문자를 통해서 기록·보존되며, 이것은 역시 문자를 통하여 시간과 공간을 초월하여 다음 세대로 계승되었고, 이러한 역할의 매개는 학교였다. 교육사 연구자인 몬로(P.Monroe)는 이러한 학교의 발생과정을 다음과 같이 세 단계로 나누어서 설명하였다. 제1단계는 무의식적인 모방의 단계이다. 원시사회에서의 교육이란 아이들이 성인들의 일상생활을 자연스럽게 모방하면서 활동하는 놀이의 단계였다. 이 속에서 아이들은 생활에 필요한 기술들을 무의식적으로 터득하게 되었던 것이다. 그러나 성인들은 아이들의 이러한 모방 활동을 계획적으로 지도하지는 않았다. 제2단계는 의도적 모방활동의 단계이다. 성인들은 아동들을 자신들의 활동에 참가시키게 되며, 아동들은 이 속에서 의도적으로 생활기술을 배우게 된다. 성인들의 활동에 참여한 아동들은 성인들의 활동을 보면서 필요에 따라 성인들의 행위를 모방하면서 의식적으로 생활에 필요한 것들을 배워나가는 단계이다. 그러나 아직은 조직적 차원에서의 교육활동이 시작되었다고 보기는 어렵다. 제3단계는 학교

교육의 단계이다. 일상생활 속에서 모방을 통하여 얻어지던 생활의 기술과 문화가 문자를 통해서 정선·압축·체계화하여 일정한 장소에서 교육되기 시작하는 단계이다. 이러한 일정한 장소를 우리는 학교라 불렀다. 이때부터 인류는 학교라는 교육제도를 통하여 앞선 세대의 문명과 문화를 체계적·조직적으로 다음 세대에 전달하게 된다.

'조선교육사'(1948)의 저자인 이만규의 연구도 몬로의 견해와 함께 한다. 그는 인류가 행한 최초의 원시적 교육의 형태는 삶의 현장에서 모방과 참여를 통하여 이루어졌다고 보았다. 공동체의 일원으로서 공동체 활동에 대한 모방과 참여를 통하여 자연스럽게 지식을 획득했다는 것이다. 놀이와 모방을 거쳐 공동체의 각종 생산적 활동에 대한 견습 형태의 참여를 통하여 삶의 지혜와 생존을 위한 다양한 지식을 획득해 나간 것이다. 이러한 원시적 교육은 체계적인 사회의 형성과 국가 형태의 공동체가 성립되면서 조금씩 조직화, 체계화되기 시작한다. 즉, 공동체의 생산 활동을 위한 생산 훈련, 생존을 위한 군사 훈련, 그리고 공동체 내의 정신적 유대 및 질서를 위한 도덕 훈련 등으로 체계화한 것이다. 이러한 가운데 '성인식(initiation)'은 교육 행위에 대한 최초의 역사적 기록이라고 할 수 있다. 성인식은 고대 사회가 체계화되면서 대부분의 문명에서 시작된 행사로 알려져 있다. 그것은 주로 청소년들에게 육체적 고통과 시련을 극복하게 함으로써 공동체의 책임 있는 일원으로 편입시키는 일종의 집단적 행사였다. 대부분은 육체에 심한 상처를 내거나, 일정 기간 동안 외지에서 혼자 생존하게 한다든지, 생명을 건 어려운 과업을 완수하게 하는 등의 형태로 진행되었다. 요사이 레저 스포츠로도 유행하는 번지점프의 경우도 뉴기니아 지방의 성인식에서 유래된 것으로 전해진다.

우리나라에서도 후한서(後漢書) 동이전(東夷傳)에 "일정한 나이가 된 소년들을 모아서 등의 가죽(배피, 背皮)에 나무를 꿰뚫고 그 끝에 커다란 나무 둥치를 매고는 큰 소리를 외치며 동네를 한 바퀴 돌도록 했다."는 기록이 전해지고 있다. 이러한 성인식은 새로이 공동체의 일원으로 편입되는 청소년들에게 신체적 고통을 참음으로써 인내와 극기를 배우게 하고, 어른에 대한 복종을 통한 사회 질서를 느끼게 하며, 가정과 공동체에 대한 책임감과 생활에 필요한 실제적 기능을 숙달하게 하는 의미를 지니고 있었다고 보여진다. 이상과 같은 인류 최초의 교육적 행위에 대하여 이만규는 교육목표로서의 미신(종교), 교육방법으로서의 경험, 교육내용으로서의 생활행위, 교사로서의 원로, 그리고 교육장소 및 시간으로서의 생활 그 자체가 강조된 교육이었다고 평가하기도 하였다. 이러한 성인식은 사회가 체계화되고 국가가 형성되면서 형식적인 행사로 유지되다가 학교가 보편화 되면서 의도적이며 계획적인 형태의 교육으로 변하기 시작하여 지금에 이르고 있다.

학교란 일반적으로 일정한 발달 수준에 있는 학생들에게 일정한 건물에서 교직원이 정해진 교과를 일정한 계획에 맞추어 조직적으로 교육하는 기관을 의미한다. 그러나 최초의 학교는 이러한 일반적인 의미와는 거리가 있는 모습으로 시작되었다. 그것은 학교를 뜻하는 영어 'school'의 어원을 찾아보면 쉽게 짐작할 수 있다. 'school'의 라틴어 어원은 'schola'이고, 이것은 희랍어의 'scholē'에서 유래하였는데, '한가(閑暇)롭다'라는 의미를 갖는다. 즉, 고대 그리스에서 시작된 최초의 학교는 노동에 대하여 책임이 없는 시민과 귀족 계급들이 여가의 일환으로서 대화를 통하여 세계를 배우며 논쟁하던 장소를 의미하였다고 할 수 있다. 생산활동은 노예가 담당하고 시간적·경제적 여유가 있는 상류층 자녀들의 교양과 아테네 시민으로서의 자질을 위하여 웅변술과 신체적 훈련 등이 학교라는 일정한 공간에서 이루어졌을 것이다. 이러한 의미에서 최초의 학교는 플라톤의 아카데미아(Akademeia)라고 알려져 있다. 아테네 전체를 조망할 수 있는 높은 언덕에 자리 잡고 우주와 세계, 인간 그리고 아테네의 정치와 사회에 대하여 논의하던 아카데미아는 학교라는 제도의 최초의 모습이라고 짐작할 수 있다. 동양에서도 비슷한 시기에 공자를 필두로 한 제자백가(諸子百家)들의 논쟁과 교육이 체계적이고 조직적으로 이루어졌을 것으로 짐작되며, 석가모니로 대표되는 인도 문명과 메소포타미아와 유프라테스 강 유역의 고대 페르시아 문명 등에서도 이러한 유형의 교육기관이 있었을 것이라고 추론할 수 있지만 안타깝게도 아직은 이에 대한 구체적인 증거가 발견되지는 않고 있다. 따라서 학교의 시작을 유럽 문명에 근거해 논의하는 것은 오직 그리스와 로마 문명에 근거한 유럽에서만 학교가 있었다는 것이 아니라 다른 지역의 문명에서도 충분히 학교가 있었을 것이라고 추론할 수 있지만 이를 증명할 역사적 근거가 아직은 발견되고 연구되지 않았기 때문이라고 이해되어야 할 것이다.

현재의 학교 제도 중에서 초등학교(Elementary School)의 원형은 로마의 루두스(ludus)와 그리스의 팔레스트라(palestra)로 보는 것이 통념이다. 루두스는 라틴어로 '놀이'를 뜻하며 팔레스트라는 그리스어로 '신체단련'을 의미한다. 이후 초등학교는 민중의 자녀들이 모국어를 주로 배우는 '모국어학교(Vernacular school)', 종교개혁기에는 기독교 교리를 가르치기 위한 '교리학교(Catechumenal school)', 산업혁명기에 복지 차원에서 빈민의 자녀를 가르치던 '자선학교(Charity school)', 그리고 국가주의 시기를 거쳐 국민적 자질 육성을 위하여 의무적으로 교육을 강요하기 시작한 '국민학교

(volksschule)'등을 거쳐 현재에 이르고 있다. 중등학교(secondary school)의 원형은 군사훈련의 예비단계인 체육을 주로 가르치던 그리스의 '김나시온(Gymnasion)' 그리고 루두스의 다음 단계로서 문법을 주로 가르치던 로마의 '그라마티쿠스(Grammaticus)' 등이라고 알려져 있다. 이들 학교는 체육이나 문법뿐 아니라, 국가의 지도자가 되기 위한 교양과 고등교육을 받기 위한 준비 교육을 함께 받기도 하였다. 중세 이후 이러한 학교들은 인문계 고등학교로서의 전통을 이어가게 된다. 중세의 라틴어 학교(Latin school) 고전어학교(Classical school) 등이 바로 그것으로서 대학 진학을 위한 예비학교(preparatory school)의 성격을 갖게 된다. 근대가 시작되는 19세기부터는 독일 지역을 중심으로 하여 대학 진학을 목표로 하는 기존의 인문계 학교와는 달리 직업교육을 강조하는 중등학교들이 등장하게 되는데 독일의 '실과학교(Realschule)', 미국의 직업학교(vocational school) 등이 그것이다. 이러한 학교들은 그 자체로서 교육과정이 끝난다는 의미로 '완성학교(Terminal school)'라고도 한다. 고등교육의 대표적 형태인 대학은 플라톤의 아카데미아, 아리스토텔레스의 리세움(Lyceum) 등에서부터 시작되었다고 전해지기는 하지만 과연 지금의 분류에 해당하는 고등교육기관으로 규정해도 될 것인가에 대해서는 많은 논의가 있기도 하다. 즉, 초·중등학교가 계통화되어 있지 않은 상태에서 고등교육기관으로 분류하는 것은 무리가 있다는 의미이다. 아무튼 유럽의 이러한 교육 기관들은 중세를 거치면서 10~12세기를 전후하여 주요 도시를 중심으로 대학이 탄생한다. 신학을 중심으로 한 파리대학, 법학을 주축으로 하는 볼로냐 대학, 의학을 중심으로 한 살레르노 대학이 대표적이며, 이후 여러 도시에서 많은 대학들이 탄생하게 된다. 이러한 중세 유럽의 대학들은 정치, 종교 등 사회의

다양한 권력들에 맞서서 학문의 자유와 대학의 자율권 확보를 위하여 싸워나갔다. 이러한 과정에서 중세 유럽의 대학은 세 가지 특권을 확보하게 된다. 첫째, 교수와 학생에 대한 병역 및 세금의 면제. 둘째, 대학 관계자의 범죄 행위에 대한 대학 자체의 재판권 인정. 셋째, 박사(doctor), 석사(magister), 라이센티아(licentia), 학사(baccalaureus) 등의 학위 수여권 등이 바로 그것이다. 이러한 중세 유럽 대학의 특권은 세속적 권력과 종교적 권위에 대항하여 학문의 자유를 지향함으로써 현재까지 대학의 기본 정신으로 자리잡고 있으며, 이를 통하여 대학은 진리를 통한 인류의 미래를 담보해 나가는 역할을 갖게 되었다.

중국을 중심으로 한 동양에서도 춘추전국시대(春秋戰國時代)를 전후하여 다양한 교육기관에 대한 기록이 존재하고 있으며 인도 및 페르시아 문명에서도 마찬가지로 고등 학문에 대한 다양한 형태의 교육 및 연구기관에 대한 기록이 존재하고 있다. 우리나라의 경우에도 이미 삼국시대에 고구려의 태학(太學), 신라에서의 독서삼품과(讀書三品科)와 백제의 박사제도 등과 같은 고등교육기관에 대한 기록이 있으며 고려시대의 국자감(國子監)과 향교(鄕校), 조선시대의 서원(書院) 및 성균관(成均館) 등에 대한 구체적 기록과 유산이 존재해 왔다. 다만 현재 우리의 학교 제도가 서양의 전통에 근거하고 있기 때문에 우리나라 및 여러 문명에서의 학교에 대한 연구가 상대적으로 적은 것은 아쉬움으로 남는다.

2 현대 학교의 기능과 문제점

현대사회에서의 학교는 과거의 학교와 많은 차이가 있다. 과

거의 학교가 소수의 선택받은 사람들을 위한 것이라면 사회 체제의 변화와 신분제 사회의 타파 그리고 시민으로서의 권리와 평등권의 확대 등은 기존의 학교를 대다수 시민들의 것으로 만들어 주었다. 따라서 학교에 대한 사회적 요구도 많아졌으며 이러한 요구에 따라 다양한 형태의 학교가 만들어졌으며, 다음과 같은 몇 가지 특징을 가지게 되었다. 첫째, 특정한 교육목적과 조직적이며 계열화된 교육과정을 통하여 체계적으로 학교를 운영했다. 둘째, 학교의 설립자와 관리자는 국가 및 공공단체, 사회기관, 개인 등 다양해졌다. 다만 설립자 및 경영자가 국가 및 공공단체가 아니라 개인일 경우에도 일정한 사회적 통제가 가해지고 있다. 즉, 사립학교라고 하더라도 교육의 공공성이라는 측면에서 사회적 통제를 기본으로 한다. 셋째, 학교는 특권층이나 선택된 사람의 자녀뿐 아니라 일반 서민 대중들을 위한 교육기관으로 자리잡게 된다. 신분제 사회에서의 학교가 소수의 특정한 계층들을 위한 것이었던 것에 반하여 근대 이후의 학교는 모든 계층을 대상으로 했으며 이를 법적으로 규정하기에 이른다. 따라서 학교는 '국가 · 지방 공공단체 · 학교법인에 의하여 감독 관청의 인가를 받고 또 행정 지도를 받는 일정한 교육기관'이라고 법률적으로 정의되고 있다. 일정한 수준의 학생을 한정된 공간에서 정해진 교과에 의하여 전문 교원으로부터 체계적인 교육을 하는 장소를 학교라고 정의 내리고 있으며, 이는 반드시 법률에 의거한 공적 관리 · 감독을 받아야 한다는 것이 현대 학교의 기본적인 정의이다. 특히 현대사회의 학교는 보통교육, 무상 · 의무교육, 교육의 기회균등이라는 측면이 강조되고 있는데, 우리나라에서도 헌법 31조에 다음과 같이 학교의 이념을 정리해 놓고 있다.

① 모든 국민은 능력에 따라 균등하게 교육을 받을 권리를 가진다.
② 모든 국민은 그 보호하는 자녀에게 적어도 초등교육과 법률이 정하는 교육을 받게 할 의무를 진다.
③ 의무교육은 무상으로 한다.
④ 교육의 자주성 · 전문성 · 정치적 중립성 및 대학의 자율성은 법률이 정하는 바에 의하여 보장된다.
⑤ 국가는 평생교육을 진흥하여야 한다.
⑥ 학교교육 및 평생교육을 포함한 교육제도와 그 운영. 교육재정 및 교원의 지위에 관한 기본적인 사항은 법률로 정한다.

　　교육에 관한 헌법적 정의는 민주 교육을 성취하기 위한 최소한의 기본 요건을 정한 것으로서 교육의 기회균등, 초등교육의 의무화, 의무교육의 무상화, 교육의 미래 지향성, 평생교육, 그리고 교육에 관한 법정주의를 규정한 것으로 평가할 수 있다. 물론 현대 학교에 관한 법률적 정의와는 달리 교육철학적 시각에서의 해석도 있다. 학교에 관한 교육철학적 정의로서 대표적인 것은 듀이의 정의라 하겠다. 듀이에 의하면 학교는 문화유산을 조직적으로 계승·발전시키기 위한 '특수한 경험'을 제공하는 '특수한 환경(a special environment)'으로서 다음과 같은 의미를 갖는다고 하였다. 첫째, 학교는 아동이 이해할 수 있는 정도의 경험과 지식 안에서 기본적인 사회 활동을 선택하여 이것을 재조직함으로써 복잡한 사태에 대한 통찰력을 기르는 수단을 제공한다. 둘째, 학교는 아동의 심적 관습에 영향을 미치는 현재의 환경 속에서 아동에게 무익한 부분을 제거하고 나쁜 문화를 제거할 수 있도록 행동 매체를 제공하는 곳이다. 셋째, 학교는 사회환경의 여러 요소와 균형을 유지하고 각 개인으로 하여금 타고난 사회집단의 제한에서 벗어나 보다 넓은 사회적 환경을 제공하는 곳이다. 학교에 관한 이러한 듀이의 정의는 학교가 본질적으로 가져야 할 세 가지 기능, 즉 조직화된 교육활동, 환경의 조성과 제공, 생활을 통한 사회화라는 의미를 지니고 있다고 평가할 수 있다.

현대사회에서 학교를 바라보는 긍정적인 관점과 부정적 관점이 있다. 학교의 기능에 대한 긍정적 시각은 다음과 같이 정리할 수 있다. 첫째, 새로운 지식을 발견하고 창조하며, 가르치는 교육적 기능을 지니고 있다는 점에서 학교의 기능은 매우 필요하다. 둘째, 학교는 기존의 문화유산을 전달하고 습득하며 창조하는 기능을 가지고 있다. 이 속에서 인간은 문화적, 사회적 존재로서 성장해 가게 된다. 셋째, 개인의 능력과 적성에 맞는 직업과 지위를 선택하고 분류하는 선발기능을 지니고 있다. 학교는 개인의 능력, 소질, 흥미에 따라 교육 시킴으로써 각 개인이 스스로의 적성과 재능에 맞는 직업을 선택하도록 도와준다. 학교의 긍정적 기능을 강조하는 입장은 앞에서도 살펴보았듯이 어쩌면 교육에 관한 당연한 시각이라고 할 수도 있다. 그렇기 때문에 현대를 살아가는 우리는 학교를 꼭 다녀야 한다고 생각하며, 국가적으로는 공교육 제도 및 의무교육 제도 등을 정착시킴으로써 학교교육의 필요성을 강조하고 있다.

그러나 현대사회로 넘어 오면서 학교의 역기능에 대한 반론도 다양하게 제기되고 있다. 현대사회에서 볼 수 있는 가장 대표적인 학교제도의 역기능으로 학력주의나 학벌주의를 뽑을 수 있다. 학교의 순기능은 사라지고 학교가 사회적 권력으로 자리 잡거나 기득권을 독점적으로 보존하는 역할만을 가지면서 학교는 오히려 비판의 대상이 되고 있기도 하다. 이러한 학교의 역기능을 구체적으로 살펴보면 다음과 같다. 첫째, 학교는 공정한 사회기관이기보다는 오히려 사회적 불평등 구조를 합법화하는 재생산

기구라는 입장이다. 이것은 보울스(S. Bowless), 진티스(H. Gintis) 등 경제적 재생산론자들의 주장으로서 학교가 자본주의에 적합한 태도와 가치를 가르치고 사회의 불평등한 계층구조를 정당화하는 역할을 하고 있다는 입장이다. 둘째, 학교교육은 지배 계층의 문화를 선호하며 그것을 내면화시켜 사회의 구조적 모순과 불평등한 현상을 정당화·합법화시킨다는 입장이다. 이것은 문화적 재생산론자들의 주장으로서 자본주의가 경제적 불평등에도 불구하고 그 체제를 유지시키는 이유가 학교를 통한 지배적 문화의 확산 때문이라고 생각한다. 셋째, 평생교육의 입장에서 볼 때, 학교가 교육을 독점해서는 안 된다는 입장이다. 즉, 학교는 평생교육을 위한 한 장소일 뿐이지, 교육의 전부가 아니라는 것이다. 이것은 평생교육이 교육의 전면으로 부각되면서 생겨난 개념으로서 학교에 대한 부정적 입장이라기보다는 학교 제도의 한계를 극복해야 한다는 측면으로 이해하는 것이 옳을 듯하다. 이상과 같은 학교교육의 역기능적 측면은 현대사회에서의 학교가 지니고 있는 문제를 모두 포함하고 있으며 그 결과로 학력주의, 학벌주의를 탄생시켜 교육적 기능으로서의 학교보다는 간판과 집단적이며 이기적인 집단으로서의 모습을 강조하고 있기도 하다. 이러한 이유로 인하여 최근에는 학교교육에 대한 새로운 변화의 모색이 이루어지기도 한다. 대안교육(Alternative Education)운동은 학교교육의 한계를 극복함으로써 새로운 교육의 장을 실현시키고자 하는 대표적인 모습 중의 하나라고 할 수 있다. 학교라는 공간 속에서는 도저히 이루어 낼 수 없는 다양한 교육의 모습들을 새로운 학교의 모델을 통하여 극복해 나가고자 하는 것이다. 또한 홈스쿨링(Home-Schooling System) 등도 학교 제도가 가지고 있는 비교육적 측면에 대한 새로운 모색이라고 평가할 수 있다.

현재 우리나라의 학교 제도는 비교적 잘 운영되고 있으며 학교교육에 대한 사회적 믿음도 매우 높다고 평가된다. 그러나 한편에서는 학교 제도로 인하여 발생하고 있는 부작용이 심각하게 나타나고 있다. 거의 매년에 걸쳐 OECD 국가 중 청소년 자살률 1위를 기록하고 있고, 학벌주의 문제는 더 이상 감출 수 없는 사회적 병폐로 자리잡고 있으며, 미래교육 및 평생교육을 중심으로 한 새로운 교육에 대한 비전도 부족한 실정이다. 따라서 학교제도에 대한 새로운 모색과 변화가 필요한 시점이다. 이러한 시각에서 현재 우리나라 학교교육이 지니고 있는 구체적 문제와 이에 대한 개선점을 다음과 같이 정리할 수 있다. 첫째, 학교교육과 가정교육, 사회교육의 유기적 연계가 요구된다. 현대의 교육은 다양한 장소에서 다양한 형태로 진행되고 있다. 그러나 현재 우리나라의 교육을 보면 지나치게 학교교육 위주로 편성되어 있다. 다양성과 창의력이 중요시되는 정보산업사회에서는 특히 평생교육 및 다양한 교육의 형태가 필요하다. 그러나 현재 우리나라의 교육 체계는 지나치게 학교교육 위주로 편재되어 있기 때문에 사회적 변화에 대한 교육적 대응이 부족하다고 평가할 수 있다. 둘째, 학교교육을 통한 교육의 기회균등과 교육을 통한 평등의 실현에 대한 더욱 큰 노력이 필요하다. 헌법에도 규정된 교육의 기회 균등은 의무교육제도, 무상급식 등을 통하여 구체화되고 있기는 하지만 눈에 보이는 형식적 평등에 그치는 경향이 강하다. 따라서 학교교육을 통한 보상적 평등의 실현과 이를 통한 사회적 평등의 실현이 요구된다. 셋째, 교육제도 및 교육내용에 대한 획기적인 변화가 요구된다. 우리나라의 학교 교육은 아직도 지나친 지식 위주의 교육내용과 획일적 교육방법이 주를 이루고 있다. 물론 정보 산업사회에 걸맞은 학교 교육의 변화가 일부에서 실험적으로 진행되고 있기는 하지만, 학교 교육제도의 근간이 되고 있는 상급학교 진학을 위한 성적 평가제도 및 입시제도는 아직도 산업 사회의 학교 교육에서 벗어나고 있지 못하다고 평가되고 있다. 이에 대한 개선은 단지 교육제도의 변화를 넘어 사회 변화의 근간이 될 것이다. 넷째, 국민의 사교육비 감소를 위한 획기적인 학교 교육의 변화와 교육재정의 확충이 필요하다. 현재 우리나라의 교육제도는 사교육에 대한 의존성이 지나치게 높다고 평가된다. 국가 교육제도는 분명히 공교육 운영을 전제로 하고 있지만, 사교육의 중요성이 매우 강조되고 있으며, 이에 대한 모든 비용은 개인의 책임으로 여겨지고 있다. 교육은 공익성을 전제로 한다. 그러므로 대부분의 나라에서는 무상교육을 당연시하고 있다. 이는 단지 초·중등교육에서뿐 아니라, 고등교육 및 평생교육에도 적용되고 있다. 이에 반하여 우리나라에서는 상급 학교 진학을 위한 사교육이 매우 강조되고 있으며, 대학 교육의 경우에도 교육비의 개인 책임이 당연시되고 있다. 한때 '반값 등록금'에 대한 사회적 논의가 있기도 했지만, 무상교육의 원칙에 입각하여 생각해 보면 이것도 매우 불합리하다. 교육 경비가 개인의 책임으로 여겨질 때, 비용을 지불할 수 있는 집안의 아이와 그렇지 못한 아이의 원초적 불평등이 생길 수밖에 없기 때문이다. 따라서 개인이 비용을 지불해야 하는 사교육 문제를 해소하기 위한 국가 차원에서의 제도 개선과 모든 단계의 교육에 대한 무상교육이 필요하다고 하겠다. 다섯째, 학교 교육에 대한 국가 및 기타 사회 권력들의 간섭 배제가 요구된다. 교육의 정치적 중립성과 사회적 권력으로부터의 독립은 현대 국가의 가장 중요한 교육 정책 중의 하나이다. 우리나라의 경우에도 이러한 교육의 정치적 중립성과 독립성은 헌법에 명시된 교육적 가치로 여겨지고 있다. 그러나

'국정교과서 사태' 등에서 볼 수 있듯이 정치권력을 중심으로 한 정치·행정적 간섭과 다양한 사회단체 및 종교계 등의 학교에 대한 간섭은 매우 심각한 지경에 이르고 있다. 따라서 완벽한 교육의 중립성과 독립성을 위한 사회적 합의와 이를 지키기 위한 노력이 매우 필요한 시점이라고 하겠다. 여섯째, 학교를 중심으로 한 교육 주체들의 교육권 조정이 요구된다. 학교를 중심으로 한 교육 주체는 학습 주체로서의 학생, 교육 주체로서의 교사, 친권자로서의 학부모, 국가 및 지역사회의 교육행정 당국과 지역사회 등으로 구분할 수 있다. 교육 주체로서의 권리는 특정 집단을 위한 것은 아니다. 그러나 학교 교육의 붕괴, 교사들의 교육권 추락, 학생 인권의 배제 등은 특정한 교육 주체의 교육권이 약화되면서 생기는 현상이라고 할 수 있다. 따라서 교육 권리 확보와 상호 견제라는 긴장 관계 속에서 다양한 교육 주체들의 교육권 확보를 위한 다양한 노력이 필요하다고 하겠다. 이상에서 살펴본 우리나라 학교교육의 문제와 그에 대한 대안은 다양하게 제기될 수 있다. 현재의 학교교육이 많은 문제를 지니고 있다는 점에 대해서는 이론의 여지가 없을 것이다. 그러므로 현재의 학교 제도는 앞으로 끊임없이 변화해 나갈 것이다. 이러한 변화에 대하여 두려워하지 말고 준비해 가야 할 시기가 바로 지금이 아닌가 싶다.

CHAPTER
03

교직의 성격

1 교직에 대한 사회적 시각

(1) 성직(聖職)

교직에 대한 사회적 시각은 교육을 바라보는 시각만큼 다양하다. 그중에서 교직을 성직으로 바라보는 시각은 가장 오래된 교직관 중의 하나다. 교육이 전문적으로 분화되지 않았던 시절에는 주로 성직자가 공동체의 지도자로서 교육자의 역할을 해 왔기 때문일 것이다. 이러한 시각은 성직자처럼 교육자도 존경의 대상이며 이에 따른 절대적 권위를 가지고 있었다는 의미이고, 교육직이 성직자의 역할처럼 하늘이 준 소명(김命, calling) 의식을 전제로 하고 있다는 뜻이기도 하다. 우리나라에서도 옛말에 '선생님의 그림자도 밟지 않는다.'라는 말과 '군사부일체(君師父一體)'라는 격언이 있는 것처럼 어느 사회에서든지 교육자는 존경과 권위의 대상이었다. 교육자를 존경과 권위의 대상으로 보는 것은 어찌 보면 당연하다. 교육의 목적이 다양하게 있을 수는 있겠지만, 적어도 공통적인 교육의 의미 중 하나는 앞선 세대의 경험과 지혜를 다음 세대에 전달해 주는 것이다. 앞선 세대가 엄청난 시행착오 과정을 거치면서 이루어낸 경험과 거기서 얻어진 지혜는 다음 세대가 똑같은 잘못을 반복하지 않고 오히려 이러한 경험과 지혜를 바탕으로 더 나은 현재와 미래를 만들어 가는 밑거름이 되었다. 따라서 교육은 공동체의 유지와 발전을 위한 가장 중요한 제도 중의 하나이며 동시에 공동체의 질서를 유지하기 위한 다양한 관습과 윤리를 공동체의 구성원들에게 제공하는 역할을 한다. 따라서 전문적으로 교육을 담당하는 교사는 성직자에 버금가는 존경과 권위의 대상이 되었다. 다만 공동체가 성직자를 존경과 권위의 대상으로 보는 대신에 성직자들이 공동체를 위한 희생과 봉사의 삶을 살아야 했던 것처럼, 교사들에게도 봉사와 희생을 요구하게 되었다. 교직에 대한 성직관은 바로 이러한 봉사와 희생을 특별히 강조하는 교직관이다. 그러므로 교사를 존경의 대상으로 보는 것은 당연하다. 가르치는 직업이란 공동체의 현재와 미래를 책임지는 것과 같기 때문이다. 다만 현대사회에서는 교사들이 성직자처럼 소명의식을 가지고 공동체에 대한 봉사와 희생을 해야 한다는 것은 불합리하다는 의견도 많다. '선생님도 학교 가기 싫을 때가 있다.'라는 어느 광고의 문구는 평범한 직장인으로서의 교사를 보여 준다. 현대사회에서의 교직은 다양한 직업의 하나라는 의미이다. 교직이 갖는 다양한 성격을 고려해 볼 때 현대사회에서 교직에 대한 성직관을 그대로 적용하기는 어려울 수도 있다. 그러나 교직을 성직으로 생각한다는 것은 교직이 갖는 공동체 내에서의 중요성을 의미하기도 한다. 이러한 점에서 성직관은 교직에 대한 책임감을 느끼게 해주는 교직관이다.

(2) 전문직

현대사회에서 전문직은 사회적 기대치가 매우 높은 직업군이다. 우리나라에서는 흔히 의사, 변호사 등을 대표적인 전문직으로 보고 있다. 전문직은 일반적으로 고도의 전문적 지식, 장기간의 전문 교육, 사회 봉사의 의무, 현직 교육, 상대적으로 높은 자율성, 공인된 자격증 등의 특성을 지니고 있다. 전문직이 지니는 특성에 비추어 볼 때, 교직은 분명히 전문직의 영역으로 생각되어야 할 것이다. 특히 인간을 대상으로 하는 특수한 활동이라는 점에서 교사의 교육활동은 고도의 전문적 영역임이 분명하다. 1969년 UNESCO와 ILO(국제노동기구)에서 채택한 '전문직으로서의 교원의 지위에 관한 권고문'에서는 이를 잘 보여주고 있다. 따라서 교사는 교직의 전문화를 위한 계속적인 학습과 전문화된 직업 영역의 탐구를 바탕으로 새로운 교육 방법을 익히고, 교육적 견지에 따른 실천을 계속적으로 추구해 나가야 한다. 또한 학생의 미래에 대한 관심을 갖고 이를 위하여 모든 교육과정을 이끌어 가겠다는 의지, 학생의 전인적 인격 형성을 위한 노력, 자기 영역에 대한 전문적인 지식과 실천 능력 등을 지속적으로 길러 나가야 할 것이다. 우리는 흔히 "잘 가르치면 되지!"라는 말로 교사의 업무를 말하곤 한다. 그러나 교직의 전문직적 성격에 비추어 보았을 때, 교사는 연구자로서의 역할과 인간의 삶에 대한 적절한 상담자로서의 업무도 수행해 나갈 수 있어야 한다. 교사의 말 한마디와 학생에 대한 작은 행동 하나가 그 학생의 미래를 좌우할 수 있으며, 학생 개인의 미래는 공동체의 미래와 직결될 수도 있기 때문이다. 또한 공동체의 역사에 대한 책임감과 이를 바탕으로 미래를 조망해 나갈 수 있는 능력도 전문직으로서의 교사에게 요구되는 능력이다. 이로 인하여 교직은 전문직 중에서도 가장 어렵고 힘든 직업이라고 할 수 있으며, 직업적 사명감과 책임감도 매우 크게 요구된다. 교직에 대한 전문직관은 바로 교직의 이러한 특성을 중심으로 하여 교사를 바라보는 시각이며 현대사회에서 가장 대표적인 교직관에 해당한다.

(3) 기술·노동직

모든 직업은 그 직업에서 요구되는 특별한 직업적 기술 능력이 있다. 생산활동은 이러한 직업적 기술 능력을 바탕으로 이루어지며, 우리는 이것을 노동이라고 한다. 따라서 교직을 기술·노동직의 관점에서 바라보는 것은 당연하다. 교사의 교육 활동도 삶을 살아가는 데 필요한 일상적인 생산활동의 한 모습이라고 생각할 수 있기 때문이다. 이러한 관점은 두 가지 전제 조건을 기본으로 한다. 첫째, 교직은 지식의 전달을 가장 중요하게 생각해야 하는 직업이라는 시각이다. 필요한 지식을 학생들에게 효율적으로 전달하는 것이 교직의 핵심 요소라는 의미이다. 여기서 지식이란 물론 유형의 지식을 의미한다. 따라서 유형의 지식이라고 보기 어려운 인성 혹은 삶의 가치, 더불어 사는 삶에서의 윤리 등에 대한 것은 교육의 직접적 대상에서 제외된다. 교육이란 단지 유형의 지식을 전달하는 과정이기 때문이다. 이러한 관점에서는 교육의 성과에 대한 측정이 중요하다. 유형의 지식에 대한 학생들의 평가를 통하여 교사가 학생들에게 얼마나 지식을 잘 전달했는가를 평가할 수 있기 때문이다. 교원평가가 가능한 이유이기도 하다. '지식 장사꾼'이라는 일부 교사들의 자조적인 한탄은 바로 이러한 교직관을 전제로 한다. 그러나 교직에 대한 기술직관은 근본적인 오류를 지니고 있다. 교육의 결과는 즉시 나타나는 것이 아니라, 장기적이고 지속적 형태로 나타날 수 있기 때문이다. 공자의 가르침이 2,500년이 지난 지금까지 귀감이 되고 있으며, 조선시대를 살았던 선현들의 가르침이 지금도 필요한 이유이기도 하다. 또한 교육이란 유형의 지식만을 전달하는 과정과 함께 역사와 공동체의 윤리 그리고 삶의 가치와 인성과 같이 유형의 지식으로는 전달할 수 없는 무형의 가치를 대상으로 하기도 한다. 따라서 교육을 단지 유형의 지식만을 전달하는 과정이라고 생각하면 교육의 또 다른 중요한 가치를 잃게 된다. 이러한 점에서 교직에 대한 기술직관은 교육활동을 단지 지식 전달의 과정이라고만 본다는 점, 그리고 교육의 본질에 대한 성찰 없이 교직을 바라본다는 점에서 현대사회의 천박한 상업적 직업관에 입각한 교직관에 불과하다고 평가할 수 있다.

두 번째는 노동직관이다. 노동은 삶과 문명을 이어주는 가장 중요한 인간 활동의 하나이다. 노동직관은 교사도 교육이라는 노동활동을 통하여 인류 문명을 전수하며 살아가는 노동자라는 관점이다. 육체 노동뿐 아니라, 정신 노동 혹은 감정 노동까지도 모두 노동의 범주로 보고 있는 현대의 노동에 대한 관점을 고려해 볼 때, 이는 당연한 시각이라고 평가된다. 1969년 UNESCO와 ILO에서 채택한 '전문직으로서의 교원의 지위에 관한 권고문'에서도 교육의 자유권, 교육 환경, 교사의 복지 및 신분 안정 등을 위한 국가적 조치가 필요하다고 강조하고 있다. 교사도 일반 노동자와 마찬가지로 노동자로서의 권리를 인정받아야 한다는 의미이다. 따라서 교직에 대한 노동직관은 교직을 바라보는 가장 건강한 시각 중의 하나라고 할 수 있다. 그러나 한편에서는 '선생님을 어찌 노동자와 비교할 수 있는가'라는 시각도 있다. 이것은 주로 성직관의 입장에서 교직을 바라 보면서 갖게 되는 생각인데, 마치 교직을 아주 높여 주는 관점처럼 보이기도 한다. 그러나 사실은 전혀 다르다. 이것은 1989년 전국교직원 노동조합이 처음 결성될 때, 교육학과 교수 출신으로 당시 교육부 장관을 하던 인물이 교사들의 노동조합 결성을 반대하면서 교사는 노동자가 아니라고 했던 말이며, 지금도 교원노동조합을 탄압할 때 주로 인용되는 말이기도 하다. 그러나 전 세계 대부분의 나라에서 교사들의 노동조합이 합법화되어 있으며 현재 우리나라에서도 제한적이기는 하지만 교사들의 노동조합 활동은 법적으로 보장되어 있다. 따라서 교직에 대한 노동직관은 교직에 대한 정당한 시각의 하나라고 할 수 있다. 이러한 점에서 교직에 대한 기술직관이 교직을 단지 지식 장사꾼처럼 바라보는 것이라면 노동직관은 노동자로서의 교사의 권익을 강조하는 관점이라고 평가할 수 있다.

(4) 공직(公職)

우리나라에서 교직을 규정하는 성격 중 직능적 성격을 전제로 한 대표적 구분이 바로 공직관이다. 공직관이란 교직을 교육공무원으로 바라보는 시각을 의미한다. 우리나라에서의 교직은 '국가공무원법'에 의하여 특정직 공무원에 해당한다(국가공무원법 2조 2항). 따라서 우리나라의 국·공립학교 교사와 국립대학의 교수는 국가공무원법에 의거하여 공무원으로서의 복무 규정 및 성실 의무(56조), 복종의 의무(57조), 친절·공정의 의무(59조), 품위 유지의 의무(63조) 등과 같은 공무원으로서의 의무를 지켜야 할 뿐 아니라, '교육공무원법'에 의한 다양한 법적 규제의 대상이 된다. 교사에 대한 이러한 법적 근거는 사립 학교 교원의 경우에도 거의 동일하게 적용된다. 따라서 우리나라의 유치원 및 초·중등학교 교사와 대학의 교원들은 국·공립, 사립을 포함하여 모두 교육공무원으로서의 의무와 책임을 지니고 있다. 교사가 국가공무원법 및 교육공무원법에 의하여 통제된다는 것은 교직을 일반 공무원과 동일하게 취급한다는 의미이다. 따라서 공무원 조직의 관료주의적 성격과 위계 질서의 강조는 교사 조직에도 거의 동일하게 적용된다고 할 수 있으며, 교직에 대한 공직관은 이러한 시각을 전제로 한다. 공직관은 획일적이고 상명하복(上命下服)의 교육행정을 강조하는 시각에서 선호되기도 하지만 한편으로는 많은 문제를 지니고 있는 교직관이라고 할 수 있다.

　교직은 전문직이면서 동시에 지식인으로서의 성격을 갖는다. 따라서 전문직으로서의 자율성과 지식 노동자로서의 독자적 판단 및 개별적 행위 그리고 이에 대한 자기 책임을 가진다. 그러나 공무원법에 의거한 교사는 명령과 복종에 따른 계급 관계에 의하여 국가정책을 그저 전달하는 '관료'로서의 역할을 가지며, 국가가 정한 교육내용을 그저 학생들에게 전달하는 역할을 가질 뿐이다. 교육은 단지 학생들을 국가 혹은 권력에 충실한 국민으로 길러내는 것이 아니다. 인간이 지녀야 할 다양한 가치와 문명 그리고 그 속에서 미래를 담보해 갈 인간으로서의 보편적 능력을 가르치고 배우는 과정이다. 이 속에서 학생들은 '인간의 가치' '실천' '비판' '자유'와 같은 다양한 요소들을 배움으로써 미래를 찾아가게 된다. 이러한 능력은 기존의 질서가 만들어 놓은 지식을 단순하게 전수 받으면서 생겨나는 것은 아니다. 따라서 교사는 계급적 관계 속에서 국가의 명령을 받아 정해진 지식을 단순히 전달하는 관료로서의 역할만을 가져서는 안 된다. 교사가 처한 학교 현장이 수직적 구조가 강하고 책무성을 강조할수록 교사는 개인의 책임을 덜 수 있도록 아무것도 하지 않은 채 가만히 있는 상명하복의 '공무원'으로의 역할에 최선을 다하게 된다. 따라서 조직에 충성하고 주어진 직무만을 수행하는 '관료'로서의 교사는 스승으로서의 역할을 하기 어렵게 된다. 복종하는 관리로서의 역할과 주체적이며 자유로운 인간상을 가르쳐야 하는 교육전문가로서의 교사의 역할은 전혀 다르기 때문이다. 이러한 '관료'로의 교사상은 일제강점기에 제국주의의 논리를 가르치던 식민지 교사관과 군사독재 시절 독재 권력의 하수인이 될 수밖에 없었던 공무원으로서의 교사관이 만들어 낸 결과일 것이다. 우리나라에서는 아직도 교육직 공무원의 특수성에 대한 이해가 부족하다. 교육공무원으로서의 교사에게는 직급이 없다. 일반직 공무원을 비롯하여 군인, 경찰 등 대부분의 공무원들은 나름대로의 계급 체계를 가지고 있다. 그러나 국·공립 학교의 교사 및 국립대학의 교수와 같은 교육공무원과 사립학교 교원에게는 이러한 계급이 존재하지 않는다. 흔히 승진이라고 표현되기는 하지만 교감이나 교장도 평교사가 승진한 것이 아니라 교사들이 수행하는 보직의 일종에 불과하다. 교사가 해야 할 다양한 행정적 역할 중의 하나이다. 이처럼 계급 및 상하 관계가 존재하지 않는 것이 교직의 가장 큰 특징이다. 따라서 교직을 일반 공무원과 똑같이 바라보는 공직관은 교육의 특수성을 고려하지 못한 관점이라고 평가할 수 있다.

(5) 지식 제공 서비스직

20세기 후반부터 우리나라에서도 고객 중심 마인드 혹은 고객에 대한 서비스 정신이 확대되기 시작하였다. 이는 경영학의 관점에서 시작된 이론으로 고객 중심 혹은 서비스 마인드의 확대를 통하여 경영 혹은 비즈니스의 경제적 효율을 높인다는 의미를 가진다. 이러한 경향성은 소비자 중심, 소비자 주권, 고객 만족도 증대 등으로 해석되면서 신자유주의와 함께 새로운 경영이론으로 자리 잡기 시작한다. 이와 함께 교육계에서는 아동 중심 혹은 학생 중심 교육이론과 맥을 같이 하면서 교육 소비자로서의 학생과 학부모의 권리가 강조되기 시작한다. 또한 학생의 교육받을 권리와 함께 인간으로서의 기본권을 중요시해야 한다는 관점에서 학생 인권에 대한 강조가 일반화됨으로써 2000년대를 지나면서 일부 교육청을 중심으로 학생 인권 조례안을 제정하게된다. 이로 인하여 현재는 소위 보수 교육감이 지속적으로 선출되었던 일부 지역을 제외하고는 대부분의 시·도 교육청에 학생인권 조례안이 제정되어 있다. 교육계의 이러한 변화는 다양한 교육 주체들의 교육권 확대라는 긍정적 측면을 가져오게 한다. 그러나 한편에서는 이러한 변화에 대한 이해 부족으로 인한 갈등이 생겨나는데 그것이 바로 교사와 학생 혹은 교사와 학부모의 관계에서 생겨난 갈등이다. 교사와 학생의 갈등은 교사의 교육권과 학생의 학습권이 충돌하는 과정으로 보아야 할 것이다. 교사에 대한 존경과 복종이라는 전통적 교사관과 학생의 학습권 강화가 서로 충돌하고 있는 과정인 것이다. 그러나 이러한 문제는 교육권에 대한 새로운 시각이 확산되면서 점차 교육적으로 해결될 것이라고 기대할 수 있다. 그러나 교사와 학부모와의 갈등은 교직을 바라보는 시각의 문제이기 때문에 해결에 어려움이 많을 것이라 예상된다. 교사는 지식을 공급하는 서비스업에 종사하는 직원이며 학생과 학부모는 이들의 서비스를 당연히 누려야 할 고객이라는 시각이 바로 그것이다. 여기서 교사는 아이들의 가르치고 올바른 방향으로 이끄는 삶의 스승이 아니라 일정한 월급을 받고 그저 아이들에게 지식을 제공하는 서비스직 종사자에 불과하다. 따라서 학부모들은 교사들에게 자신과 자신의 아이들이 만족할 만한 수준의 서비스를 요구하게 되며, 이러한 요구가 만족스럽지 못하면 교사나 학교의 교장 혹은 교육청 및 교육부에 강하게 항의한다. 그리고 학교의 최고 책임자인 교장이나 교육청 및 교육부의 일부 관료들은 학부모의 이러한 항의에 대하여 교육적으로 대처하기보다는 장사꾼이 손님의 항의에 쩔쩔매며 응대하듯이 그저 조용하게만 일을 처리하려고 하기에 많은 교사들에게 실망을 던져 주고 있다. 교사의 역할 중에는 지식을 제공하는 일도 포함되어 있다. 그러나 우리가 교사들에게 원하는 것은 단지 지식을 제공하는 일이 아니라 학생들의 삶에 대한 이정표를 만들어 주는 역할이다. 학교가 지식만을 제공하는 곳이라면 구태여 학교를 다닐 필요는 없다. 인터넷 공간 속에는 더 많은 지식이 다양하게 존재하고 있기 때문이다. 우리가 학교를 다니고 아이들을 학교에 보내는 이유는 단지 지식을 위해서가 아니라, 삶에서 요구되는 다양한 가치와 의미를 찾기 위해서다. 교사는 이러한 역할을 하는 직업이다. 그래서 교사는 여타의 직업과는 다른 사회적 대우를 받는 것이다. 따라서 교직을 지식을 제공하는 서비스업으로 보는 시각은 시대 상황을 고려한 것처럼 보이기도 하지만 사실은 천박한 장사꾼의 시각에서 교육을 바라보는 것에 지나지 않는다.

2 교직이 갖는 인간관계

(1) 교사와 학생

교육의 시작은 학생과 교사의 만남에서 시작된다. 따라서 교사와 학생의 관계는 교직이 갖는 가장 대표적인 인간관계라 할 수 있다. 학생을 대하는 교사의 말과 행동이 교육의 성패를 좌우하는 가장 중요한 요소이기 때문이다. 이러한 교사와 학생의 관계를 가장 적극적으로 강조한 교육학자 중의 하나는 바로 페스탈로치이다. 그는 교사가 학생을 대하는 가장 기본적인 관계는 '사랑'을 바탕으로 해야 한다고 보았으며, 이를 통하여 교육자는 학생의 마음에 영향을 미칠 수 있어야 한다고 하였다. 이것은 교사가 학생의 인격적 가치를 이해하고 파악하면서부터 시작되는데 이 속에서 교사는 학생과의 감정이입(感情移入)을 이루게 된다. 교사와 학생의 감정이입이 원활히 이루어진다면 학생의 입장에서는 자신을 가장 잘 이해하고 배려해 주는 선생님을 만난 것이 되고, 교사의 입장에서는 교육자로서의 성공적인 결과를 얻게 된다. 그러나 학생을 훈육의 대상으로만 생각하면 교사와 학생의 관계는 교육적 의미를 가질 수 없다. 한때 우리나라에는 '인권은 교문 앞에서 멈춘다.'라는 말이 있었다. 이는 학생을 독립된 인격체가 아니라 가르쳐야 할 대상으로만 봄으로써 강압적인 학교 교육이 이루어지던 시절의 교육을 말한다. 일제 강점기의 군국주의 교육이 마치 가장 훌륭한 교육인 것처럼 여겨지던 시절이었다. 이러한 학교의 모습은 교육기관이라기보다는 군대이며, 이 속에서 교사는 선생님이 아니라 군대의 교관에 지나지 않았다. 사회의 민주화와 학생 인권의 확대는 교사와 학생의 관계를 훈육을 위한 일방적 모습에서 벗어나 인격적 관계를 강조하게 되었으며, 이 속에서 교사는 지식의 전달과 함께 학생의 생활지도 및 인성 교육까지 담당하게 되었다. 지식의 전달만이 아니라 학생에게 삶의 지혜와 공동체의 가치 등을 가르치기 위해서 교사와 학생과의 관계가 인격적 관계를 전제로 해야 한다는 것은 당연하다. 인격적 관계를 바탕으로 학생들은 교사의 말과 행동을 전적으로 믿고 존경하게 되며, 교육의 효과도 극대화 될 수 있기 때문이다.

그러나 다수의 학생을 가르쳐야 하는 교사의 모습을 생각해 보면, 현대의 학교에서 이러한 인격적 관계가 무너지는 경우도 많다. 특히 교사의 입장에서 학생들을 지도할 때, 인간적 이해와 인격적 관계보다는 관리와 통제가 우선하기도 한다. 물론 학교에서 일어나는 일부 학생들의 과도한 행위가 교육적 범주에서 벗어났다고 판단되면 이는 교육 차원에서보다는 학생의 관리 차원에서 다루어져야 할 것이다. 다수의 학생을 교육하고 보호해야 한다는 점에서 볼 때, 일부 학생들의 과도한 행위는 교육보다는 관리와 통제라는 측면에서 접근해야 한다. 따라서 일탈 학생에 대한 관리와 통제는 다른 학생들의 학습권과 학생 보호의 의무 차원에서 바라보아야 하며, 한편으로는 교사의 당연한 교육 활동으로 보아야 한다. 그러나 이들 학생도 교육의 대상이기 때문에 단순히 관리와 통제라는 행정적 처분에 의지하기보다는 교육적 관점에서의 처리가 우선되어야 한다. 그리고 이러한 관리는 교사보다는 교장 및 교감과 같은 학교 관리자의 영역에서 전문적으로 이루어지는 것이 좋을 것이다.[1] 물론 학생 관리의 전제는 학생의 인권에 대한 인식이 자리 잡고 있어야 한다. 일탈 학생에 대한 관리도 교육적 행위의 한 방법이기 때문이다. 여기서 조심해야 할 것은 일부 학생의 일탈 행위를 교권 침해로 생각하는 일이다. 학생들의 일탈 행위 중에 가장 문제가 되는 것 중의 하나가 바로 교사의 교육적 권위를 해치는 일이며, 이것은 교권에 대한 침해로 보일 수도 있다. 학생들의 이러한 행위가 나타나는 원인과 이에 대한 해결 방안은 다양하게 있을 수 있다. 다만 행위의 주체자가 학생이라는 점을 고려해 볼 때, 이에 대한 해결책은 교육적 접근을 전제로 해야 한다. 따라서 학생들의 이러한 행위의 원인이 학생 인권에 대한 과도한 확대에 있다는 입장과 이를 계기로 교권 확보를 위하여 학생 인권에 대한 제한이 있어야 한다는 주장은 교사와 학생의 관계를 교육적 관계가 아니라 적대적 관계로 해석함으로써 나오는 비교육적 시각이라고 할 수 있다. 학생 인권은 인간으로서의 학생이 가져야 할 당연한 권리이며, 교사의 권리는 교사가 지녀야 할 전문직으로서의 정당한 권리이다. 이러한 두 교육 주체의 권리는 적대적이거나 상대적 관계가 아니다. 학생의 인권이 강조된

---

1) 초·중등 교육법 18조에는 '학교의 장은 교육상 필요할 경우에는 법령과 학칙으로 정하는 바에 따라 학생의 징계하거나 그 밖의 방법으로 지도할 수 있다.'고 명시되어 있다.

다고 해서 교권이 축소되는 것은 아니며, 교권 강화를 위해서는 학생의 인권이 제한되어야 한다는 것도 아무런 논리적 개연성이 없는 주장이다. 오히려 교육을 전제로 할 때, 교권과 학생 인권은 상호 보완적 관계가 된다. 교사와 학생의 관계는 바로 이러한 관계가 바탕이 되어야 할 것이다.

교사와 학생은 서로를 바라보는 시선이 다를 수도 있다. 교사의 입장에서 학생들은 다수이며, 각각의 학생은 다수 중의 하나이다. 그러나 학생의 입장에서 선생님은 단 한 명이다. 이것은 학부모와 교사의 관계에서도 나타나는 특징이다. 교사가 최선을 다하여 학생 개인의 교육에 관심을 갖고자 해도 학생이나 학부모의 입장에서는 부족함을 느끼는 이유이기도 하다. 그러나 어떠한 경우에도 교사는 교육이라는 행위를 전제로 학생에 대하여 최선을 다하는 것이 옳다. 또한 학생들은 단순히 교육의 대상이 아니라, 독립적이고 인격적 존재라는 점을 잊어서는 안 될 것이다. 따라서 학생이 심각하게 교권을 침해하는 경우가 생긴다고 해도 교사는 아이들에 대하여 최선을 다하여 교육할 수 있어야 한다. 이것은 교직이 갖는 의무이며 숙명이다. 이러한 점에서 교사와 학생의 관계는 인간과 인간의 만남을 전제로 한 인격적 관계라고 할 수 있다.

(2) 교사와 학부모

교사와 학부모의 관계는 학생을 매개로 시작된다. 정확하게는 교사와 학생을 책임지는 친권자와의 관계라고 할 수 있다. 친권자란 민법상으로 부모 또는 부모 중의 한쪽을 말하는데, 일반적으로 친권을 행사할 권리와 의무를 가진 사람을 말한다. 미성년자인 학생의 친권자는 부모가 되고 양자의 친권자는 양부모가 되며 부모가 없을 경우 법적인 보호자가 학생의 친권자가 된다. 오늘날에는 친권(親權, parental rights)을 부모의 권리라기보다는 미성년인 자녀를 양육하기 위하여 부모에게 주어진 직분이라 생각하는 경향이 크며, 따라서 미성년인 자녀의 보호 및 교육할 권리를 포함하고 있다. 교육권의 측면에서 볼 때, 친권은 학생의 교육에 대한 부모의 교육권, 즉 친권적 교육권을 의미한다. 따라서 일반적으로 학부모는 학생의 교육에 대하여 일정 부분 관여할 권리와 책무를 지닌다.2) 교사가 위탁권으로서의 교육권을 가지고 자유롭게 학생을 교육할 권리가 있는 것처럼 부모도 자녀의 교육에 관여할 권리를 지니고 있다는 의미이다. 따라서 학생의 교육에 대한 교사와 학부모는 상호 협조적 관계가 될 수도 있고 상호 대립적 관계로 나타날 수도 있다. 교사와 학부모의 관계가 대립적 관계로 보이는 이유는 서로 바라보는 시선이 다르기 때문일 것이다. 이것은 교사의 교육관과 학부모의 교육관이 서로 다를 때 나타나기도 하지만, 학교에서의 학생 활동에 대한 학부모의 과도한 개입과 간섭이 문제의 원인일 수도 있고 학생에 대한 교사의 비교육적 행위 혹은 무관심이 원인일 수도 있다. 따라서 교사와 학부모의 대립적 관계가 있다면 그 원인을 파악하여 해결하는 것은 교육의 중요한 과제 중의 하나이다.

---

2) '교육기본법' 제13조(보호자) ① 부모 등 보호자는 보호하는 자녀 또는 아동이 바른 인성을 가지고 건강하게 성장하도록 교육할 권리와 책임을 가진다. ② 부모 등 보호자는 보호하는 자녀 또는 아동의 교육에 관하여 학교에 의견을 제시할 수 있으며, 학교는 그 의견을 존중하여야 한다. '공교육정상화법' 제6조(학부모의 책무) 학부모는 자녀가 학교의 교육과정에 따른 학교 수업 및 각종 활동에 성실히 참여할 수 있도록 지원하고, 학교의 정책에 협조하여야 한다.

교사와 학부모의 관계를 대립적으로 만드는 원인은 다양하게 있지만 가장 큰 원인 중의 하나로 지목되는 것은 학부모의 자녀에 대한 맹목적 사랑에서 찾을 수 있다. 부모의 자식에 대한 사랑은 당연하다. 부모의 입장에서 이 세상 그 무엇하고도 바꿀 수 없는 것이 바로 자식이기 때문이다. 따라서 자식에 대한 부모의 사랑은 무한하며 맹목적이다. 맹목(盲目)의 사전적 의미는 '눈이 멀어서 보지 못하는 것'인데 이는 자식에 대한 무조건적인 사랑을 뜻하기도 한다. 그러나 '맹목'은 또 하나의 사전적 의미를 갖는다. '이성을 잃어 적절한 분별이나 판단을 못하는 일'이 바로 그것이다. 내 자식이기 때문에 이성과 판단력을 넘어 무조건적 사랑의 대상이 될 수 있다는 의미이다. 따라서 자식에 대한 부모의 사랑은 논리적 혹은 이성적 판단의 대상이 될 수 없으며 이에 대하여 누구도 비난할 수는 없다. 그러나 이러한 자식에 대한 사랑이 공동체의 다른 구성원을 전혀 고려하지 않는 배타적 성격을 갖는다면 사회적으로 혹은 학교 교육의 차원에서 문제가 될 수도 있다. 학생에 대한 학부모의 무조건적인 사랑은 다른 아이들이 아닌 내 아이만을 대상으로 하기 때문에 학생 모두를 전제로 하는 학교 교육에서 문제가 될 수 있다. 특히 학생 모두를 교육의 대상으로 삼아야 하는 교사의 입장에서 볼 때, 자신의 아이에 대한 특별한 관심과 대우를 요구하는 학부모가 있는 경우 어려움을 겪게 되는 것은 당연하다. 특정 학생에 대한 특별한 대우를 요구하는 학부모의 뜻에 반할 경우, 그 학부모의 입장에서 교사는 비교육적 행위를 하는 교사로 보일 수 있기 때문이다. 2023년 7월에 있었던 초등학교 교사의 자살 사건을 계기로 SNS를 통하여 소위 '진상 부모 체크리스트', '진상 부모 단골 멘트'라는 파일이 유행한 적이 있다. 그 내용을 보면 자신의 아이에 대한 부모의 배타적이며 맹목적인 사랑이 다른 사람들과 선생님들에게는 얼마나 이기적이고 비교육적이며 심지어는 반사회적일 수 있는가를 알 수 있다. 따라서 비이성적이며 맹목적인 학부모의 요구를 교사가 거부하는 것은 당연하다. 교사의 입장에서 이러한 학부모의 요구는 자신의 아이에 대한 특별 대우를 의미하기 때문에 교육적으로도 절대 받아들일 수 없다. 따라서 이러한 문제를 해결하기 위해서는 내 자식에 대한 사랑을 넘어 학교 교육에 대한 학부모의 폭 넓은 이해가 전제되어야 할 것이다.

교사와 학부모 대립의 원인은 교사에게서도 찾을 수 있다. 교직에 대한 책임감과 의무에 소홀한 경우가 바로 그것이다. 교직은 봉사적 의미가 강한 직업이다. 또한 인간을 대상으로 하는 직업이며 특히 어린아이들을 직접 대면한다는 특징을 지니고 있다. 그러나 일부 교사의 경우, 교직을 단지 생계를 위한 수단으로만 생각하는 경우가 있다. 이러한 교사에게 교육자로서의 직업 윤리와 자신이 가르치는 아이들에 대한 선생님으로서의 책임감을 요구하기는 어렵다. 이러한 교사의 경우, 학생들은 물론이고 학부모들도 모두 자신의 이익을 실현시키기 위한 도구에 지나지 않는다. 이러한 모습은 본인이 아무리 포장하고 숨기려 해도 학생들은 물론이고 학부모들에게 들키기 마련이다. '진상 학부모 체크리스트'라는 파일이 있는 것처럼 학부모들 사이에서 '진상 교사 확인법' 파일이나 학교 선생님들에 대한 평판 조회가 공유되지 않으리라는 보장은 없을 것이다. 자신이 가르치는 학생들에게 무관심하거나 부모의 지위와 재산 정도로 학생들을 구분하여 대하는 교사는 그 어떤 학부모에게도 좋은 선생님으로 보일 수 없다. 따라서 학부모에게 신뢰를 주는 교사가 되기 위해서는 교사 자신의 노력도 필요하다. 상투적인 말이기는 하지만 선생님으로서의 마음가짐과 행동이 교사와 학부모 관계를 협력적 관계로 만들 수 있는 지름길이 된다. 이를 위해서 교사는 항상 학부모도 또 하나의 교육 주체라는 생각과 내가 가르치는 학생들이 각자 가정에서는 하나밖에 없는 가장 소중한 자녀라는 사실을 잊어서는 안 된다.

교육이라는 행위가 인간과 인간의 관계에서 시작된다는 점을 고려해 볼 때, 교사와 학부모의 갈등은 어찌 보면 당연할 수도 있다. 그러나 학생에 대한 서로 다른 시선으로 인하여 생겨난 교사와 학부모의 대립적 관계를 당연한 것으로 생각한다면 교육의 목적이 무엇인가에 대한 근본적 물음에 소홀한 것이라 할 수 있다. 학생의 올바른 성장이라는 대전제를 무시하는 교사 혹은 학부모는 있을 수 없기 때문이다. 따라서 대립의 원인을 구체적으로 밝히고 이에 대한 상호 이해를 구하는 것이 교사와 학부모의 관계를 대립이 아닌 협력적 관계로 만드는 지름길이 될 것이다. 학부모와 교사는 모두 학생의 교육을 전제로 형성된 관계이며 학생의 올바른 성장과 교육적 성과를 추구하는 동일한 목표를 지니고 있기 때문이다.

(3) 교사와 교사

교사와 교사의 관계는 직장 동료이면서 동시에 교육적 이상을 함께 풀어갈 교육 동지이기도 하다. 다만 교사와 교사의 관계는 직장 동료 이상의 의미를 갖기도 한다. 학교라는 특수한 공간과 전문직이라는 특징 때문이다. 이윤 추구와 생산성 확대라는 목적을 추구해야 하는 일반 직장과는 다르게 학교는 인간을 형성하는 곳이며, 한편으로는 추상적일 수 있는 교육목적을 추구하는 곳으로서 교사는 이를 행하는 독립적이며 전문적 역할을 수행한다. 따라서 교사와 교사의 관계는 일반 직장에서의 동료 관계와는 약간의 차이를 보인다. 이러한 교사와 교사의 관계는 역할에 따라 교사 상호 간의 관계, 교사와 학교 관리자 및 교육 행정가와의 관계로 나누어 볼 수 있다.

교사 상호 간의 관계를 규정하는 가장 큰 특징은 직위, 즉 직무상의 서열이 존재하지 않는다는 점이다. 교직에는 임용 연도 혹은 직무연한, 보직 등에 따른 서열이 존재하지 않는다. 교직은 공무원으로서의 직위를 가지고 있으면서도 거의 유일하게 직급이 존재하지 않는 공직이기 때문이다. 따라서 지금 막 임용된 교사와 정년을 앞둔 교사 사이에도 상하 관계 혹은 지휘, 복종의 관계가 존재하지 않으며 교장, 교감도 직위에 따른 계급이 아니라 보직이기 때문에 평교사와의 계급적 상하관계를 갖지 않는다. 직급과 서열이 존재하지 않는다는 점은 독립적인 영역에서의 교육활동에 대한 상호 존중의 의미이며 동시에 전문직으로서의 교직이 갖는 특징이기도 하다. 물론 20대 신임 교사와 정년을 앞둔 60대 교사가 동등한 동료로 서로 존중한다고 하더라도 경험에 따른 차이는 있을 수 있다. 이 차이가 경우에 따라서는 서로 도움을 주는 긍정적 관계가 될 수 있지만, 또 다른 경우에는 매우 불편한 관계의 원인이 될 수도 있다. 교육 경험이 많은 원로 교사가 자신의 경험을 신임 교사들에게 효과적으로 전수할 수 있다면 이론으로는 배울 수 없었던 살아있는 현장의 경험이 될 수 있다. 그러나 신임 교사 입장에서 이것이 경험을 내세운 선임 교사의 부당한 간섭으로 여겨진다면 매우 불편한 관계가 될 수도 있다. 그렇다고 해서 서로에게 관심을 갖지 않게 된다면 함께 근무하는 동료로서의 관계가 오히려 불편해질 수 있으며 교육이라는 공동의 목적을 성취해 나가는 데도 결코 도움이 되지 않는다. 공동의 목적을 가진 교육자들이 서로 존중하면서 함께 도움을 준다면 가장 이상적인 동료 관계가 될 것이다. 이러한 관계를 형성하기 위한 첫걸음은 선임 교사로부터 시작되는 것이 좋다. 선임 교사는 이미 초보 교사 시절의 경험을 통하여 어떤 어려움과 도움이 필요한지 알고 있기 때문이다. 그리고 선임 교사는 내 자식 또래밖에 안 된 후배 교사를 바라보면서 미숙하고 아직 배워야 할 것이 많은 초임자라는 생각보다는 새로운 교육이론과 요즘 학생들의 성향에 대하여 잘 알고 있는 젊은 교육전문가라는 생각이 앞서야 할 것이다. 물론 선임 교사들이 학교 내에서 솔선수범하는 자세를 보여야 하는 것은 당연하다. 이러한 경우에 후임 교사들은 선임 교사의 조언에 대하여 진정성을 느끼게 되며 선임 교사에 대한 존경심을 갖게 될 것이다.

교사와 교사의 긍정적 관계 형성을 위하여 선임 교사의 행동만큼 중요한 것은 후임 교사의 자세이다. 후임 교사의 입장에서 가장 먼저 가져야 할 생각은 선임 교사들의 경험에 대한 존중이다. 교사들의 교육 활동은 인간을 대상으로 하는 행위이다. 따라서 생각 이상의 다양한 교육 상황이 전개된다. 선임 교사들의 경험은 이론으로는 도저히 담을 수 없는 엄청난 양의 살아있는 교재이다. 후임 교사가 적절하게 이러한 경험을 전수 받을 수 있다면 교사 생활을 하면서 겪게 되는 많은 시행착오를 줄일 수 있게 될 것이다. 따라서 후임 교사 입장에서 볼 때 선임 교사들의 경험은 교직 생활에서 매우 필요하다. 이를 위하여 후임 교사들은 선임 교사들이 자신들만을 위하여 교직 생활을 하는 것은 아닌가 하는 불필요한 피해 의식을 가질 필요는 없다. 어느 조직에서나 후임은 선임에 대한 약간의 피해 의식이 있을 수는 있다. 그러나 학교라는 전문직 조직에서는 다양한 경험의 전수를 위하여 오히려 후임 교사 입장에서 선임 교사들에 대한 적극적인 관계 형성 요구가 있어야 한다. 물론 후임 교사들은 선임 교사들에게 자신들의 최대 장점인 젊은 세대의 감각과 요즘 학생들의 경향성에 대하여 전달해 줄 의무도 있다. 이러한 상호 관계는 교직 생활의 활력과 교육의 효율화에 많은 도움을 줄 것이다. 교사와 교사의 관계는 상호 존중에서 시작된다. 전문직의 특성상 모든 교사들은 자신만의 전문성에 대한 자존감과 스스로의 교육적 판단에 대한 자신감을 가지고 있다. 교직 경험의 많고 적음을 떠나 교사로서의 이러한 자신감은 전문직으로서 당연한 일이다. 따라서 교사와 교사의 관계에서 가장 중요한 것은 선

·후임이 아니라 서로의 역할과 능력에 대한 존중에 있다. 교사들에게는 학생이 우선이어야 하며 교직은 학생을 위하여 무엇인가를 적극적으로 해야 하는 직업이기 때문이다.

　교사와 교사의 관계보다 교사들을 더욱 어렵게 만드는 것은 교사와 학교 행정가, 즉 교육청의 장학사 및 학교장 등과 같은 관리자와의 관계이다. 우리나라의 경우 예외가 있기는 하지만 일정한 자격 요건을 지닌 교사들이 선발 과정을 거쳐 장학직 및 교장, 교감 등과 같은 교육관리자가 된다. 특히 장학사 및 장학관 등의 장학직에 대하여 일반적으로 학교 현장에서는 '교육전문직'이라고 지칭하는 경우가 많다. 교직이 이미 전문직인데 교사의 교육활동을 보조하며 행정적으로 협력하고 지원하는 장학직 등을 특별히 '교육전문직'이라고 호칭하는 것은 매우 이상한 일이 아닐 수 없다. 물론 '교직의 특수성에 비추어 관리행정직과는 분리된 교육전문직으로서 교육위원회, 교육연구원, 시·군교육청 등에 소속되어 있으며 그 임용은 교육부장관이 한다.'라는 교육공무원법(30조)의 규정에 따른 호칭이며, 일반 행정직과 구분하기 위한 것이기는 하지만 매우 혼란스러운 용어임은 분명하다. 특히 이러한 교육행정직이 마치 교사들보다 교육전문가로서의 역할이 강조되는 보직이라는 의미로 사용됨으로써 교직은 전문직이 아니라는 느낌을 주기도 한다. 이에 따라 학교 현장에서는 장학직 혹은 교감, 교장으로 보직이 변경되는 경우를 흔히 승진이라고 표현하기도 한다. 앞에서도 밝혔듯이 국·공립학교의 교사는 공무원이면서도 직급이 존재하지 않는다. 따라서 교사는 몇 급 공무원이라는 규정이 없으며 이는 전문직으로서의 교직이 갖는 특징이라고 할 수 있다. 국립대학의 경우에도 교수들은 초·중등학교 교사들처럼 직급이 존재하지 않는다. 장관급에 해당하는 국립대학의 총장조차도 교수들의 보직 중 하나이기 때문에 총장 직무가 끝나고 나면 대부분 평교수로 돌아온다. 따라서 그 어떤 교수도 총장직 혹은 처·실장 등의 보직에 대하여 승진했다고 생각하지 않으며 교수직에 비하여 전문적인 역할을 했다고 생각하지도 않는다. 그런데 우리나라에서는 유독 초·중등학교 교사와 교장 혹은 장학직 등을 전문직으로 호칭한다든지 혹은 승진했다는 표현을 쓴다. 이러한 표현이 단순히 표현에 그친다면 문제가 되지 않겠지만, 잘못된 호칭에서 비롯된 관계를 실제로 상하 관계로 여기면 문제가 되기도 한다. 마치 교사 상호 간의 직급에 따른 상하관계가 존재하며 이에 따라 명령과 복종 체계가 존재하는 것처럼 느껴지는 경우가 있고 실제로 학교 현장에서는 교장 혹은 장학사의 지적이나 업무 전달이 상급자의 명령 체계로 여겨지는 경우가 많다. 이것은 장학을 시학(視學, inspector)으로 여겼던 일제 강점기 및 권위주의 시대의 유산으로 보인다.

물론 교장과 교사와의 관계는 법적 지위에 따른 논란이 있기는 하다. 일반적으로 교장은 초·중등학교에 근무하는 교직원 중에서 최고 직위에 해당한다. 초·중등교육법(20조)에 의하면 "교장은 교무를 총괄하고, 소속 교직원을 지도·감독하며, 학생을 교육한다."라고 되어 있다. 법적으로 교장의 직급이 정해져 있는 것은 아니지만 실제로는 4급 정도의 대우를 받는 특정직 공무원으로 규정되고 있기도 하다. 그러나 앞에서 제시한 국립대학 총장 사례에서 볼 수 있듯이 교장이 일반 교사들에 비하여 직위로서의 상하 관계가 법적으로 규정되어 있는 것은 없다. 따라서 현재의 교장직이 국립대학 총장과 같은 보직의 개념으로 인식 되어야 한다는 주장도 제기되고 있다. 그럼에도 불구하고 일반적으로 교육 현장에서의 교장은 평교사들의 상급자로 인식되고 있는데 이는 앞에서 제시된 '초·중등교육법' 20조에 근거한다고 할 수 있다. 소속 교직원의 보직 및 담임 배정 등에 대한 인사권과 다양한 행정적 권한이 있기 때문에 이것이 마치 평교사에 대한 명령권을 가지고 있는 것처럼 느껴지고 있는 것이다. 따라서 교장과 교사의 관계는 협력적 관계라기보다는 직급에 따른 상하 관계로 인식되고 있으며, 특히 일부 학교의 경우 이러한 상하 관계가 절대적 권한으로 여겨지고 있기도 하다. 이러한 이유 때문에 적지 않은 교사들은 학교가 가장 봉건적 직장 문화를 가지고 있는 조직이라고 생각하기도 한다. 많은 연구에서 교사와 교장의 관계가 민주적·수평적 관계일 때 교육 환경 및 능률, 조직 건강 등에 가장 좋다는 결론을 보여주고 있다. 하지만 이는 교사와 교장의 관계를 결정하는 핵심은 교장에게 있다는 점을 보여 줄 뿐이며, 평교사가 교장과의 관계 개선을 위하여 할 수 있는 일은 거의 없다는 의미이기도 하다. 교사가 교장을 경험 많은 선배로 대하고 싶어도 교장의 입장에서는 지휘·감독의 대상으로 교사를 규정하고 있는 경우가 많기 때문에 서로의 관계가 상호 존중의 협력적 관계가 되기 어려운 면이 적지 않은 것이다. 여러 차례 강조되었지만 교직은 대표적인 전문직의 하나이다. 대형 병원의 병원장이 소속 병원에 근무하는 의사들의 진료 행위에 대하여 구체적인 치료 방법을 강요할 수 없는 것처럼 학교장 혹은 교육부 및 교육청의 관리들이 평교사들을 관리의 대상으로 삼아서는 안 된다. 학교는 교육을 하는 곳이다. 따라서 학교에서 가장 중요한 것은 교육 활동을 전개해 가는 교사와 학생이다. 학교장과 교육 관리들은 이러한 교육 활동을 보조하고 도와주는 역할을 해야 한다. 이것이 교사와 학교 관리자와의 기본적 관계가 되어야 한다.

(4) 교사와 지역사회

학교는 지역사회를 상징하는 문화적 거점이며 동시에 지역의 역사이기도 하다. 우리 지역에 있는 학교가 명성을 얻게 되면 그것은 단지 그 학교 구성원들뿐 아니라 지역사회의 자랑이기도 하다. 따라서 지역사회의 모든 사람들은 지역의 학교에 대하여 높은 관심을 갖고 있으며 다양한 형태의 관계를 맺게 된다. 학교에 다니는 학생으로서, 아이를 학교에 보내는 학부모로서, 학교 졸업생으로서 그리고 학교와 관련된 다양한 직무를 수행하는 관계자로서의 관계를 갖게 되는 것이다. 그러므로 학교를 구성하는 교사는 지역사회 구성원의 관심 대상이 될 수밖에 없다.

지역사회 구성원들의 학교 운영에 대한 참여는 다양한 형태로 진행된다. 이에 대하여 '교육기본법' 제5조 3항에서는 "국가와 지방자치단체는 학교 운영의 자율성을 존중하여야 하며, 교직원·학생·학부모 및 지역주민 등이 법령으로 정하는 바에 따라 학교 운영에 참여할 수 있도록 보장하여야 한다."고 규정하고 있다. 지역사회 구성원들의 지역 학교에 대한 관심과 참여는 법적으로 보장되어 있다는 의미이다. 이를 상징하는 대표적 사례는 '학교운영위원회'에서 찾을 수 있다. '학교운영위원회'는 학교 운영의 자율성을 높이고 지역의 실정과 특성에 맞는 다양한 교육을 창의적으로 실시하기 위해 국·공립 및 사립 초·중·고등학교·특수학교에 설치하는 심의·자문 기구로서 1995년 12월 지방교육자치에 관한 법률 개정에 따라 설치 되었으며 구체적인 법률적 근거는 초·중등교육법 제31~34조에3) 규정되어 있다. 학교운영위원회는 학교의 교원 대표, 학부모 대표 및 지역사회 인사로 구성되며 학교 학칙 제정, 예산 및 결산, 교육과정, 정규학습 이외의 방학 및 수련활동 등 학교 운영과 관련된 거의 모든 일에 대하여 제안하고 건의하며 심의할 수 있도록 되어 있다. 이를 통하여 폐쇄적인 학교 운영에서 벗어나 지역사회 구성원들의 다양한 요구를 반영함으로써

---

3) '초·중등교육법'에서는 제31조(학교운영위원회의 설치), 제31조의2(결격사유), 제32조(기능), 제33조(학교발전기금), 제34조(학교운영위원회의 구성·운영), 제34조의2(학교운영위원회 위원의 연수 등)를 정하고 있으며 그 밖에 필요한 사항은 대통령령으로 정하도록 규정하고 있다.

학교 운영의 자율성을 높이고, 지역의 실정과 특성에 맞는 교육을 창의적으로 실시하고자 한다. 지역사회 구성원의 학교 운영에 대한 참여는 법적 기구로서의 '학교운영위원회'를 통하지 않고도 다양하게 이루어질 수 있다. 대표적인 사례로는 동창회가 있을 수 있으며, 지역의 관공서 및 다양한 이익단체들도 학교 운영에 관여할 수 있다. 특히 이명박 정부 시절 소비자로서의 학부모가 강조되면서 학생, 학부모 그리고 지역사회의 다양한 구성원들이 모두 학교의 소비자이고 학교는 소비자로서의 이들을 만족시켜야 할 의무가 있다는 담론이 확산되어, 지역사회 구성원의 학교 운영에 대한 참여가 일반화되기 시작하였다. 지역사회 구성원의 학교 운영에 대한 참여는 학교가 교육적 권위와 폐쇄성을 내려놓고 민주적인 운영을 향해 나간다는 좋은 의미도 있지만 한편으로는 학교 운영에 대한 비전문가 혹은 각종 이해 관계자들의 과도한 간섭으로 연결될 수도 있다. 이에 대한 대표적인 사례가 교사의 학급 운영 및 수업권에 대한 일부 학부모의 문제 제기이다. 또한 일부 자치단체에서 발생하고 있는 '학생인권조례안' 폐지에 대한 시민단체의 요구와 각종 학생 활동에 대한 지역사회의 간섭은 대표적인 비전문가의 간섭이라고 할 수 있다. 일반적으로 이러한 간섭은 교직의 전문성에 대한 이해 부족에서 찾을 수 있다. 교직의 전문성은 개인적인 수련의 결과이기도 하지만 국가에서도 교원자격증의 발급뿐 아니라 자격증을 획득하는 과정까지도 엄정하게 통제함으로써 교직의 전문성을 유지하고 있다. 그런데 교직의 경우에는 다른 여타의 전문직과는 다른 특성을 갖고 있다. 바로 친숙함이다. 이로 인하여 교육 비전문가들도 마치 본인이 교육전문가인 것처럼 행동할 수 있게 된다. 대표적인 전문직의 하나인 변호사의 경우, 일반적으로 그들을 만날 경우가 그리 많지 않다. 또한 의사의 경우에도 간단한 감기 치료를 위하여 동네 의원을 방문하는 것 외에는 종합 병원에서 큰 병을 치료해야 하는 경우가 그리 많지 않다. 그러나 교육은 '요람에서 무덤까지'라는 말처럼 태어나서 죽을 때까지 우리의 생활에 가까이 접해 있다. 영·유아기부터 시작하여 초·중등학교 대학교를 거쳐 사회생활 속에서도 평생교육 차원에서 교육을 받게 된다. 따라서 갑자기 무슨 일이 생겨서 생전 처음 법원을 찾아간다거나, 큰 병원의 검사실, 수술실 등을 들어가게 되었을 때의 생소함과 두려움은 자녀 혹은 지역사회의 학교를 방문하면서는 발생하지 않는다. 학교는 나도 오랜 세월 동안 다녔던 친숙한 곳이기 때문이다. 또한 판·검사나 수술을 집도할 의사를 만났을 때의 경외감도 학교 교사들을 만났을 때에는 느끼지 않는다. 왠지 친숙한 곳이고 그곳에서 아이들을 가르치는 선생님들도 나와는 별로 다르지 않다고 느끼기 때문이다. 경우에 따라서는 아이들의 선생님이 나보다 나이도 어리고, 나보다 명성 있는 대학을 나온 것 같지도 않고, 심지어는 나보다 비싼 차를 타고 다니지도 않는 그저 학교에 고용된 직업인이라는 인식을 갖기도 한다. 더욱이 나도 오랜 시간 동안 학교를 다녀 보았고 또한 지금도 아이를 키우고 있기 때문에 학교 선생보다는 내가 교육에 대하여 경험도 많고 더 잘 알고 있다고 생각하기도 한다. 여기서 바로 비전문가의 전문가 코스프레가 시작된다. 그리고 학교 선생님의 교육활동에 대한 주관적이며 비전문가적 견해 혹은 자신의 이익에 기반한 간섭이 시작된다. 이러한 간섭에서 비롯된 학교와 지역사회와의 갈등이 고학력의 부자 동네에서 더욱 빈번한 이유이기도 하다.

또 하나의 원인은 정보의 공유에서 찾을 수 있다. 특히 인터넷의 보편화는 정보의 민주화, 대중화를 이끌어 냈다. 정보의 대중화와 민주화는 모든 사람에게 필요한 정보를 제공함으로써 정보의 독점에서 비롯된 사회의 비민주화를 막는 역할을 하고 있다. 그러나 다양한 정보에 대한 접근의 용이함은 정보의 오독과 오용을 가져오기도 한다.

마치 의학 드라마를 보고 인터넷을 통하여 몇 가지 검색을 한 후, 의사가 된 것처럼 말하고 행동하는 것이 당연한 일처럼 여겨지는 시대가 된 것이다. 물론 전문적 영역에서는 아직 그러한 일이 나타나고 있지는 않지만, 의학 관련 인터넷을 통하여 배운 지식으로 의사 행세를 하는 사기꾼이나 법률 관련 인터넷을 통해 배운 내용으로 가짜 변호사 노릇을 하는 사기꾼을 만나는 것도 어려운 일이 아닌 세상이 되었다. 그러나 인터넷을 통해 얻은 지식으로 가짜 의사 혹은 가짜 변호사 노릇을 한다는 것이 얼마나 큰 범죄인가는 우리가 모두 알고 있기 때문에 보통은 그런 짓을 하지는 않는다. 하지만 의외로 가짜 교사 노릇을 하는 사람을 우리는 주변에서 많이 볼 수 있다. 인터넷을 통해 얻어 낸 학교생활 및 교사 활동에 대한 최신 정보와 내가 경험해 본 학교생활은 마치 본인이 누구 못지않은 교사로서의 전문성을 지니고 있다는 착각에 빠지게 한다. 그리고 그러한 비전문적 지식을 바탕으로 교사의 교육활동에 간섭과 평가를 시작한다. 아이들을 가르치는 일은 그렇게 간단하지 않다. 하나의 인간이 성숙한 인간으로 성장해 나가는 과정은 무수히 많은 변수와 원리를 바탕으로 한다. 교사는 그러한 일에 전문성을 지닌 책임자이다. 누구나 흉내는 낼 수 있을지 몰라도 많은 시간의 수련 과정과 경험이 있어야 할 수 있는 직업이다. 일부 학부모들은 이러한 사실은 모르면서 겉으로 드러난 교사들의 모습을 보고 교사 흉내를 내고 있을 뿐이며, 이로 인하여 교사들과 갈등을 빚는다.

교사들이 학부모를 포함하여 다양한 지역사회 구성원들과 관계를 맺는 것은 교사의 역할 중 하나이다. 따라서 교사에게는 일부 학부모와 지역사회 구성원이 학교에 대하여 비상식적이고 비교육적인 간섭을 한다고 해도 교육전문가로서 이들을 설득시켜야 할 의무가 있다. 학교와 지역사회는 서로 분리해서 생각할 수 없으며, 학생들의 교육을 공동으로 책임져야 할 주체이기 때문이다. 다만 경험이 많지 않은 교사가 지역사회 구성원으로부터의 부당한 간섭 때문에 어려움을 겪고 있을 때, 학교장을 비롯하여 학교의 경험 많은 선임 교사들이 그의 편에서 어려움을 극복할 수 있도록 도와야 할 것이며, 어려움을 겪고 있는 교사 스스로도 문제가 발생했을 때 학교장 등에게 도움을 요청할 수 있어야 한다. 학교와 지역사회는 교육이라는 대전제를 위하여 서로 공생해야 하는 존재이다. 따라서 교사의 입장에서 지역사회의 구성원은 귀찮은 존재가 아니라 교육이라는 공동의 목적을 추구해 나가는 동반자이며 교육의 주체이어야 한다. 교사의 입장에서 학생들의 교육을 위하여 이러한 교육의 주체와 서로 협력적 관계가 되어야 하는 것은 당연하다.

CHAPTER
04

교사가 지녀야 할 품성

1 만남과 인간에 대한 관심 그리고 사랑

교육은 만남이라는 인간과 인간의 관계를 통해 시작된다. 교사는 학생과의 만남과 학생에 대한 관심을 통하여 학생의 삶과 생각을 이해할 수 있게 되며 이 속에서 교육은 가능해진다. 학생과의 만남과 학생에 대한 관심이 없다면 교육이라는 행위 자체가 성립할 수 없다. 인간에 대한 관심은 만남이 있어야 가능하며 교육은 대표적인 만남의 결과이다. 그래서 볼노우(O.F.Bollnow)는 '만남이 교육에 선행한다.'라는 유명한 명제를 남기기도 하였다. 만남을 통하여 교사와 학생은 서로에 대한 인간적 관심을 갖게 되며 이를 계기로 교육이 이루어지게 된다는 의미이다. 따라서 모든 교육은 인간과 인간의 만남에서 비롯된다고 할 수 있다. 그러나 만남이 있다고 해서 모든 교육이 이루어지는 것은 아니다. 속담에 '옷깃만 스쳐도 인연'이라는 말이 있다. 그러나 길을 가다 스쳐 지나는 사람들과의 인연, 버스 옆자리에 앉은 사람과의 만남을 교육이라고 말하지는 않는다. 만남이 교육적 의미를 갖기 위해서는 교육적 만남이 되어야 한다. 김정환은 "만남이란 뜻하지 않은 일이 어느 날 홀연히 일어나 영혼을 뒤흔들어 새 삶을 열게 하는 계기이며, 그 특성은 일회성, 우연성(은총성), 전환성, 운명성, 창조성 그리고 이 모든 특성의 온상이 되는 인격성에 있다."고 하였다. 따라서 이러한 만남의 의미는 교사가 마음 속에 간직하고 있어야 할 가장 중요한 요소이다. 진정한 만남을 통하여 학생들은 교사로부터 인격성을 전수 받게 되며, 스스로의 존재를 깨달을 수 있기 때문이다. 만남이 교육적 의미를 가지기 위해서는 교사와 학생의 만남이 인격적이며 교육적 관계를 전제로 해야 한다. 교사와 학생의 만남이 인격적이며 교육적 관계로 이루어진다면, 학생들은 인간과 공동체에 대한 자신의 역할과 주체적 인간으로서의 자아를 찾아가게 되지만, 그렇지 않다면 학생에게 있어서 교사와의 만남은 아무 의미도 없는 잊힌 일상의 관계가 될 것이다. 학생의 교육적 각성과 자아의 형성은 단순히 학생 스스로의 개인적 경험에 의하여 이루어지는 것이 아니라, 교사와의 인격적이며 교육적 관계 속에서 만들어질 수 있기 때문이다. 학생은 교사와의 이러한 교육적·인격적 관계와 만남을 통하여 세상에 대한 새로운 이정표를 찾을 수 있다.

교사로서 갖는 교육적 만남은 학교라는 공간에서 학생을 만날 때부터 시작된다. 그런데 학교에서 이루어지는 교사와 학생의 만남은 사람들 사이에서 일상적으로 일어나는 일반적인 만남과는 다른 특성을 갖는다. 일반적인 만남이 일대일의 관계에서 시작되는 것에 반하여 교사와 학생의 관계는 일대 다수의 관계를 전제로 하기 때문이다. 학생의 입장에서 볼 때, 선생님과의 관계는 나와 선생님과의 일대일의 관계가 된다. 그러나 교사의 입장에서 볼 때, 학생과의 만남은 일대 다수의 관계가 된다. 학생은 단 하나의 선생님을 만나게 되지만 교사는 많은 학생들과 만나게 된다. 이것이 바로 교사와 학생 사이에서 만남에 대한 이해와 기대의 불일치가 일어나는 이유이다. 이러한 이해와 기대의 불일치는 주로 근대 이후 학교 제도가 본격화되면서부터 나타난다. 학교라는 제도를 통하여 교육의 대중화가 만들어지면서 한 명의 교사와 다수의 학생이라는 관계가 생겨났기 때문이다. 근대 이전에도 학교라는 제도를 통하여 한 명의 교사와 다수의 학생이라는 관계가 있기는 했지만, 일반적으로는 교사 한 명과 학생 한 명의 만남이 주류를 이루었다. 근대 이후 공교육 이념의 확대와 이에 따른 대중적 학교교육이 이루어지면서 한 명의 교사가 다수의 학생을 가르치는 형식이 보편화되었다. 그러나 제도는 변했지만 선생님이 자신을 일대일의 관계로 대해 주기 바라는 학생의 시각은 변하지 않는 경우가 많다. 하지만 교사의 입장에서는 다수의 학생들을 가르쳐야 하기 때문에 학생 개인을 대상으로 교육을 할 수는 없다. 이러한 선생님의 모습에 학생은 소외감과 섭섭함을 느낄 수도 있다. 상대에 대한 기대의 불일치로 인하여 교육적 관계가 붕괴되는 과정이다. 하지만 교사는 이러한 관계를 교육적 만남의 관계로 만들어 가야 할 의무가 있다. 교사는 학생에 대한 관심을 통해 학생 개인의 문제와 인식을 알기 시작하며 이를 통하여 학생들이 교사를 일대일의 관계로 생각할 수 있도록 만들어야 한다. 이것이 교사의 입장에서 쉽지 않은 일이지만 학생 하나하나를 소중히 여긴다면 불가능한 일은 아니다. 어차피 학생의 입장에서 선생님은 단 하나의 존재이기 때문이다. 교사가 학생들의 본성을 탐색해 내고 그들의 삶에 동참하는 일 그리고 학생에 대한 인간으로서의 관심을 갖는 것은 모든 교육의 시작이 된다. 따라서 학생에 대한 무관심은 교사의 비교육적 행위를 넘어 학생에 대한 방임에 해당한다. 구태여 법적 관점을 말하지 않더라도 방임은 학생에 대한 학대로서 가장 지독한 비교육적 행위라고 할 수 있다. 물론 의도적으로 학생을 학대하는 교사는 없을 것이다. 그러나 학생에 대하여 무관심하다면 결과적으로 그 교사는 본인도 모르게 학생을 비교육적으로 대하고 있다는 점을 명심해야 할 것이다. 교사의 관심은 학생이 자신의 존재감을 느끼게 해주는 역할을 한다. 학생들 하나하나의 이름을 불러주고 가볍게 한마디의 말을 건네는 순간 학생은 본인도 모르게 선생님에 대한 믿음을 가진다. 따라서 학생의 삶에 항상 관심을 갖고 관찰하는 행동은 좋은 교사가 되기 위한 첫 발걸음이 될 수 있다.

만남을 통해 이루어진 교사의 관심은 인간관계의 형성에서 벗어나 교사의 학생에 대한 사랑이라는 모습을 갖게 함으로써 교육의 완성을 이루게 된다. 학생에 대한 사랑은 모든 교육 실천의 바탕이다. 따라서 사랑이 없는 교육은 존재할 수 없다. 이러한 사랑은 학생 개인의 신체 조건, 마음 상태, 취미와 흥미, 관심거리, 희망 등 여러 가지 특성에 대해서 관심을 가질 때 형성된다. 교사에게 있어서 인간에 대한 관심은 학생에 대한 사랑으로 표현되기 때문이다. 교육에서 사랑이 갖는 의미를 강조한 대표적인 교육학자로는 독일의 케르셴슈타이너(Georg Ker-schensteiner, 1854~1932)가 있다. 그는 교육에서의 사랑이란 교육활동의 전제 조건이며, 교사의 사랑은 마치 모성애와 흡사하다고 하였다. 원래 모성애는 자녀에 대한 자연적 사랑인데 학생에 대한 교사의 사랑도 이와 비슷하게 예술가가 자신의 작품을 사랑하는 것에 비유될 수 있다고 하였다. 학생에 대한 교사의 사랑은 교직이라는 직업이 가지고 있는 가장 원초적인 특징이라는 의미이다. 이러한 점에서 케르셴슈타이너가 생각하는 학생에 대한 교사의 사랑은 목적을 달성하기 위한 수단적 사랑이 아니라, 인간에 대한 순수하고 본능적인 사랑이라고 할 수 있다. 이는 학생을 수단이 아닌 목적으로 대할 때 가능해지며 인간 개개인의 개성과 삶에 대한 관심을 전제로 이루어진다. 사랑에 대한 케르셴슈타이너의 생각은 페스탈로치의 교육사상에서 시작되어 인간의 소중함에 대한 믿음을 바탕으로 하고 있다고 할 수 있다. 그러나 교사의 사랑에 대한 케르셴슈타이너의 사상은 사실 특별한 것은 아니다. 교육을 행하는 모든 교사에게 학생에 대한 사랑은 너무나도 당연한 것이며, 교육의 기본이기 때문이다. 다만 교사가 이러한 사랑을 실천하기 위해서는 인내와 용기, 믿음, 허용, 모험이 있어야 할 뿐이다. 이는 교사들 스스로가 자기 단련을 통하여 계속적으로 습득해 나가야 할 특성이며 교사로서의 의무이기도 하다. 교사의 사랑은 교육 그 자체이며, 한편으로는 학생에게 삶의 새로운 전기를 마련해 줄 수 있기 때문이다. 이러한 점에서 민중교육론을 강조했던 프레이리(Paulo Freire, 1921~1997)도 교육에서의 학생에 대한 관심과 사랑의 중요성에 대하여 강조한다. 그는 학생에 대한 교사의 관심은 그들에 대한 사랑으로 발전할 수 있다고 하면서 교육에 있어서 사랑이 갖는 중요성을 자신의 저서 『*Teachers as Cultural Workers—Letters to Those Who Dare Teach*』에서 다음과 같이 말하기도 하였다.

교사들은 온화함을 두려워할 필요가 없으며, 자기 존재를 부정당한 사람들에 대한 애정 어린 관심이 부족해서도 안 됩니다. 사랑을 제대로 받지 못한 사람은 가르치는 일을 아무 감정도 없는 하나의 거래로 이해합니다. 그래

서 합리주의로만 가득 차 있을 뿐 삶이나 정서는 없습니다. …… 진정한 의미
에서 그것은 교육이라고 할 수 없습니다.

프레이리가 교육에 있어서의 사랑을 강조한 이유는 사랑이 교육
을 구성하는 중요한 필수 조건이기 때문이었다. 다만 프레이리가 교사
에게 사랑을 강조하는 이유는 케르셴슈타이너가 강조한 본능적 사랑
이 아닌 비인간화 되어 있는 우리 사회를 변화시킬 수 있다는 확신 때
문이었다. 사랑은 혁명의 산소로, 역사적 기억에 신선함을 던져 준다.
혁명적 사랑에의 헌신은 사회적 투쟁과 문화적 혼돈의 시기에서 삶을
부인하는 허무주의와 절망을 극복할 수 있게 한다. 결국 그가 말하는
사랑은 비인간화 되어 있는 사회의 변혁이라는 과정에 적극적으로 개
입하며 행동하는 것을 의미한다. 방관적 자세는 결코 사랑이 될 수 없
다. 따라서 교사는 사랑과 희망의 전달자가 되어야 하며, 교사는 진지
함과 과학적, 육체적, 정서적, 감성적인 준비를 하면서 동시에 타인에
대한 사랑도 계발해야 한다. 프레이리는 인간에 대한 사랑의 힘은 인
간과 사회를 변화시킬 수 있다는 희망에 의하여 지속되기 때문에 교
사는 결코 사랑을 잊어서는 안 된다고 보았다. 그에게 있어서 사랑과
희망은 세계를 인식하고 변화시키기 위한 전제 조건이었기 때문에 좋
은 교사가 되기 위해서는 이를 놓쳐서는 안 된다. 프레이리에게 있어
서 학생에 대한 사랑은 곧 민중에 대한 사랑이지만, 한편으로는 학생
에 대한 인간적 관심과 그 표현으로서의 사랑이며 세계를 변화시킬
수 있는 힘이었다. 이러한 점에서 사랑은 교육 행위의 핵심이 된다.
　교사는 학생에게 좋은 인성과 좋은 품성을 형성해 주기 위하여
학생에 대한 교육을 어떻게 이끌어 나갈 것인가를 항상 고민한다. 페
스탈로치와 케르셴슈타이너, 프레이리 등이 사랑을 가장 중요한 교사
의 덕목으로 삼았던 것은 사랑을 통하여 이러한 문제를 해결할 수 있

기 때문이다. 학생에 대한 교사의 사랑은 인간으로서의 학생에 대한 존중의 표현이며 교육의 시작과 끝이다. 따라서 학생에 대한 관심과 이에 따른 사랑은 교사가 지녀야 할 가장 중요한 품성의 하나가 된다.

② 공감과 배려, 연대

교육은 만남이라는 인간 사이의 '관계성'을 전제로 한다. 관계성은 '나'와 '타자'와의 연결을 의미하는데 교육은 반드시 이러한 연결을 매개로 해야 성립할 수 있다. 교육은 '나'라는 존재에서 벗어나 타인의 존재에 대한 인식이 있을 때 가능해지기 때문이다. 이 세상에서 나만을 위한 교육 혹은 나 혼자 배울 수 있는 것은 존재하지 않는다. 그래서 우리는 타인과의 관계 속에서 배우며 익히는 것을 교육이라고 말한다. 그리고 모든 교육은 항상 타인의 존재에 대한 인식을 담게 된다. 물론 자기 스스로 무엇인가를 배우는 경우(독학, 獨學)도 있다. 그러나 곰곰이 생각해 보면 마치 자기 스스로 배우는 것처럼 보이는 행위도 결국은 다른 사람과의 관계를 전제로 한다는 것을 알 수 있다. 내가 지금 배우고 익히는 내용도 누군가의 학습과 노력이 만들어 낸 성과이며 누군가의 존재를 전제로 한 결과이기 때문이다. 관계는 바로 나 혼자가 아닌 누구인가와 함께하기 때문에 생기는 것이고 교육은 바로 이러한 관계를 전제로 한다는 의미이다. 이러한 관계의 시작은 상대에 대한 관심에서 시작되며 이러한 관심은 사랑을 거쳐 그에 대한 공감 (동정, Sympathy)으로 연결된다. 타인에 대한 관심이 그에 대한 공감의 과정을 갖지 못한다면 그 관심은 존재의 의미를 잃는다. 따라서 이러한 관심과 공감의 과정은 공동체 삶의 기본이 된다. 인간은 독립된 존재로 개별적 삶을 사는 것이 아니라, 공동체를 이루며 함께 살아야 했기 때문에 타인의 존재에 대한 관심과 공감의 과정은 삶의 필수적 요소가 되었다. 그러나 모든 관계가 공감을 이끌어 내지는 않는다. 서로의 관계가 형성되었다고 하더라도 전혀 공감할 수 없는 인간관계가 존재할 수 있기 때문이다. 공감이 배제된 대표적인 인간관계는 대중과 나와의 관계일 것이다. 대중 속에서 개인은 분명히 대중의 일부로서 타인들과 관계를 형성하고 있기는 하지만, 일반적으로 서로에 대한 관심은 거의 존재하지 않는 경우가 대부분이며, 이로 인하여 서로에 대한 공감이 형성되기 어려울 때가 많다. 따라서 학생과 교사와의 관계가 교육적 관계가 되기 위해서는 공감으로 발전해야 한다. 이러한 점에서 학생과 교사의 공감 형성은 교육이 시작된다는 신호이기도 하다.

공감은 상대방의 입장이 되어 그가 느끼는 마음의 상태를 함께 지각하는 것을 의미한다. 다른 사람의 아픔은 나의 아픔이 아니다. 육체적으로 떨어져 있기 때문에 나는 그의 아픔을 느낄 수 없다. 따라서 육체적 아픔과 함께 타인이 겪는 모든 감정, 느낌도 나와는 전혀 상관없는 일이다. 나와 다른 사람들은 육체는 물론이고 정신적으로도 독립적인 별개의 존재로 살고 있기 때문이다. 타인과의 개별적 관계를 극복하게 해주는 것이 공감의 과정이다. 인간은 공감을 통하여 타인을 이해하고 서로의 아픔과 기쁨을 함께 함으로써 공동체를 유지·발전시켜 왔다. 따라서 공감은 공동체 생활을 위해서는 필수적인 인간의 감성이다. 비록 모든 인간이 개별적이며 독립적인 육체와 정신을 가지고 있기는 하지만, 공동체 생활을 위해서는 타인의 입장에서 세상을 바라볼 수 있는 마음가짐(역지사지, 易地思之)이 필요한 것이다. 이러한 공감의 마음이 특별히 강조되는 직업이 바로 교직이다. 학생들에 대한 교사의 공감 능력은 피교육자를 이해하는 가장 핵심적 과정의 하나이기 때문이다. 학생에 대한 교사의 공감은 당연히 교사에 대한 학생의 공감을 가져오며, 이를 통하여 교사와 학생은 지식은 물론이고 인간과 인간의 교감 그리고 상대에 대한 존중과 삶의 지혜를 공유할 수 있게 된다. 따라서 교사가 학생에게 관심을 갖고 학생과 공감의 과정을 함께 할 때 교육은 성공할 수 있다. 그렇기 때문에 학생에 대한 교사의 공감 능력은 교사가 가져야 할 가장 중요한 마음가짐 중의 하나이다.

그러나 타인과 공동체에 대한 공감이 그저 공감하는 마음으로만 그친다면 교육적 가치를 지니기 어렵다. 그래서 학생에 대한 교사의 공감이 교육적 의미를 갖기 위해서는 반드시 배려(配慮)라는 구체적 행위가 동반되어야 한다. 배려는 다른 사람을 보살펴 주거나(care) 마음 써준다(regard)는 의미이며 이를 행위로 구체화하는 과정이다. 이러한 점에서 배려는 타인이라는 존재와 관계를 맺고 이해하며 행동하는 방식의 하나이다. 배려는 인류의 문명의 근원이라고도 할 수 있다. 10만 년 전의 인간은 지금의 유인원들과 거의 차이가 없는 모습이었다. 현생 인류의 직접적 조상이라고 알려져 있는 호모 사피엔스(지혜로운 사람, Homo Sapiens)조차도 동물과 거의 차이가 없는 삶을 살고 있었다. 그런데 10만 년 전 인간의 모습과 현재 인간의 모습을 비교해 보면 비교조차 불가능할 정도로 많은 차이를 보여준다. 수만 년 동안 지구상의 다른 동물들은 지금까지 거의 비슷한 삶의 모습을 보여주고 있다. 이에 반하여 인간만이 문명을 구축하면서 엄청난 모습으로 변화해 왔다. 독보적인 변화를 이끈 지점을 여러 방면에서 찾을 수 있지만 가장 커다란 차이는 여타의 동물들에게는 없지만 인간만이 가지고 있었던 공동체 의식이다. 군집 생활을 하는 동물은 많다. 인간도 그러한 동물군 중의 하나이다. 그러나 다른 동물과 다르게 인간은 단순한 군집 생활에 그치지 않고 공동체 의식을 기반으로 집단을 유지해 왔다. 모든 동물들에게 적용되었던 경쟁과 제로섬 게임, 정글의 법칙이 인간 공동체에서는 적용되지 않았다. 다른 동물의 세계에서는 가장 힘센 놈이 먹이를 다 먹고 나면 다음으로 힘센 놈이 그 먹이를 먹고 결국 먹이가 남지 않으면, 가장 약한 놈들은 굶어 죽을 수밖에 없었다. 그러나 인간은 가장 힘센 자가 배가 부르지 않더라도 약한 자들을 위하여 먹이를 남겨 두었다. 단순히 힘센 인간의 독점적 행위에서 벗어나 약한 인간에 대한 배려가 공동체 안에서 유지되었던 것이다. 바로 공감과 배려를 기본으로 한 공동체 의식의 시작이며, 인간은 이를 바탕으로 문명을 발전시켜 결국 지구 최고의 우세종으로 자리잡게 되었다. 약자를 배려하는 것이 인류 문명의 기초였으며, 종족 보존과 발전을 위한 조건 중의 하나가 되었던 것이다. 따라서 배려는 인간 공동체의 가장 중요한 교육적 덕목으로 자리잡게 된다. 인간의 삶은 공동체적인 관계에 바탕을 두고 수평적인 관계로 서로의 삶을 존중하는 관계를 유지하게 되며 이를 통해 공동선을 추구하게 되었다. 이는 함께 살아가는 사람들이 서로를 존중하면서 나만이 아니라 타인과 함께 하고 있음을 느끼고 이를 중요하게 여기며 살아가는 것을 의미한다. 이것이 바로 교육이 추구해 왔던 가장 중요한 덕목 중의 하나이며 당연히 교사가 추구해 나가야 할 대표적 품성이다.

학생에 대한 교사의 배려는 마음속 보살핌이 아니라, 행동으로 나타나는 공감의 실제적 표현이다. 배려란 행동으로 공감의 마음을 표현하는 과정이며, 학생에 대한 이해의 마음뿐 아니라 학생이 필요로 하는 것에 대하여 실제로 도움을 주고 응원해 주는 행위이기 때문이다. 따라서 공감이 학생에 대한 정서적 이해와 돌봄의 과정이라면 배려는 이러한 마음가짐에 대한 구체적 행위의 모습을 갖는다. 학생들은 자신을 배려하는 교사의 행동을 보고 선생님의 진정성을 마음에 새기게 된다. 배려는 다른 사람을 위한 행위가 전제되기 때문에 학생들은 교사의 배려에 선생님이 나에게 무엇인가를 베풀어 준다고 생각한다.

그러므로 학생에 대한 배려는 교사의 교육 활동의 핵심적 요소가 되며, 결과적으로 교사와 학생의 연대(連帶, band together)를 가져온다. 연대란 함께 어떤 일을 해나가는 것이다. 교사와 학생의 연대는 교사와 학생이 한편이 됨을 의미한다. 물론 한편이라는 인식은 교사가 '나는 아이들의 생각에 공감하고 그들을 배려하고 있으므로 그들과 함께 연대하고 있다.'라고 생각한다고 해서 생기지 않는다. 학생들 스스로가 선생님이 우리 편이라고 생각해야 학생과 교사의 진정한 연대가 성립된다. '선생님이 우리를 돕고 싶어 하고 정말로 우리가 잘 되기를 바라고 있다.'는 아이들의 생각이 있을 때 학생과 교사의 연대는 가능해 진다. 따라서 교사와 학생의 연대는 학생들이 교사의 진정성을 이해한다는 것을 의미하며, 연대가 이루어질 때 그 자체가 교사로서는 최고의 행복이 될 수 있다.

이러한 배려와 연대의 과정은 동양의 고전인 '맹자(孟子)'에서도 찾을 수 있다. '맹자' '공손추편(公孫丑篇)'에서 맹자는 "무측은지심(無惻隱之心)이면 비인야(非人也)"이며 "측은지심(惻隱之心)[1]은 인지단(仁之端)"이라고 하였다. 우물 안에 빠지려고 하는 어린아이를 보고 사람들은 아무런 이해 관계가 없어도 아이를 구하기 위해서 최선을 다한다는 해석과 함께 이러한 행동을 하는 것이 바로 인간의 본성, 즉 인(仁)에 해당한다고 하였다. 즉, 인간으로서 가장 기본은 아무 이해 관계가 없어도 타인의 어려움에 대하여 관심을 갖고 공감하는 마음을 가지며, 이를 바탕으로 배려하는 행동을 함으로써 함께 연대하는 모습을 보여주는 것이라는 의미이다. 이러한 인간의 모습은 특히 미래를 가르치는 교사에게 더욱 필요한 품성이라고 할 수 있다.

---

1) 맹자는 '측은지심(惻隱之心)'을 남을 불쌍히 여기는 타고난 착한 마음, 혹은 타인에 대한 공감과 배려의 마음으로 설명하면서, 사단칠정(四端七情)의 으뜸으로 보았다.

3 교육적 권위

'권위(權威, authority, power)'와 소통은 교육행위의 근간이다. 교육현장에서의 권위는 교사에 대한 믿음을 의미한다. 학생들이 교사의 가르침을 받아들이는 것은 그것이 옳은 것이라는 믿음 때문이다. 교사의 교육적 권위는 바로 이러한 학생들의 믿음에 기초한다. 일반적으로 교사의 권위는 교육자에 대한 사회적 권위와 교육전문가로서의 법적 권위로 나눌 수 있다. 교사에 대한 사회적 권위는 '스승의 그림자도 밟지 않는다.'라는 속담에서 알 수 있듯이 교육자에 대한 사회적 존경과 경외심에 근거한다. 올바른 것을 가르치고 이끌어 주는 사람 혹은 공동체의 현재와 미래를 담보해 나갈 수 있는 지혜와 비전을 제시해 주는 사람을 우리는 교육자 혹은 스승이라고 한다. 따라서 전통사회부터 이러한 교육자, 스승은 모든 구성원의 존경의 대상이 된다. 따라서 교육자가 하는 말과 행동은 반드시 지켜야 할 공동체의 지침으로써 교육자에 대한 권위를 상징하기도 한다. 교사는 학교라는 공간에서 이러한 역할을 수행하는 사람을 의미한다. 비록 현대사회에서는 전통사회에서처럼 교사의 말과 행동이 공동체의 절대적 지침으로 작용하기는 어려워졌지만 적어도 학생들에게는 진리를 가르치는 선생님으로서의 교육적 권위는 존재하고 있다.

이와 함께 전통사회에서 비롯된 교사의 권위는 현대 산업사회로 넘어오면서 또 다른 측면을 갖게 된다. 바로 전문직으로서의 권위이다. 전문직의 가장 일반적 특징은 사회적 합의에 따른 법적 보장과 함께 업무의 독자적 결정, 이에 대한 사회적 동의 그리고 업무에 따른 책임감이라고 할 수 있다. 교육활동 속에서 교사가 지니는 전문성도 이에 준하여 해석될 수 있기 때문에 교직은 당연히 전문직으로 분류된다.[2] 1966년 UNESCO와 ILO에서 발표한 '교사의 지위에 관한 권고문(Recommendation concerning the Status of Teachers)'에 의하면, 교육은 엄격하고도 계속적인 연구를 통하여 습득·유지되는 전문적 지식과 전문화된 기술을 필요로 하는 공공적 업무의 하나이기 때문에 "교직은 전문직으로 간주되어야 한다(6조)."고 명시하고 있다. 우리나라에서도 '교육기본법' 제14조 1항을 통하여 "학교교육에서 교원(敎員)의 전문성은 존중되며, 교원의 경제적 사회적 지위는 우대되고 그 신분은 보장"되어야 한다는 점을 강조하고 있다. 또한 '교사의 지위에 관한 권고문' 61조에서는 "교원은 교육에서의 특별한 자격(particularly qualified to judge the teaching)을 가지고 있으므로 교재의 선정과 개선, 교과서의 선택, 교육방법의 적용 등에 중요한 역할을 담당하여야 한다."고 강조하고 있다. 이와 함께 62조에서는 "교원과 교원단체는 새로운 교육과정, 교과서 및 학습 보조 자료를 개발하는 데 참여하여야 한다."는 점을 제안함으로써 교사의 교육 자유권을 권고하고 있다. 이와 함께 65조에서는 "교원은 학생의 진보를 평가하는 데 유용하다고 생각되는 평가기술을 자유로이 이용할 수 있어야 한다."고 함으로써 교육활동에 대한 교사의 학생 평가권을 강조하기도 한다. '권고문'에서 보여주는 이러한 내용들은 학교에서의 교육활동 전반에 관한 자유로운 활동뿐 아니라, 학교 교육을 위한 교육과정의 수립 및 교과서 편찬 등에 관한 업무에서의 교사의 전문적 역할에 대한 제안이라고 하겠다. '교사의 지위에 관한 권고문' 및 '교육기본법' 등에서 교사의 전문성을 규정하

---

2) 전문직의 특성을 무엇으로 보는가에 대해서는 학자들 간에 약간의 차이는 있지만, 과학적인 이론에 근거한 지식, 봉사지향성, 특정 기능, 전문직으로서의 교육과 훈련, 면허, 수입, 비전문가의 평가와 통제로부터의 자유, 일반인보다 강화된 규범(황기우 역, 1999: 52~67) 등을 일반적으로 강조하고 있다. 이러한 특성을 기반으로 전문직은 자신의 역할에 대한 자율적 결정과 그에 따른 책임을 갖게 된다. 교직도 이에 준하기 때문에 전문직으로 분류될 수 있다.

고 있는 것은 교사의 교육적 권위에 대한 법률적 규정이며, 이는 교사의 교육자유권 및 포괄적 교육권에 대한 강조이다.

교사의 교육자유권은 교사의 전문성을 기초로 한 헌법적 권리이다. 일반적으로 교사의 교육자유권은 헌법에 규정하고 있는 '학문의 자유'에 근거하고 있다. 헌법 22조 1항에는 "모든 국민은 학문과 예술의 자유를 가진다."라는 점을 명시하고 있다. 학문이란 진리를 추구하는 과정이지만, 진리란 무엇이며 어떻게 도달할 수 있는가에 대해서는 다양한 논의가 있을 수 있다. 그러나 교육학적 시각에서 보면, 진리는 교육할 수 있는 검증된 지식이라고 할 수 있다. 따라서 교육적 행위를 전제로 한 학문의 자유는 검증된 진리를 널리 알릴 수 있어야 한다는 의미를 전제로 한다. 물론 검증된 지식으로서의 진리가 하나라고 말할 수는 없다. 인간과 사회의 복잡성을 고려해 볼 때, 단일한 논리로 무장한 단 하나의 진리는 종교 외에는 있을 수 없기 때문이다. 진리가 하나일 수는 없기 때문에 끊임없는 탐구가 필요하다. 이러한 학문의 자유가 헌법적 가치로 지켜져야 하는 이유는 특정 시대, 특정 이념, 특정 권력 등의 이해관계에 의하여 학문이 왜곡되어 대중에게 전달되어서는 안 된다는 의미일 것이다. 교육의 자주성과 정치적 중립성은 이러한 학문적 가치를 전제로 하고 있으며, 교사의 교육자유권은 이에 근거하고 있다. 이는 교사의 교육활동에 대하여 그 어떤 정치·경제·사회적 권력도 간섭해서는 안 된다는 점을 강조한 것이다. 교사는 이러한 전문직으로서의 법적 보증을 통하여 독립적 권한을 가지고 학생들을 가르칠 권리와 이에 대한 교육자로서의 권위를 갖게 된다. 이러한 점에서 교사가 갖는 전문직으로서의 권위도 교육적 권위의 범주로 이해할 수 있다.

그러나 공무원으로서의 교사는 교육적 권위와는 거리가 있는 일반직 공무원으로서의 역할을 강요받기도 한다. 교육 공무원으로서의 직위와 이러한 직위에서 비롯된 위계적 질서에 따른 행정적 권위는 교사를 교육자가 아닌 행정 직원으로 내몰기 때문이다. 특히 공무원 조직의 관료주의적 성격과 위계 질서의 강조는 교사에게도 이러한 역할을 강요하고 있다. '교육공무원법' 2조에서는 '교육공무원'을 교육기관에 근무하는 교원 및 조교, 교육행정기관에 근무하는 장학관 및 장학사, 교육기관, 교육행정기관 또는 교육연구기관에 근무하는 교육연구관 및 교육연구사 등으로 규정하고 있다. 따라서 우리나라에서의 모든 교사는 공무원에 준한 법적 지위와 책임을 갖게 된다. 또한 '국가공무원법' 56조는 "교원은 주권을 가진 국민 전체에 대한 봉사자로서 공공권리를 위해 성실히 직무를 수행하여야 한다."고 명시함으로써 교사에게 공무원으로서의 의무를 강조하고 있으며, 57조에서는 '교원은 소속 상관의 직무상의 명령에 복종'해야 함을 규정하고 있다. 또한 교육법 75조 등에서는 '교사는 교장의 명을 받아 학생을 교육할 것'이라는 조항을 명시함으로써 일반직 공무원에 해당 되는 성실, 복종의 의무를 교사들에게까지 적용시키고 있다. 이는 국가가 교사에 대하여 국가의 통제 속에서 국가 권력의 정책을 일방적으로 전달하는 하부 관료로서의 역할을 강요하고 있다고 해석될 수 있다. 국가와 사회가 교사를 전문성을 지닌 스승으로서의 역할보다는 학교라는 조직 속에서 공직자로서, 직무수행 능력이 뛰어난 관료적 교사를 원하고 있다는 의미이기도 하다. 이러한 상황 속에서 학교 현장에서는 열심히 학생을 가르치는 교사보다 행정업무 수행 능력이 우수하며 학교조직에 충성하고 복종하는 하급 직원과 같은 '관료', 즉 '공무원'으로서의 교사를 중요하게 평가하게 된다. 그리고 교사들은 스스로가 학생에 대한 교육 전문가로서의 역할보다는 '관료', '공무원', '행정가'가 되어 조직의 구성원으로 주어진 책무를 다하는 역할 그리고 상명하복(上命下服)하는 '공무원'으로서의 역할에 최선을 다하기도 한다. 교사에 대한 공무원으로서의 위계적 지위 강조는 결국 교육 전문가로서의 교사를 행정적 권위의 대상이 되도록 만들며, 교사는 위계적 행정 조직의 세포로 취급받게 함으로써 전통적으로 교사에게 부여되었던 교육적 권위와 전문직으로서의 권위는 상대적으로 소홀하게 취급되었다.

　　위계적 질서를 통한 행정적 권위주의는 교육적 권위와는 많은 차이가 있다. 교육적 권위가 학생의 교육에 반드시 필요한 교육 요소라면 위계에 의한 행정적 권위는 학교 행정 속에서 단지 공무원으로서의 교사를 강조함으로써 오히려 비교육적이며 비전문가로서의 모습을 드러내게 한다. 프레이리는 자신의 저서인 『Teachers as Cultural Workers —Letters to Those Who Dare Teach』에서 "학교에서의 민주적 권위는 한편으로는 학생들의 자유를 침묵시키는 것을 거부하며, 다른 한편으로는 훌륭한 규율의 형성을 막는 그 어떤 방해 행위도 거부한다."고 하였다. 민주적 권위가 중요한 교육 요소라면 위계에 의한 관료적 권위는 비민주적 권위로서 비교육적 행태를 보이게 된다는 의미이다. 프레이리는 우리에게 필요한 민주적 학교가 교사는 일방적으로 가르치기만 하고, 또한 학생들은 배우기만 하며, 교장은 모든 권한을 가지고 학교를 지배하는 그런 학교가 결코 아니라고 보았던 것이다.

　　산업사회 이전의 경우, 교사는 공동체의 지혜로운 선지자, 진리의 전수자 등으로 여겨졌으며 당연히 존경의 대상이었다. 현대사회로 넘어오면서 교직은 전문직이면서 동시에 지식인으로서의 성격을 갖게 되었다. 따라서 교사는 교직의 전문화를 위한 계속적인 학습과 연구, 새로운 교육을 몸에 익히고, 교육적 견지에 따른 이의 실천, 학생의 미래에 대한 관심을 갖고 이를 위하여 모든 교육과정을 이끌어 가겠다는 의지, 학생의 전인적 인격 형성을 위한 노력, 자기 영역에 대한 전문적인 지식과 실천 능력 등을 지속적으로 길러 나가야 한다. 비록 한편에서는 교직을 공무원으로서의 위계적 권위 속에 존재하는 직업인으로 보는 경향이 나타나고 있지만, 교사는 전문직으로서의 역할을 기반으로 하여 기초적인 윤리와 민주주의에서 형성된 교육적 권위를 가져야 한다. 이러한 점에서 교사는 지식의 전달자가 아니라, 인간 형성자로서의 확고한 자세를 갖추어야 한다. "국어교사는 국어를 잘 가르치는 기술자가 아니고 국어를 통해 사람됨을 일깨워 주는 스승이어야 한다."는 김정환의 말은 바로 인간을 형성해 가는 이상적 교사의 모습에 대한 강조라고 하겠다. 이것은 학생에 대한 이해와 사랑을 전제로 한 교육적 권위를 가지고 있을 때 가능해진다. 따라서 공동체를 이끌어 갈 스승으로서의 권위와 현대사회에서 강조되는 교육 전문가로서의 권위는 교사가 지녀야 할 가장 중요한 교육적 권위이며 기본적 품성이 된다.

4 역사와 공동체에 대한 지식인으로서의 책임감

교직은 학생들에게 다양한 지식과 사람됨을 가르치는 직업이다. 하지만 교사는 가르치는 역할과 함께 시대와 공동체를 대표하는 지식인으로서의 역할을 가지고 있기도 하다. 앞에서도 살펴보았듯이 교직은 대표적인 전문직으로서 다양한 전문직적 특성을 지니고 있다. 그러나 교직은 다른 전문직과 비교해 보았을 때, 교직만의 특별한 모습을 가지고 있기도 하다. 바로 역사와 공동체에 대한 지식인으로서의 책임감이다. 어느 사회에서나 교사란 단지 가르치는 것을 직업으로 삼고 있는 사람만을 지칭하지는 않는다. 전통사회부터 교사는 진리 추구와 사회 정의에 대한 책임감 그리고 공동체의 현재와 미래에 대해 비전을 제시해 주는 지식인으로서의 역할을 갖고 있었다. 교사는 역사와 공동체에 대한 교육자로서의 역할과 함께 지식인으로서의 책임감을 요구받아 왔던 것이다. 이러한 관점에서 지루(Henry Giroux)는 교사를

'변혁적 지성인'으로 보았다. 지성인으로서의 교사는 단순히 주어진 지식의 전달자가 아니라, 이데올로기적·정치적 이해관계라는 측면을 바탕으로 교육활동을 전개해야 한다. 교사는 이를 통하여 스스로 변혁적 지성인으로서의 역할을 가져야 하며, 시대적 담론, 교실에서의 사회관계, 가치의 성격 등을 가르침으로써 학생들을 적극적이고 비판적 시민으로 교육할 수 있어야 한다. 교육은 검증된 과거의 지식을 학생들에게 전수해 가는 과정이다. 이 속에서 교사가 단지 검증된 지식이라는 이데올로기에 매몰되어 있다면 교사는 그저 정해진 내용을 앵무새처럼 반복하는 기계적 지식 전달자가 되고 말 것이다. 지루가 강조한 변혁적 지성인으로서의 교사는 과거의 지식에 대한 다양한 가치와 여기서 파생되는 역사적 진리를 통해 현재와 미래의 새로운 가치를 창출해 내야 하며, 이를 학생들에게 가르침으로써 미래를 담보해 나가야 한다는 의미이다. 이는 교사가 비판적 역사의식과 공동체에 대한 책임감을 가지고 스스로 변혁적 지성인으로서의 역할을 발견해 갈 때, 가능해진다. 김정환도 역사와 사회에 대하여 책임감을 지닌 비판적 지식인으로서의 교사를 강조하면서 그 모습을 우리나라 선비상 속에서 찾기도 하였다. 김정환에 의하며 선비는 단순히 양반 혹은 일정한 벼슬을 가지고 있는 유학자(士) 또는 유교적 전통에 국한된 군자(君子)만이 아니었다. 비굴하지 않고 꼿꼿한 자세를 유지하는 지식인이었으며, 도덕성을 기반으로 역사와 공동체에 대한 책임감과 비판적 시각으로 세상을 살피는 지사(志士)였다. 이러한 점에서 김정환은 우리 민족의 이상적 인간상으로 학자적 기질, 예술적 기질, 지사적 기질을 가진 선비상을 강조하였으며 이 속에서 역사와 공동체에 대한 비판적 지식인으로서의 모습과 교육자로서의 지표를 발견하였다. 선비들이 지녔던 반골적 교사로서의 모습은 역사와 사회에 대한 비판적 의식을 가진 책임 있는 지식인으로서 교사가 가져야 할 책무였으며, 반교육적 상황에

저항하며 교권을 찾아가는 교육자의 지표였다. 김정환은 우리나라 선비의 모습 속에서 역사와 공동체에 대한 비판적 지식인으로서의 모습을 발견하고자 하였던 것이다. 이러한 점에서 바람직한 교사가 되기 위해서는 역사의식을 갖추고 인격의 힘을 지니며 민중·민족과 같이 호흡하는 교사가 되어야 한다는 것은 당연하다.

　　프레이리도 교사는 역사와 공동체에 대한 비판의식을 통해 지식인으로서의 책임감을 가져야 한다고 보았다. 프레이리는 역사를 가능성으로 보았다. 그는 "역사란 이미 결정되어 있는 것이 아니라 가능성으로 가득하며, 미래는 숙명적으로 정해져 있는 것이 아니라 변화의 여지가 충분하다."고 하였다. 프레이리에 의하면 교사는 역사에 대한 믿음과 인간에 대한 사랑, 희망을 가지고 학생을 사랑과 희망의 존재로 보아야 하며 그 속에서 역사와 민족에 대한 책임을 지녀야 한다. 이러한 관점에서 프레이리는 "교육은 수단이 되어서는 안 되고 반드시 윤리적이어야 한다."고 하였다. 여기서 윤리적이란 역사 속에서 인간의 자유와 선택, 결정과 가능성 등이 보장되어야 함을 말한다. 이러한 점에서 볼 때, 학생의 호기심과 미래를 무시하는 기계적 암기 수업은 교육이 아니라 단지 학생을 길들이기만 할 뿐이라고 하였으며 이러한 길들이기는 신자유주의 속에 흐르는 숙명론적 이데올로기와 같다고 보았다. 프레이리의 생각은 교육이 단지 정치적·사회적 관점에서만 시작되는 것이 아니라 인간과 교육에 대한 숙고의 산물이며, 인간에 대한 본질적 접근을 통하여 민중의 비판적 인식을 넓혀나가는 데 있다는 점을 보여준다. 역사에 대한 숙명론적 관점과 지식의 기계적 전달은 학생들을 피동적이며 도구적 존재로 전락시킨다는 점을 강조하면서 주체로서의 인간을 길러내는 교육을 강조하고 있는 것이다. 따라서 교사는 지식 전달 기술자가 아니라 비판적 의식을 바탕으로 역사와 공동체에 대한 책임 있는 진보적 지식인으로서의 역할을 가져야 한다. 이러한 진보적 지식인으로서의 교사는 단순히 만들어지는 것은 아니라, 끊임없는 자기 성찰과 역사, 공동체에 대한 책임감을 가지려고 하는 노력을 통하여 가능하다. 이러한 과정이 없다면 진보적 지식인으로서의 교사는 역사의 흐름 속에서 기득권에 투항하는 지식 전달 기술자가 될 수도 있다. 지식인으로서의 책임감을 갖지 못하는 모습에 대하여 프레이리는 다음과 같이 냉정하게 비판하기도 한다.

> 과거에는 진보적이었던 많은 지성인들이 오늘날에 와서는 지배적 이데올로기의 실체를 고발하는 모든 교육적 실천을 외면하고 있다. 그들은 교육이란 것을, 행복한 삶을 보장하는 데 '충분' 하다고 여겨지는 내용의 단순한 전달과정으로 전락시켰다. 즉, 그들은 지배자들의 질서를 유지하는 데 헌신하고 있는 것이다. 그들이 생각하는 행복한 삶이란, 저항하지 않고 개혁을 꿈꾸지 않으며 세상에 그저 적응해 가는 삶이다. 진보 진영의 옛 전사들이 오늘날 실용주의에 이렇듯 열광적으로 집착하는 모습이 아이러니컬한 이유는, 자신들에게 얼핏 새로워 보이는 질서를 포용하는 과정에서 그들이 지배 계급의 권력보존에 필요한 낡은 공식들을 되살려 내고 있다는 점에 있다.

진보적 지식인으로서의 교사는 결코 현실에 집착하지 않아야 하며, 역사와 공동체에 대한 끊임없는 자기 성찰과 열정을 가지고 미래를 찾아가야 한다. 이러한 교사를 통하여 주체적이며 능동적인 학생들이 만들어진다. 프레이리에게 있어서 교사는 단지 지식을 전달하는 사람이 아니라, 피억압자의 해방과 정의로운 사회로의 변화를 주체적으로 이끌어 나갈 활동가이며, 이를 통하여 역사와 공동체에 봉사하는 지식인이다. 억압적 상태를 극복해 나가고 비판적 의식을 고양시키며 이를 통하여 해방을 이루고 사회를 변혁시키는 주체로서의 교사를 생각한 것이다. 교사는 이러한 과정 속에서 인간에 대한 절대적인 헌신과 윤리적 기초를 바탕으로 책임 있는 지식인으로서의 역할을 가질 수 있게 된다.

한편 케르셴슈타이너도 교사는 단지 가르치는 일만을 하는 교육기술자가 되어서는 안 된다고 보았다. 교사는 문화유산(文化財, Kulturgüter)을 통하여 인류 문명의 가치와 그 속에서 파생되어 온 역사의식의 전달이라는 역할을 해나가야 한다고 보았다. 문화유산을 통한 교육은 정신적 가치로 대표되는 문화재를 사실적·물질적 태도로 접근하여 생겨나는 체험의 과정이라고 할 수 있다. 이러한 문화 가치재를 통하여 개인의 가치 감각은 활성화되며 인류문화는 계승된다. 교사는 이러한 문화 가치재 속에 담겨 있는 공동체의 역사를 음미하고 체화해야 하며, 단순히 기존의 교육 자료를 조합하여 학생들에게 전달하는 사람이 아니라, 인류가 쌓아 온 문화유산 속에 담겨 있는 공동체적 가치와 역사의식 등을 함께 계승하며 학생들에게 전달하는 임무를 지닌 사람이어야 한다고 케르셴슈타이너는 생각하였다. 따라서 교사는 논리적이며 과학적 판단과 지식 전달의 과정보다는 역사와 문화에 대한 깊이 있는 인식과 지식인으로서의 책임감 그리고 풍부한 감성의 소유자이어야 한다. 케르셴슈타이너는 문화재의 계승과 발전이라는 교육의 과정을 통하여 인류의 문화유산 속에 담겨 있는 이상체(理想體)를 발견하고자 하였으며 교사는 지식인으로서의 책임을 가지고 이러한 일을 주체적으로 수행해 나가야 한다고 보았다. 교사는 단지 지식이나 기능을 전수해 주는 직업이 아니라 역사와 문화, 공동체에 대하여 책임 있는 역할을 수행해야 할 의무를 가지고 있으며 천성적으로 인간에 대하여 사랑하는 마음을 지니고 있는 존재라고 생각하였던 것이다.

우리는 흔히 "잘 가르치면 되지!"라는 말로 교사의 업무를 말하곤 한다. 그러나 교직의 전문직적 성격에 비추어 보았을 때, 교사는 잘 가르치는 일과 함께 연구자로서 그리고 교육기관의 관리자 및 학생의 삶에 대한 적절한 상담자로서의 업무를 수행해 나갈 수 있어야 한다. 그러나 이러한 모든 업무와 일을 능가하는 가장 중요한 교사의 역할 중의 하나는 역사의식을 바탕으로 공동체의 현재와 미래에 대하여 고민하고 책임질 수 있는 지식인으로서의 역할이다. 김정환, 프레이리, 케르셴슈타이너 등 많은 교육학자들이 교사에게 필요한 품성으로 강조한 것이 바로 이러한 지식인으로서의 책임감이었다.

CHAPTER

05

교사의 역할과 의무

1 교사의 역할과 능력

역할(Role, 役割)이란 사회 내에서 한 개인에게 기대되는 행동양식으로서 일반적으로 지위(Status, 地位)에 따른 의무와 권리 등의 행위를 의미한다. 따라서 사회적으로 어떤 지위에 대한 역할을 알기 위해서는 지위의 개념에 대한 이해가 전제되어야 할 것이다. 일반적으로 지위란 한 사람이 그가 속한 체제 속에서 차지하는 위치 혹은 특정의 위치에 부여되는 기대를 말한다. 지위는 상대적인 성격을 지니고 있기 때문에 항상 비교되는 자리이기도 하는데, 남자와 여자, 미국사람과 한국사람처럼 태어나면서부터 지니고 나오는 귀속적(歸屬的) 지위와 교사, 군인, 배우처럼 직업으로 획득한 후천적(後天的) 지위로 나눌 수 있다. 현대사회에서 지위는 특정 직업군 혹은 직위에 대한 신분 표징(Symbol)으로 나타나기도 하고 사회적 신분 혹은 사회적 직위에 따른 서열의 차이에 대한 증표가 되기도 한다. 교사의 지위는 교사가 갖는 직무의 중요성 및 그 직무 수행 능력에 따라 그들에게 주어지는 사회적 대우 또는 존경, 그리고 다른 직업 집단과 비교하여 본 교원의 근무 조건, 보수 및 그 밖의 물질적 급부 등으로 결정될 수 있다.

교사의 역할은 교사에 대한 호칭으로 짐작할 수 있다. 우리말에서의 교사(敎師)는 선생님, 스승, 교원, 교육자 등으로 불리며, 영어권에서는 educator, trainer, instructor, master, teacher, pedagogue, tutor, lecturer 등으로 호칭 되고 있다. 각각의 용어에 따라 약간의 의미가 다르겠으나 일반적으로 보았을 때, 교사를 지칭하는 모든 용어가 무엇인가를 '가르치는 사람' 혹은 다른 사람들에게 인격적으로 감화를 주는 사람, 공동체의 모범이 되는 지식인이라는 의미를 지니고 있다. 그러나 근대사회 이후, 학교를 통하여 교육이 체계화되면서 교육자로서의 교사라는 용어는 좀 더 구체적인 의미를 지니게 된다. 학교에서 전문적으로 교육을 담당하는 직업인을 교사라 부르기 시작하였던 것이다. 현재 우리말에서의 교사에 대한 사전적 의미는 "학술·기예를 가르치는 스승, 초등학교·중학교·고등학교 및 특수학교에서, 일정한 자격을 가지고 학생을 가르치는 사람"이며, 교원은 "각급 학교에서 학생을 가르치는 사람을 통틀어 이르는 말"로 규정하고 있다. 교사의 가장 대표적인 역할은 가르치는 일이라는 의미이다. 그러나 교사에게 기대하는 사회적 역할을 고려해 볼 때, 현재 우리가 사용하고 있는 교사 혹은 교원이라는 말 속에는 다음과 같은 세 가지의 뜻이 내포되어 있다고 할 수 있다. 첫째, 교사는 공적으로 인정된 교원자격증을 가지고, 인가 혹은 허가받은 국·공·사립 교육기관에서 학생의 지도를 위하여 고용된 사람을 의미한다. 교육이라는 행위 자체가 공적 의미를 지니고 있기 때문에 국가가 인정하는 교육기관에서 교육 활동을 전개하는 사람은 반드시 국가가 제시하고 발급한 자격증을 취득해야 한다. 바로 이러한 교원자격증을 지니고 있는 사람이 공인된 교육기관에서 교육 활동을 전개할 때, 이들을 교사 혹은 교원이라고 부른다. 그러나 현재 우리나라에서는 이러한 법적 기준과는 다른 기준으로 교사를 규정하고 있기도 하다. 현재 대한민국의 공적 교육기관, 즉 유치원부터 초·중등 교육기관의 모든 교원은 법적으로 교원자격증을 지니고 있어야 한다. 다만 국가의 관리 아래 운영되고 있는 사립 교육기관, 즉 학원의 경우에는 현실적으로 해당 교원자격증을 의무화 하지는 않고 있다. 또한 대학 교수의 경우에도 교육자로서의 역할을 하면서도 국가가 인정하는 교육자로서의 특정 자격증을 요구받지 않고 있다. 대학 교육의 성격상 지정된 자격증이 꼭 필요한 것은 아닐 수 있으며, 대부분의 대학 교원들은 해당 전공의 박사학위를 소지하고 있기 때문에 자격증을 대치하고 있다는 이유 때문이다. 이러한 이유가 타당하지 않은 것은 아니지만, 대학 교수들도 분명히 교육활동을 전개하고 있는 교육자이기 때문에 기본적인 교육학적 소양을 위한 최소 조건은 필요하다. 해당 분야의 석·박사 학위가 전문가로서의 자격을 인정하는 도구가 될 수는 있지만 교육자로서의 자격을 인정하는 과정은 아니기 때문이다. 이것은 연구자와 교육자의 구분을 제대로 하지 않는 데서 오는 현상이라고 할 수 있다. 참고로 유럽의 몇몇 나라에서는 학위나 연구 능력하고는 별개로 대학의 교원이 되기 위한 교수 자격증 제도를 시행하고 있기도 하다. 둘째, 특정한 영역에서 뛰어난 자질을 갖추고 남을 가르치는 사람을 교육자 혹은 선생님이라 부르기도 한다. 누구인가를 가르칠 수 있다는 것은 그 분야에서 다른 사람들에 비하여 뛰어난 능력이나 학식을 지니고 있다는 의미이다. 국가 혹은 특정 단체에서 발부하는 교육자로서의 공인된 자격증은 없지만 가르침에 필요한 능력과 이를 바탕으로 무엇인가를 가르치는 사람을 교육자로 지칭하기도 한다는 뜻이다. 이러한 경우, 교육자로서의 자격을 국가 혹은 사회가 통제하지 않기 때문에 어떤 내용을 가르치는가 하는 문제가 남는다. 우리는 소매치기 기술을 가르치거나, 비도덕적인 행위를 전수하는 사람까지 교육자 혹은 선생님이라고 부르지는 않는다. 또한 자신의 전문적 지식을 비도덕적이며, 공동체가 지향하는 보편적 윤리 기준에 어긋난 일에 활용하는 사람도 선생님이라고 호칭하지 않는다. 즉, 교육자 혹은 선생님이라고 지칭되기 위해서는 공동체의 기준에 맞는 역할을 해야 한다는 의미이다. 이러한 점에서 과거 우리나라 선비들의 모습은 좋은 예가 될 수 있다. 선비들이 가장 나쁘게 생각하는 경우는 바로 곡학아세(曲學阿世)였다. 이는 자신이 가진 전문적 지식을 바른 길에서 벗어나 부귀와 영달을 위하여 활용하는 모습을 지칭한다. 일제 강점기에 민족을 배반하고 일제를 위하여 자신의 지식과 경험을 사용했던 친일 지식인 그리고 군사독재 시절 부당한 정권에 편승하여 부와 권세를 누렸던 일부 어용교수 및 어용 지식인들이 대표적인 사례라 하겠다. 이것이 우리가 이들을 결코 선생님이라고 부르지 않으며, 오히려 경멸의 대상으로 삼는 이유이기도 하다. 특정한 영역에서 뛰어난 자질과 전문적 지식을 가지고 있다고 하더라도 선생님이 되기 위해서는 공동체가 지향하는 역사적, 사회적, 윤리적 기준에 적합한 행위와 역할을 할 수 있어야 한다는 의미이다. 셋째, 다른 사람들에게 삶에 대한 성찰과 깊이 있는 삶의 교훈을 전달해 주는 사람을 선생님이라고 부르기도 한다. 예수와 부처 같은 성인들이 어떠한 학문적 업적을 가졌다든지 얼마만큼의 지식이 있었는지는 중요하지 않다. 성인들은 말과 행동 그 자체가 가르침이고 감동이며 인간의 삶에 대하여 사람들에게 깊은 교훈을 준다. 현대사회에서도 나이나 직위에 상관없이 공동체의 구성원들에게 많은 가르침을 전해 주는 사람들이 있다. 이들을 우리는 선생님이라고 부르기도 한다. 여기서 선생님은 직업으로서의 교원은 아니지만 공동체의 존경과 모범으로서의 선생님이 되는 것이다. 여기서 교사 혹은 선생님은 직업으로서의 교육자가 아니라, 시대와 공동체를 대표하는 선생님으로서의 또 다른 사회적 의미를 가지게 된다. 교직에 대한 인식은 역할에 따라 역사적으로 다양한 모습을 보이기도 한다. 특히 19세기 중반 이후 교육이 대중화되면서 교직은 정치, 경제적 요인에 따라 다양하게 인식되기도 한다. 한편으로는 시대를 책임지는 지식인으로서 사회적 존경의 대상이 되기도 하고, 전문직으로서 대우 받기도 하지만, 경우에 따라서는 정치 권력 및 기타 사회적 권력의 지나친 간섭 등으로 인하여 권력의 하수인으로 전락하는 경우도 없지 않다. 어쩌면 교사라는 직업이 어떤 사회적 지위를 갖는가 하는 것이 중요하게 생각되지 않을 수 있지만 미래를 책임져야 할 우리의 아이들을 가르치는 직업임을 감안해 볼 때 교직에 대한 사회적 지위가 높아야 함은 당연하다. 이를 위하여 교사는 물론이고 학부모와 지역사회 모두가 노력해야 할 것이다.

　이상에서처럼 사회적 변화에 따라 다양하게 교사의 지위와 역할을 규정할 수 있지만 현대사회에서 가장 중요한 것은 학교에서 학생을 가르치는 역할이다. 교사의 역할에 대하여 가장 자세하게 제시한 사람으로는 페스탈로치가 있다. 그는 교사의 역할을 다섯 가지로 구분하여 설명했다. 첫째, 교사는 자기가 맡은 교과를 능숙하게 가르칠 수 있어야 한다고 하였다. 페스탈로치의 이러한 선언은 당연한 일인 것처럼 보인다. 교사가 자신이 가르치고자 하는 내용에 대하여 잘 알지 못하는 경우는 없기 때문이다. 그러나 능숙하게 잘 가르치는 것이 무엇인가에 대하여 생각해 본다면 페스탈로치의 이러한 주장을 수긍할 수 있게 된다. 즉, 교사의 역할은 정해진 교육내용을 학생들에게 단순히 전달하는 데 그쳐서는 안 된다는 의미로 해석되어야 한다. '피타고라스 정리'를 가르치는 선생님이 공식을 설명하는 것을 넘어 피타고라스가 그 시대에 이러한 수학적 정리를 왜 만들었는지, 그리고 이것은 당시에 어떻게 활용되었으며 현대사회에서는 왜 필요한지 등을 가르치는 것이 페스탈로치가 말한 교사의 역할이다. 이를 행하기 위해서는 피타고라스 정리에 대한 수학적 지식 외에도 그리스 시대의 철학과 역사 그리고 현대사회에 대한 철학적, 수학적 이해가 전제되어야 한다. 둘째, 교사는 학생들의 개인적인 생활문제, 진로문제에 대한 적절한 지도자가 되어야 한다고 하였다. 교사는 단지 자신이 맡은 교과목 지식을 학생들에게 가르치는 것을 넘어 학생 개인이 가지고 있는 다양한 문제에 대한 상담자로서의 역할을 해야 한다. 교사는 학생들과 함께 숨 쉬며 그들의 문제를 함께 고민하고 해결하려고 노력하는 동반자의 모습을 가져야 한다는 의미이다. 셋째, 교사는 자신의 전문 영역에 대한 연구자로서의 역할을 소홀히 해서는 안 된다고 보았다. 일반적으로 초·중등 교사에게는 장학사 혹은 교감이 되기 위한 요건으로서의 연구 외에는 연구의 의무가 부과되지는 않는다. 그러나 교육자로서의 교사는 계속적인 연구를 통하여 자신의 교육활동을 보완하고 확장해 나갈 수 있어야 하며, 이를 통하여 교사는 더욱 깊이 있는 교육활동을 할 수 있게 된다. 넷째, 교사는 교직단체 활동에 적극적으로 참여해야 한다고 보았다. 다양한 교직단체 활동은 단지 이익 단체로서의 교직 활동을 의미하는 것이 아니라, 미래를 위한 교육의 자유권과 독립성 그리고 교사로서의 기본 권리 확보를 위한 활동이다. 따라서 교원의 교육단체 활동은 제도적으로 보장받아야 한다. 페스탈로치가 세계 최초로 교원단체를 결성했던 것은 바로 이러한 이유 때문이다. 교원단체는 교사의 권리보장, 교육의 독립성 및 자유권 확보를 위하여 반드시 필요한 교사의 활동이라는 의미이다. 다섯째, 교사는 학교 관리자로서의 역할도 가져야 한다고 하였다. 흔히 교사의 역할은 수업에 한정된 것으로 여겨지는 경우가 많다. 그러나 칠판이 낡거나 학생들의 수업 도구가 제대로 공급되지 않으면 수업에 지장을 받고, 학생들의 책상과 의자가 망가지면 안전 사고가 날 수 있듯이 학교의 교육환경과 경영실태는 교수·학습 활동에 커다란 영향을 미친다. 페스탈로치가 교사에게 학교 관리자로서의 역할을 강조한 것은 학교의 모든 일이 교육과 연관되어 있다는 점을 잊지 말아야 한다는 의미로 해석할 수 있다.

한편 헤크와 윌리암스(S.Heck & R.Williams)는 교사의 역할 중에서도 보호자로서의 역할, 동료로서의 역할, 학생 및 동료 교사와의 동반자 역할, 학생에 대한 이해자로서의 역할, 학습 촉진자로서의 역할, 연구 및 실험하는 연구자로서의 역할, 프로그램 개발자로서의 창조적 역할, 관리자로서의 역할, 의사 결정 및 문제 해결자로의 역할, 전문적 지도자로서의 역할 등을 강조하기도 하였다. 또한 듀이(J. Dewey)도 자신의 대표적 저서인 『민주주의와 교육(Democracy and Education, 1916)』에서 교사의 역할이 학습자의 학습 동기를 자극하고 그 행동 방향을 위한 환경을 조성해 주는 데 있다고 하면서 교사의 역할을 다음과 같이 정리하기도 하였다. 첫째, 교사는 미성숙한 학생의 활동에 명확한 기준을 제시할 수 있어야 하며 동시에 학생의 발전 가능성을 알아볼 수 있어야 한다. 둘째, 교사는 학생들의 무분별하고 목적 없는 행동 속에서도 발전 가능성을 파악하고 이를 교육적으로 이끌 수 있어야 한다. 셋째, 교사는 교과 내용을 구성하는 데 있어서 학생들의 생활 속 경험을 반영할 수 있어야 한다. 넷째, 교사는 교과 내용의 전수와 함께 학생들의 태도와 반응, 경험에 따른 습관 등을 이해할 수 있어야 한다. 듀이는 이러한 과정을 통하여 교사는 교과의 전수와 함께 학생들의 독특한 성향과 능력을 이해하고 이를 교육활동에 참고할 수 있어야 한다고 보았다.

이상에서처럼 교사에게 요구되는 역할은 다양하게 존재할 수 있으며 이러한 역할을 잘 수행하기 위해서는 그에 따른 능력이 요구된다. 그중에서 가장 중요한 것은 잘 가르칠 수 있는 능력일 것이다. 그러나 조금 더 깊이 들어가 보면 정말로 교사에게 요구되는 가장 큰 역할이 잘 가르치는 능력인가에 대해서는 의문이 든다. 무엇을 왜 가르치는지에 대한 본질적 논의는 뒤로 하고, 교과 내용을 학생들에게 잘 전달할 수만 있으면 된다는 의미로 여겨질 수 있기 때문이다. 일제 강점기에는 조선의 역사, 언어에 대한 교육을 금지하면서 일제의 역사와 언어를 학교에서 강요하였다. 일본제국주의의 이러한 만행은 학교라는 공공기관을 통하여 교사들의 역할로 강요되었다. 조선의 교사가 이러한 내용을 학생들에게 잘 전달했다면, 이것을 잘 가르친 것이라고 할 수 있을까. 해방 이후, 권위적인 반민주주의 정권과 군사독재 정권 시대에는 국민교육헌장을 가르치고 해설하기도 하였으며, 한국적 민주주의를 강조하면서 유신체제를 홍보하는 내용을 전달하기도 하였고 당연히 시험에 출제되기도 하였다. 잘 가르쳐서 학생들이 이에 대한 시험을 잘 치루었다면, 그 교사는 과연 잘 가르친 것일까? 물론 기계적으로 생각해 볼 때, 내용이 무엇이든지 간에 그것을 잘 전달했다면 가르치는 능력이 출중한 교사가 아니겠는가라는 견해도 있을 수 있다. 그러나 가르치고자 하는 내용과 목적을 도외시한 교육은 엄밀히 보면 교육이 아니라, 단순한 정보의 전달에 불과한 것이 아닐까? 교육은 단순히 정보를 전달하는 것이 아니라, 올바른 정보와 지식을 잘 전달하는 과정이다. 그런데 잘 가르치는 능력, 정확히 말해서 잘 전달하는 능력을 교육자의 능력이라고 본다면 그것은 교육의 본질에 어긋난 것이 될 것이다. 교사의 능력은 무엇을 왜 가르쳐야 하는가에 대한 성찰을 바탕으로 이루어져야 한다.

2 교사의 법적 의무

교육은 공동체의 현재와 미래를 책임지는 중요한 활동이다. 따라서 이를 행하는 교사에게는 공동체와 역사에 대한 책임 있는 지식인으로서의 의무와 책임감이 따른다. 교사의 의무는 크게 법적 의무와 전문직으로서의 의무로 나눌 수 있다. 교사에게 부여되는 법적 의무가 주로 법적 강제력을 전제로 한다면 전문직으로서의 의무는 윤리적 책임감을 바탕에 두고 있으며 교직윤리로 구체화 된다. 교사의 법적 의무는 공무원으로서의 의무에서부터 시작된다. 교사는 교육공무원으로서 모든 공무원에게 부여되는 법적 의무의 대상이 된다. 이는 헌법에서부터 시작된다. 대한민국 '헌법' 제6조에서는 "공무원은 국민 전체에 대한 봉사자이며, 국민에 대하여 책임을 진다."고 규정하고 있다. 또한 '국가공무원법' 52조에서 62조까지에는 공무원으로서의 복무와 관련하여, 성실, 복종, 근무 양태, 친절, 공정, 비밀엄수, 청렴, 품위 유지, 영리 및 겸직 금지, 정치적 활동 및 집단 행동 금지 등을 규정하고 있다. 그리고 '교육공무원 징계양정 등에 관한 규칙' 등을 통하여 이러한 법적 규제에 대한 징계양정 등을 법제화하고 있다. 교사는 교육공무원이기 때문에 모든 공무원에게 부여되는 '헌법'과 '국가공무원법'의 규정에 따라야 한다. 교육공무원으로서의 교사의 법적 의무는 일반적으로 추상적 의무 조항과 실제적 의무 조항으로 구분할 수 있다. 추상적 의무는 법률적 기준이 모호하고 현실적으로 적용하는 데 약간의 무리가 있기 때문에 상징적 의미가 강한 법적 규정이며 실제적 의무는 현실적으로 교사에게 적용될 수 있는 구체적 법적 규제라고 할 수 있다.

교육공무원으로서의 교사가 갖는 추상적 의무는 성실한 교육활동 및 연구의 의무를 기본으로 한다. 이를 규정하는 것으로는 '국가공무원법'을 들 수 있다. '국가공무원법' 제56조에서는 "모든 공무원은 …… 성실히 직무를 수행해야 한다."고 강조함으로써 교사에 대한 공직자로서의 의무와 이에 따른 및 근무 시간, 외출, 출장 등에 대한 복무규정을 정하고 있다. 또한 동법 제57조에서는 "공무원은 직무를 수행할 때 소속 상관의 직무상의 명령에 복종해야 한다."고 규정함으로써 상급자에 대한 직무상의 업무에 대한 복종의 의무를 강조하고 있다. 이와 함께 동법 제63조에서는 공무원으로서의 품위 유지를 규정하고 있기도 하다. 또한 '교육법' 제74조에서도 "교원은 교육자다운 인격과 품위를 지녀야 한다."고 정함으로써 공무원의 품위 유지 조항과 같은 의미의 법적 의무를 강제하고 있다. '헌법' '국가공무원법' '교육법' 등에서 규정하고 있는 성실·복종의 의무, 품위 유지의 의무 등은 모든 공무원을 대상으로 한다. 그리고 공·사립 학교 교사 모두는 교육공무원으로서 혹은 교육공무원에 준한 대우를 받아야 하므로 공무원이 지켜야 할 의무의 대상이 된다. 공무원에는 군인도 있고 경찰관도 있으며 판·검사도 있는 등 다양한 직종이 있다. 그중 교사는 교육의 중립성과 독립성을 수행할 의무를 갖는 직종이다. 철저한 계급이 전제되어야 할 군인의 경우 복종의 의무 등이 당연할 것이다. 부당한 국가권력이 교육의 독립성을 해치는 왜곡된 교육내용을 가르치도록 강요한다면 교사는 복종의 의무에 의하여 이를 따라야 할 것이다. 그러나 이러한 행위는 마치 일제 강점기 시절 일제 앞잡이로서의 역할을 충실히 했던 친일 교사의 모습과도 일치할 것이며, 역사와 공동체에 대한 지식인으로서의 책임감에 위배 된다. 그러나 이를 거부하면 공무원으로서의 복종 의무에 위배될 것이다. 현대사회에서 그런 일이 어떻게 있을 수 있는가 하는 사람도 있지만, 바로 얼마 전에 있었던 군사독재 시절이나 끊임없이 교육의 독립성을 파괴하고자 하는 일부 세력들의 모습을 생각해 보면 충분히 발생할 수 있는 일이다. 또한 성실의 의무, 품위 유지의 의무 그리고 교육자다운 인격을 요구하는 법령들을 보면 어떠한 행위가 불성실한 행위인지 혹은 교사로서의 품위를 유지하지 못하는 행위는 어떤 것인지에 대한 구체적인 기준도 존재하지 않는다. 이는 교사가 부당한 징계의 대상이 될 수도 있다는 것을 의미한다. 이러한 법령이 상징적 의미를 갖는 것이라는 견해도 있지만, 1989년 전국교직원 노동조합 설립과 관련하여 1,000명이 훨씬 넘는 교사가 해직을 당한 사건 그리고 일부 악덕 사학 재단에서 재단의 간섭에 반대하는 일부 교사들을 파면시키는 데 이용되는 것들이 바로 이러한 법령들이라는 것은 이것이 단지 상징적 법령에 해당하지 않는다는 사실을 보여준다. 교사는 역사와 공동체에 대한 사명감을 지니고 있는 지식인으로서의 역할을 가지고 있으며 이에 따라 공무원의 신분을 가지고 있지만 교직은 교육의 독립성과 자율성이라는 헌법적 가치의 대상이기도 하다. 따라서 군인이나 경찰관처럼 계급에 따른 일방적 명령의 대상이 될 수는 없다. 이러한 점에서 교사에 대한 법적 의무의 일방적 강요는 교육자로서의 특수한 지위를 인정하지 않고 있다는 점 그리고 모호한 법적 기준이 부당한 권력에 의하여 실제로 활용되기도 한다는 점에서 많은 문제를 지니고 있다고 하겠다.

공무원으로서의 교사에 대한 실질적 법적 규제도 다양하게 존재한다. 교사에 대한 법적 제한은 주로 교사의 노동권과 정치활동 등과 관련이 있다. '헌법' 제7조 2항에는 "공무원의 신분과 중립성은 법률로 정한다."고 규정하고 있으며 '국가공무원법' 제65조에서는 공무원의 정당 결성 및 가입 금지, 정당 및 특정인에 대한 지지·반대 의사 표명 금지 등 공무원의 '정치운동의 금지'를 강조하고 있다. 특히 2항에서는 '투표를 하거나 하지 아니하도록 권유 운동을 하는 것'을 명문화함으로써 민주주의의 꽃이라고 하는 투표에 대한 교육적 독려 등에 대한 교사의 의사 표현도 금지함으로써 과도하게 교사의 정치적 권리를 제한한다고 평가되기도 한다. 또한 동법 제66조에서는 "공무원은 노동운동이나 그 밖에 공무 외의 일을 위한 집단 행위를 하여서는 아니 된다."고 규정함으로써 공무원 및 교사의 노동 3권을 제한하고 있다. 이에 따라 우리나라의 공무원 및 교사들은 단체결성권, 단체교섭권, 단체행동권이라는 노동자로서의 3대 권리 중, 단체행동권을 제한받음으로써 노동조합 활동이 원천적으로 봉쇄되어 있다. 이것은 모든 노동자가 지녀야 할 기본적 권리를 제한하는 것으로서 국제노동기구 등에 의해서 항상 문제로 지적되는 사항이기도 하다. 이와 함께 '국가공무원법' 제64조에서는 공무원의 영리 업무 및 겸직 금지를 규정함으로써 공무원이 업무와 관련된 영리 행위를 금지하고 있기도 하다. 이는 교사가 학교 근무가 끝난 야간에 학교 주변의 학원에서 학원 강사로 일하고 있다면 어떻겠는가를 생각해 보면 당연한 일이라고 할 수 있다. 따라서 공무원으로서의 교사에게 영리 행위 및 겸직을 금지하는 것은 직업적 특성을 고려해 볼 때 충분히 수긍할 수 있는 규제라고 할 수 있다. 그러나 공무원 및 교사에 대한 노동조합 활동 및 정치활동의 과도한 금지는 개인의 권리 침해가 될 수 있으며, 교사의 교육활동에 대한 과도한 법적 간섭이라고 지적할 수 있다. 이것은 공무원으로서의 교직이 가지고 있는 특수성을 고려하지 않고 일반직 공무원과 동일하게 법적 규제를 함으로써 파생된 문제이기도 하다. 교육의 정치적 중립성과 독립성은 헌법적 가치이며, 교사는 이를 실행하는 교육의 주체이다. 따라서 교직에 대한 과도한 법적 제한은 교육의 자주성을 해칠 수 있기 때문에 이에 대한 신중한 접근이 있어야 할 것이다.

3 전문직으로서의 의무와 자율적 규범

현대사회에는 많은 직업들이 다양한 특징을 가지고 있으며, 교직도 전문직으로서의 직업적 특징을 지니고 있다. 교직이 지니는 직업적 특징을 개략적으로 살펴보면 다음과 같이 말할 수 있다. 첫째, 교직은 교육적 행위의 대상이 인간이다. 따라서 이해, 사랑, 헌신, 봉사 등의 사명감과 같은 추상적 가치를 중요시한다. 둘째, 교직은 인간의 육체적 변화뿐 아니라 정신세계의 변화를 기대하며 수행하는 직업이므로 직업 활동에 대한 정형화, 계량화된 평가가 불가능하다. 셋째, 미래의 사회, 국가, 민족의 발전에 영향을 주는 인간을 육성하는 직업이다. 따라서 역사, 공동체, 인류의 미래 등에 대한 책임감이 있어야 하는 직업이다. 따라서 교직은 직업 활동과 관련된 법적 의무 외에도 전문직으로서의 직업 윤리를 가지게 된다. 특히 교직에 대한 법적 의무가 타율적·강제적이며 사회 통제적 의미가 강한 것에 비해 전문직으로서의 직업 윤리는 규범적이며 자율적인 측면이 강하다고 할 수 있다.

누구인가를 가르치는 직업으로서의 교직에 대한 철학적, 규범적, 윤리적 관점은 무엇을 왜 가르쳐야 하는가에서부터 시작된다. 교사가 가르치고자 하는 내용은 무엇이며, 이것을 왜 가르쳐야 하는가에 대한 당위성을 생각해야 한다는 의미이다. 교육자로서 학생에게 어떤 내용을 가르친다면 그것이 옳은 것인가 혹은 옳지 못한 것인가에 대한 판단이 있어야 하며, 이러한 판단을 전제로 하여 가르치는 행위가 이루어져야 한다는 의미이다. 따라서 국가가 제시한 교육과정을 아무 의심 없이 가르치기만 하면 된다는 식의 사고방식은 교사로서 가장 경계해야 할 요소이다. 물론 현대사회에서 국가는 적절한 교육내용을 표준화해서 제시해 주며, 교사는 이를 바탕으로 학생들을 가르치는 것이 일반적인 교육활동이다. 그러나 일제 강점기 혹은 군사정권 시대를 생각해 보면 국가 권력이 제시한 교육내용을 교사가 단순히 전달하는 경우에 생길 수 있는 문제를 짐작할 수 있다. 일제 강점기 조선 총독부는 당연히 식민 통치를 정당화하기 위한 억압적 내용을 가르쳤다. 학교라는 제도를 이용하여 우리 역사를 왜곡하고 거짓 내용을 학생들에게 가르치도록 교사들에게 강제했으며, 심지어는 우리말을 사용하지 못하도록 했다. 또한 우리 현대사 속에서 군사 쿠테타를 통하여 집권한 독재 권력이 자신들의 행위를 정당화하기 위하여 교과서의 내용을 바꾸고 이를 학교에서 학생들에게 가르치도록 강요하기도 했다. 이러한 행위의 최전선에는 바로 교사가 있었다. 당시 많은 교사들이 일본 제국주의 만세를 가르쳤고, 유신 독재를 찬양하는 교과서 내용을 전달할 수밖에 없었다. 물론 소수의 교사들이 이를 거부하고 갖은 고초를 겪기도 했지만 부정한 권력에 순응하여 열심히 학생들에게 전수한 교사들도 많았다. 지식인으로서의 교사가 갖는 시대의 아픔이었다고 치부하기에는 아쉬운 점이 많이 남는다. 이것이 전문가로서의 교사에게는 올바른 것을 가르치기 위한 다짐과 이를 실천하기 위한 투사로서의 자세가 필요한 이유이기도 하다. 전문직으로서의 교사에게는 역사와 공동체에 대한 지식인으로서의 책임감이 바로 교사의 의무이다.

전문직으로서의 교사에게 요구되는 의무는 교사 개인이 풀어나가야 할 과제이기도 하지만 다른 전문직 단체처럼 교사 단체를 통한 자율적 규범의 형태로 제시되기도 한다. 우리나라의 경우 해방 이후부터 여러 교사 단체들이 자율적 윤리 규범을 제시해 왔다. 교사와 관련된 단체들의 자율적 규범으로는 1954년 '한국문화협회'의 '사도강령', 1958년 '대한교육연합회(현재의 '한국교원단체총연합회')'의 '한국교원윤리강령'과 1982년 '사도헌장'1) 및 '사도강령' 등이 있다. 그러나 이들의 강령은 전문직 단체로서의 자율적 윤리 기준이라기보다는 교사로서의 책임감과 직업 윤리만을 강조하는 전시적 성격이 강했다는 점을 부인할 수 없다. 즉, 전문직 단체로서의 자율적이며 규범적 자치 강령이라기보다는 교사의 희생과 의무만을 강조함으로써 전문직으로서의 교사 단체들이 추구하는 자율적 규범과는 거리가 있었다고 평가된다. 교직

---

1) 1982년 5월 15일 스승의 날 제정된 '대한교육연합회'의 '사도강령'
 ・우리는 제자를 사랑하고 개성을 존중하고 마음 한뜻으로 명랑한 학풍을 조성한다.
 ・우리는 폭넓은 교양과 부단한 연찬(研鑽)에서 교직의 전문성을 높이고 국민의 사표(師表)가 된다.
 ・우리는 원대에서 치밀한 교육 계획의 수립과 성실한 실천에서 맡은 책임을 완수한다.
 ・우리는 서로 협력하여 교육의 자주 혁신과 교육자의 지위 향상에 적극 노력한다.
 ・우리는 가정 교육, 사회 교육과의 관계를 강화하고 복지 국가 건설에 공헌한다.

단체가 전문직 단체로서의 자율적 윤리 규범을 강조하기 시작한 것은 2002년 '전국교직원 노동조합'의 '참교육 실천 강령'일 것이다.2) 이어서 2005년 '한국교원단체총연합회'에서는 '대한교육연합회' 시절보다 자율성과 전문직성이 강조된 '교직윤리헌장'을 다시 발표3)하기도 하

---

2) 전국교직원 노동조합 '참교육 실천 강령'
· 우리는 더불어 사는 삶을 소중히 여기는 인간상을 촉구한다.
· 우리는 민족의 자주성 확보와 평화통일을 앞당기기 위한 교육을 실천한다.
· 우리는 민주주의의 완성과 생활화를 지향하는 교육을 실천한다.
· 우리는 몸과 마음의 건강을 지키는 교육을 실천한다.
· 우리는 양성평등교육을 실천한다.
· 우리는 인권교육을 실천한다.
· 우리는 노동의 가치와 노동자의 권리를 존중하는 교육을 실천한다.
· 우리는 자연과 인간의 공생을 지향하는 교육을 실천한다.
· 우리는 교육과정을 창조적으로 운영한다.
· 우리는 서로 돕고 협동하는 학습의 원리를 구현한다.
· 우리는 학생자치를 존중하고 돕는다.
· 우리는 동료 교사와 함께 연구하고 실천한다.
· 우리는 학부모 · 지역사회와 협력한다.
· 우리는 참교육을 가로막는 제도와 관행에 맞서 투쟁한다.

3) 한국교원단체총연합회 '교직윤리헌장' – 우리는 교육이 인간의 가치와 존엄성을 높이며, 개인의 성장과 자아실현은 물론 국가와 민족의 미래에 중대한 영향을 준다는 사실을 명심하고, 국민으로부터 부여받은 교육자의 책무를 다하기 위해 최선을 다한다. 우리는 균형 있는 지 · 덕 · 체 교육을 통하여 미래사회를 열어갈 창조정신과 세계를 향한 진취적 기상을 길러줌으로써, 학생을 학부모의 자랑스런 자녀요 더불어 사는 민주 사회의 주인으로 성장하게 한다. 우리는 교육자의 품성과 언행이 학생의 인격형성을 좌우할 뿐만 아니라 사회전반의 윤리적 지표가 된다는 사실을 깊이 인식하고, 윤리성과 전문성을 높이기 위해 노력한다. 이에 우리 모두의 의지를 모아 교직의 윤리를 밝히고, 사랑과 정직과 성실에 바탕을 둔 교육자의 길을 걷는다.
<우리의 다짐>
· 나는 학생을 사랑하고 학생의 인권과 인격을 존중하며, 합리적인 절차와 방법에 따라 지도한다.
· 나는 학생의 개성과 가치관을 존중하며, 나의 사상 · 종교 · 신념을 강요하지 않는다.
· 나는 학생을 학업성적 · 성별 · 가정환경의 차이에 따라 차별하지 않으며, 부적응아와 약자를 세심하게 배려한다.
· 나는 수업이 교사의 최우선 본분임을 명심하고, 질 높은 수업을 위해 부단히 연구하고 노력한다.
· 나는 학생의 성적평가를 투명하고 엄정하게 처리하며, 각종 기록물을 정확하게 작

며, 2017년 창립한 '교사노동조합'도 창립 강령4)을 통하여 교사의 자율적 실천 윤리를 공포하였다.

'전국교직원 노동조합'의 '참교육 실천 강령'을 보면 인간과 인권

성·관리한다.
· 나는 교육전문가로서 확고한 교육관과 교직에 대한 긍지를 갖고, 자기개발을 위해 노력한다.
· 나는 교직 수행과정에서 습득한 학생과 동료, 그리고 직무에 관한 정보를 악용하지 않는다.
· 나는 학생이나 학부모로부터 사적이익을 취하지 않으며, 사교육기관이나 외부업체와 부당하게 타협하지 않는다.
· 나는 잘못된 제도와 관행을 개선하는 데 앞장서며, 교육적 가치를 우선하는 건전한 교직문화 형성에 적극 참여한다.
· 나는 학부모와 지역사회를 교육의 동반자로 삼아 바람직한 교육공동체 형성을 위해 함께 노력한다.
4) '교사노동조합' 강령
 1. 우리는 교원, 학생, 학부모와 소통하여 다함께 성공하는 교육을 이루어나간다.
 · 우리는 학생들이 스스로 배우고 싶은 것을 배우고, 하고 싶은 것을 하면서, 사랑으로 대접받고 차별받지 않는 학교에 다닐 수 있도록 힘쓴다.
 · 우리는 학부모들이 교사와 교육에 대한 믿음을 갖고 자녀를 안심하고 학교에 보낼 수 있도록 힘쓴다.
 · 우리는 교사가 학생들의 '삶'을 열어주는 보람을 느끼며 자긍심과 열정을 가지고 학교에서 일할 수 있도록 힘쓴다.
 2. 우리는 학생에게 학습과정이 연속성 있게 제공되고, 학습과정과 이어지는 연계진학, 연계취업이 이루어지도록 교육체계를 고쳐 나간다.
 · 우리는 학생에게 그들의 능력, 변화, 기대에 맞춘 학습과정이 연속성 있게 제공되고 학생이 학습과정을 선택할 수 있도록 교육과정 개편에 힘쓴다.
 · 우리는 학생이 수료한 학습이력에 따라 상급 교육과정으로 연계진학을 할 수 있도록 진학제도를 개혁하여 무한경쟁 입시제도를 철폐하는 데 힘쓴다.
 · 우리는 학생, 학부모가 교육비 고통, 입시 전쟁, 취업 불안에서 벗어나도록 '3무교육복지'를 실현하는 데 힘쓴다.
 3. 우리는 교사들이 신뢰하고, 조합원이 주인 되는 친절한 노동조합이 되도록 힘쓴다.
 · 우리는 조합원의 의사결정 참여를 최대한 권장하여 조합 내 참여민주주의를 실천한다.
 · 우리는 교사들의, 교육자로서 전문성과 민주시민으로서 사회적 역할을 키우고, 근무여건과 소득이 좋아지도록 힘쓴다.
 · 우리는 교사의 다양한 노조 설립과 가입을 촉진하고, 교사노조의 단결과 연대에 힘쓴다.
 4. 우리는 학생이 삶의 주인이 되도록 돕고 상생과 번영, 평등과 평화, 환경과 생명의 소중함을 귀히 여기는 교육에 힘쓴다.
 5. 우리는 우리와 뜻을 같이하는 국내외 모든 개인, 단체와 연대하고, 교육에 종사하는 모든 이들과 단결한다.

그리고 민족과 공동체의 의미가 강하다는 것을 느낄 수 있다. 교사로서의 역할과 의무가 단지 학생들에게 정해진 교육과정을 전달하는 것에 그치지 않고 우리 교육이 지향해야 할 가치들을 가르쳐야 하며, 교육과정은 이러한 내용을 가지고 있어야 한다고 한다. 따라서 지금까지 우리 교육에서 소홀히 하였던 학생 인권, 노동, 학부모와 지역사회 등에 대한 교육적 가치를 진보적 관점에서 강조하고 있다고 평가된다. 한편 1958년 이후 '대한교육연합회'가 발표한 교직 윤리들은 교직의 전문성을 강조한다고 하면서도 교사의 봉사와 희생, 성실 등을 강조함으로써 성직자와 같은 교사의 모습을 강조하고 있다. 이에 반하여 '교사노동조합'도 강령을 통하여 모든 교사들의 이해와 요구를 받아서 평등하고 자유로운 사회를 위한 교육을 이룰 때까지 전진할 것이며 모든 사람이 학교에 와서 미래의 희망을 발견할 수 있도록 노력하고자 한다는 점을 강조함으로써 교육자로서의 사회적 역할과 함께 교사가 지녀야 할 지식인으로서의 시대적 사명과 교직의 규범적 역할을 강조하고 있다. 따라서 '교사노동조합'에서 강조하는 교직 윤리는 '전국교직원 노동조합'과 '한국교원단체총연합회'에서 강조하는 교직 윤리의 중간 정도라고 평가할 수 있겠다. 이상에서처럼 교직 윤리에 대한 관점은 교육 전문직으로서의 성격을 전제로 한다는 점에서 공통점을 보이고 있으며 한편으로는 각각의 교원단체가 지향하는 목표와 관련하여 세부적으로는 약간의 차이를 보이기도 한다. 하지만 교육 전문직으로서의 자율적 윤리를 강조한다는 점에서는 공통점을 보인다.

4 교직 윤리

교직 윤리는 교사가 지녀야 할 실천적, 윤리적, 당위적 규범을 의미한다. 윤리(倫理, ethics)와 도덕(道德, morality)에 대한 용어적 정의, 철학적 차이 등에 대해서는 다양한 논쟁이 있다. 그러나 보편적으로는 윤리와 도덕 모두가 인간의 행위에 대한 옳고 그름 혹은 인간으로서 지켜야 할 기본적 도리와 규범, 선한 것과 악한 것에 대한 기준 등으로 활용되고 있다. 다만 특정 직업에 대한 윤리적 기준은 직업의 성격과 사회적 역할, 직업을 수행하는 사람이 지켜야 할 행동 규범 등을 전제로 하기도 한다. 교직윤리에 대한 논의는 크게 두 가지 관점을 가지고 있다. 첫째는 철학적, 규범적 관점이며, 둘째는 사회적 관점에서 시작되는 직업윤리이다.

철학적, 규범적 관점에서의 교직 윤리는 교사는 '무엇을' '왜' 가르쳐야 하는가에 대한 의문에서부터 시작된다. 교사는 자신이 가르치고자 하는 교육내용에 대하여 계속적인 연구와 성찰을 해 나가야 한다. 가르치는 내용이 역사와 공동체 앞에서 정당한가에 대한 의문이 있어야 하며 지식인으로서의 책임감을 잊어서도 안 된다. 또한 교사에게는 학생들을 가르치는 과정에서 요구되는 윤리적 역할도 있다. 먼저 자신이 가르치는 내용에 대하여 막힘이 없어야 한다. 가르치고자 하는 내용에 대하여 잘 알지도 못하면서 가르치고자 한다면 이것은 사기일 뿐이다. 지식의 변화 속도가 매우 빠른 현대사회에서 교직이 끊임없이 공부해야 하는 직업이 되어야 하는 이유이기도 하다. 기존의 지식과 변화하는 지식을 제대로 알지도 못하면서 누구를 가르치려 한다면 이것은 직업 윤리적 시각에서 비판받아 마땅하다. 이와 함께 잘 가르치는 것도 교직윤리의 한 축이라고 할 수 있다. 교사라는 직업은 단순한 연구자로서가 아니라 알고 있는 지식을 학생에게 잘 전달해 주는 역할도 함께 해야 한다. 흔히 교육방법 혹은 교수법은 계속적인 연마의 과정을 통하여 발전하게 된다. 따라서 교육방법 혹은 교수법에 대한 계속적인 노력은 교사가 지녀야 할 중요한 요소 중의 하나가 된다. 아무리 많이 알고 있어도 이것을 효과적으로 학생에게 전달하지 못한다면 교사로서의 자격에 미달한다고 할 수 있다. 따라서 충분히 알고, 이를 잘 전달할 수 있도록 노력하는 것이 교직 윤리의 핵심이 된다. 버스 기사가 버스를 안전하게 운전하는 것, 경찰관이 치안을 위하여 자신의 업무를 잘 수행하는 것, 국회의원이 자신에게 부여된 정치적 역할을 충실히 이행하는 것 등이 그들 직업의 중요한 윤리적 기반이 되는 것과 마찬가지이다. 따라서 제대로 알고, 잘 가르쳐야 하는 교육 활동은 학생에 대한 예의이며 동시에 교사로서 지녀야 할 윤리적 의무이기도 하다. 이러한 점에서 "교원은 교육자로서 지녀야 할 윤리의식을 확립하고, 이를 바탕으로 학생에게 학습윤리를 지도하고 지식을 습득하게 하며, 학생 개개인의 적성을 계발할 수 있도록 노력하여야 한다."는 '교육기본법' 제14조 3항의 내용은 교직 윤리에 대한 상징성을 지닌다고 할 수 있다.

　　교직에 대한 사회적 관점에서의 직업 윤리도 규범적 윤리의 기준에서 크게 벗어나지는 않는다. 직업 윤리적 측면에서의 교직 윤리는 사회적 모범으로서의 자세와 공동체에 대한 봉사를 바탕으로 한다. 전통적으로 교사를 양성하는 교육기관을 '사범대학'이라고 한다. 여기서 '사범(師範)'은 "남의 스승이 될 만한 모범이나 본보기"라는 뜻을 지니고 있다. 교사는 가르치는 일을 하는 직업인으로서의 역할도 있지만 단순히 가르치는 일을 넘어 교사의 삶과 행위 모두가 공동체의 모범이 되어야 한다는 의미이다. 공동체의 모범이 되는 것을 요구받는 직업은 그리 많지 않다. 성직자와 교사 등이 대표적인 직업군이며 그 외에는 상황에 따라 사회적 요구가 강요되기도 한다. 유명 연예인, 고위 공직자 등에게도 경우에 따라 사회적 모범으로서의 윤리가 강조되기도 하지만 직업적 특성이라기보다는 개인의 행위에 대한 사회적 강요로써의 규범적 성격이 강하다. 그러나 교사에게는 직업 행위에 대한 윤리적 규범이 모든 교사에게 적용된다는 점에서 직업적 특성을 갖는다고 할 수 있다. 따라서 교사가 길거리에 쓰레기를 함부로 버린다면 그 비난이 쓰레기를 버린 개인에 대한 비난보다는 '선생이 어떻게 그런 짓을 하나'라는 직업에 대한 비난을 받게 되며, 일반인이 그러한 행위를 한 것보다 훨씬 큰 비난을 받게 된다. 이러한 점에서 교직에 대한 사회적 모범으로서의 모습은 교직에 부과된 대표적 직업 윤리라고 하겠다.

교직에 대한 또 하나의 규범적 직업 윤리는 봉사자로서의 역할을 기초로 한다. 교직에 대한 봉사자로서의 윤리 규범은 교직에 대한 일방적 희생을 강조한다는 점에서 논란의 여지가 있기는 하지만 교직 윤리의 대표적 항목으로 여겨진다. 물론 교육이라는 행위와 이를 주체적으로 실천하는 교사가 가져야 할 사회적 역할을 생각해 볼 때, 공동체에 대한 봉사자로서의 자세가 없다면 교직을 실천하기 어려운 면이 있으며, 교육 공무원으로서의 교사가 가져야 할 의무이기도 하다. 그러나 가만히 생각해 보면, 교직 이외에도 우리 사회에 존재하는 거의 모든 직업은 공동체에 대한 봉사의 의미를 갖는다. 행정센터의 공무원은 물론이고 경찰, 군인 그리고 일반 기업에 근무하는 직장인들, 택시 기사, 전문 배달원, 의사, 약사 등 사회적 봉사의 의미를 갖지 않는 직업은 이 세상에 존재하지 않는다. 그 속에서 교사들이 특별히 봉사자로서의 윤리 의식을 가져야 한다는 것은 설득력을 가지기 어렵다. 이 세상에 존재하는 모든 직업은 사회 속에서의 역할이 있고, 이러한 역할을 통하여 사회 구성원으로서의 필요성을 증명받게 된다. 따라서 교직만이 특별히 봉사자로서의 윤리를 가져야 한다는 것은 무리한 관점이라는 주장도 있다. 하지만 개인의 사익과는 전혀 상관없이 아이들의 미래를 함께 걱정하며 개척해 가는 직업이라는 점에서 볼 때 교직이 봉사자로서의 역할이 강하다는 것도 아주 틀린 말은 아니라고 하겠다.

규범적 관점과 사회적 관점을 전제로 한 교직 윤리는 모두 의미 있는 교직관이다. 그러나 '윤리'가 상대적이고 추상적인 성격이 강하기 때문에 다양한 논란이 제기되기도 한다. 교직 윤리에 대한 대표적인 쟁점은 첫째, 교직에 대한 사회적 시각의 변화와 전통적 교직관과의 대립을 들 수 있다. 사회의 변화와 함께 윤리관이 변하고 있으며 이에 따라 교직관도 변하고 있기 때문에 새로운 사회에 맞는 교직관과 윤리관을 정립해야 한다는 의미이다. 둘째, 교직에 대한 윤리적 기준과 이에 대한 법적 규제에 대한 논란이 있다. 교사의 의무와 윤리에 대한 윤리적 기준 및 법적 모호성, 특히 공무원으로서의 성실, 복종, 품위유지의 의무에 대한 기준의 모호성 등에 대한 문제 제기라고 하겠다. 셋째, 직업인으로서의 교사에게 부여되는 윤리적 책임의 한계에 대한 논의이다. 학교에서 교사가 가져야 할 역할과 책임의 한계에 대한 문제 제기이며 이에 대한 명확한 기준의 필요성에 대한 요구라고 하겠다. 학생을 열심히 가르친 것에 대한 기준이 무엇이며, 학생들에게 무관심한 교사의 행위는 어떤 것인가에 대한 논란이 바로 그것이다. 이처럼 교직 윤리에 대한 쟁점은 명확한 답을 만들 수 없다. 따라서 교직 윤리에 대한 논의는 앞으로도 계속해서 전개될 것이다. 그러나 이러한 논의와는 관계없이 교사들은 교육 행위에 대한 전문가로서의 포괄적 책임감을 교직 윤리의 핵심에 두어야 할 것이다.

CHAPTER

06

교사의 권리

1 교육권과 교권

(1) 교육권의 의미

현대 교육에서 가장 중요한 요소 중의 하나가 교육 주체의 교육권이다. 일반적으로 학생, 학부모, 국가, 교사 등으로 구분할 수 있는 교육 주체들은 각자 자신들만의 고유한 교육권을 가지고 있다. 학생의 교육권은 학습 활동 및 학교 생활 그리고 교육내용 및 방법을 선택할 수 있는 권리 모두를 포함한다. 물론 학생을 교육의 대상으로만 여겼던 전통적 교육관에서는 학생의 교육권에 대한 제한을 강조하기도 했지만, 학생의 교육권 자체에 대한 반론은 있을 수 없다. 자녀의 교육에 대하여 부모가 교육의 권리를 갖는다는 것도 당연하다. 우리나라의 민법에서도 '친권을 행사하는 자(者)'는 자녀의 감독 및 교육을 행할 의무와 권리를 지닌다고 규정하고 있다. 구태여 법률적 규정을 들지 않더라도 부모의 자녀에 대한 교육권은 자연법적 권리로서의 의미를 갖기 때문에 당연하다. 교육 당국으로 대표되는 국가가 국민의 교육에 대한 권리를 갖는 것도 당연하다. 더욱이 헌법의 교육 조항에도 명시되어 있듯이 교육의 자율성, 정치적 중립성, 교직의 전문성 보장을 위해서 교육행정 당국도 교육에 대한 권리를 가지고 있어야 한다. 또한 교사가 교육의 권리를 지니는 것 역시 당연하다. 권력에 의해 간섭받지 않고 자유로운 교육을 실시할 수 있어야 한다는 것은 교사에게 요구되는 역사적 사명감이기도 하며 교육 전문가로서의 권리이다. 이러한 교육에 관한 네 개의 주체가 지니고 있는 교육권을 좀 더 자세히 보면 다음과 같다.

첫째, 학생의 교육권은 '수익권(受益權)으로서의 교육권'으로 설명할 수 있다. 이것은 헌법에 명시되어 있는 교육의 기회균등권을 말한다. 누구나 필요에 따라 평등하게 교육받을 수 있는 권리를 의미하며 국가는 이를 보장해 주어야 할 의무가 있음을 뜻한다. 국민이 지켜야 할 4대 의무 중의 하나로 교육의 의무가 있다. 그러나 교육의 의무는 국민이 지켜야 할 의무인 동시에 국가의 의무이기도 하다. 대한민국 국민이면 누구나 평등하게 교육받을 권리를 국가에게 요구할 수 있기 때문이다. 따라서 학생으로 상징되는 대한민국 국민은 누구나 국가에게 적절한 교육을 받을 수 있도록 요구할 수 있는 권리를 가지고 있다. 무상교육, 보통교육1)은 교육과 관련하여 국민이 국가에게 요구할 수 있는 교육의 권리 중 하나이다. 특히 의무교육 기간이라면 국가는 당연히 국민의 이러한 요구를 충족시켜주어야 할 의무가 있다. '수익권(受益權)으로서의 교육권'은 학생으로 상징되는 국민이 국가에게 평

---

1) 돈이 없어서 학교 생활이 어려워서는 안 되며, 혹시 장애가 있어서 학교에 다니기 어려운 아이의 경우, 최소한 의무교육 기간 동안이라도 국가는 어떻게든 이 아이가 학교 생활을 할 수 있도록 배려해야 한다는 것을 의미한다. 교육선진국의 경우, 의무교육 기간이 아니라도 이러한 교육적 배려가 기본이 된다.

등한 교육의 기회를 요구할 수 있는 적극적 권리이다.

둘째, 부모의 자녀에 대한 교육권을 '친권적(親權的) 교육권' 혹은 '부모 교육권'이라 한다. 물론 여기서 부모는 일차적으로 생물학적 부모이기는 하지만, 조금 더 폭넓게 부모를 포함하여 아이의 친권자를 의미한다. 이는 부모 혹은 친권자가 자녀를 교육 시킬 수 있는 권리로서 자연법적 권리를 의미하기도 한다. 친권적 교육권은 아직 미성년인 자녀에 대한 교육과 자녀의 교육권 보장을 위하여 부모로 대표되는 친권자가 적극적인 역할을 할 수 있다는 것을 말한다. '교육기본법' 제13조(보호자)[2]에서는 학부모 및 친권자의 자녀 교육에 대한 권한을 법으로 정하고 있다. 우리나라의 경우, 부모의 과도한 교육열을 빗대어 '치맛바람'이라고 하는 등 학부모의 학교 교육에 대한 적극적 참여를 부정적으로 생각하는 경향도 있다. 그러나 부모의 자녀 교육에 대한 참여는 정당한 교육권의 하나로서 이에 대한 권리는 당연히 존중되어야 한다. 특히 1995년 '지방교육자치에 관한 법률'을 근거로 설치되기 시작한 '학교운영위원회'는 학부모의 학교 교육에 대한 참여를 법적으로 보장하고 있다. '초·중등교육법' 제31조 2항에서도 "국립·공립 학교에 두는 학교운영위원회는 그 학교의 교원 대표, 학부모 대표 및 지역사회 인사로 구성한다."고 정함으로써 학부모의 학교 교육에 대한 참여를 법률로 정하고 있다. 이 외에도 학부모의 자녀 교육에 대한 참여는 지역사회 커뮤니티 및 각종 시민단체 활동을 통하여 가능하다.

셋째, 학교에서 교사가 자유롭게 학생들을 교육할 권리를 '위탁권(委託權)으로서의 교육권'이라 한다. 교사가 국가 혹은 학부모로부터

---

[2] 1항 "부모 등 보호자는 보호하는 자녀 또는 아동이 바른 인성을 가지고 건강하게 성장하도록 교육할 권리와 책임을 가진다." 2항 "부모 등 보호자는 보호하는 자녀 또는 아동의 교육에 관하여 학교에 의견을 제시할 수 있으며, 학교는 그 의견을 존중하여야 한다."

학생 교육에 대한 권리를 위탁받아 자유롭게 교육 활동을 전개할 수 있는 권리이다. 이것은 학생에 대한 다양한 지도와 함께 그 어떤 권력의 간섭에서도 벗어나 자유롭게 교육내용을 선정하고 이를 교육할 수 있는 권리를 말한다. 일반적으로 우리가 말하는 교사의 권리, 즉 교권이 이에 해당한다. 특히 위탁권으로서의 교육권은 교사의 권리에 대한 폭 넓은 권리를 전제로 함으로써 학생 교육에 대한 교사 교육권을 특별히 강조하고 있다.

넷째, 입법, 행정, 사법의 삼권(三權)에 준하는 '제 사권(四權)으로서의 교육권'이 있다. 현대 민주주의 국가의 근간은 삼권분립에 있다. 입법, 행정, 사법부는 서로 간섭하지 않는 고유의 권리를 지니고 있으며 이러한 권리를 바탕으로 상호 견제하면서 민주사회를 이끈다. 제 사권으로서의 권리는 교육이 삼권 분립과 같은 역할을 지니고 있다는 의미이다. 정치, 경제, 종교 혹은 기타 다양한 사회적 제권력으로부터 간섭받지 않고 독립적이며 자유롭게 교육 활동이 이루어져야 한다는 의미이다. 우리나라에서는 헌법 제31조 4항에 "교육의 자주성·전문성·정치적 중립성 및 대학의 자율성은 법률이 정하는 바에 의하여 보장된다."라고 명시함으로써 제 사권으로서의 교육권을 헌법을 통하여 규정하고 있으며 이를 지키는 것은 국가의 교육적 책임에 해당한다는 점을 강조하고 있다. 이러한 점에서 제 사권으로서의 교육권은 현대 민주주의 사회의 근간이 되고 있다.

교육의 네 주체가 지니고 있는 교육권은 크게 '교육을 받을 권리'와 '교육을 할 권리'로 나누어 볼 수도 있다. 학생, 학부모의 교육권이 교육을 받을 권리라고 한다면 교사의 권리와 제 사권으로서의 권리는 교육을 할 권리에 해당한다고 할 수 있다. 이러한 교육의 주체들은 서로 다양한 견해를 지니고 있으며 이에 따라 서로 협력적 관계가 되기도 하고 갈등의 관계를 만들기도 한다. 교육이란 한 개인의 문제이기도 하지만, 한 가정, 국가, 더 나아가서는 인류 전체의 문제이기도 하다.

그러나 학생, 학부모, 교사, 국가의 교육권은 서로 보완적 관계이기도 하지만 갈등적 관계가 되기도 한다. 가장 대표적인 교육권의 갈등은 국가교육권과 학부모 교육권의 대립이다. 공교육의 일반화와 함께 교육을 시킬 권리가 국가와 학부모 중 어디에 있는가에 대한 문제가 대립을 발생시키고 있다. 의무교육처럼 국가의 교육 체계 속에서 학생에 대한 교육이 이루어져야 한다는 주장이 있다면, 국가 교육에 앞서서 학부모 혹은 학생의 교육권이 우선해야 한다는 주장도 있기 때문이다. 국가가 헌법을 통하여 교육의 의무를 강조하는 것처럼 모든 국민은 국가의 획일적 교육에서 벗어나 자유로운 교육을 받을 권리가 있다는 점을 강조하고 있는 것이다. 이와 함께 자유로운 교육의 실천이라는 측면에서 교사의 권리가 강조되고 있다면 교사의 획일적 교육에서 벗어나 우리 아이만을 위한 교육도 필요하다는 주장도 있고, 자유로운 교사의 교육권과 교사는 국가에서 정해 놓은 교육내용만을 가르쳐야 한다는 주장도 있다. 이것은 학부모 혹은 학생의 교육권과 교사 교육 대립 그리고 자유로운 교육에 대한 교사 교육권과 국가교육권의 대립 등으로 설명할 수 있다. 교육이 어떠해야 하는가에 대한 다양한 견해와 갈등은 있을 수 있다. 그러나 교육의 네 주체는 하나의 건물을 지탱하는 네 기둥과도 같다. 서로의 갈등이 지나치게 되면 기둥이 붕괴되어 건물이 지탱할 수 없는 것처럼 교육의 네 주체는 대립적 관계가 아니라, 공동의 목표를 추구하는 동업자로서의 관계를 유지해야 할 것이다. 참교육은 학생, 교사, 학부모, 교육당국이라는 교육의 네 주체가 변증법적으로 서로 통합될 때, 비로소 충실하게 이루어 질 수 있기 때문이다.

(2) 교권의 보장

교권(敎權)이라는 용어는 누가 어떤 상황에서 사용하는가에 따라 다양한 의미를 갖는다. 좁은 의미로서의 교권은 '교사의 권리'를 말하며, 넓은 의미에서는 '교육의 권리'를 의미할 수도 있기 때문이다. 그러나 일반적으로 교권은 '교사의 권리'라는 뜻으로 사용되는 경우가 많다. '한국교원단체총연합회'의 '교권사건판례집'(1991)에서 "교권은 교육에 종사하는 교원들이 자신들에게 주어진 사회적 역할을 수행하는데 있어서 ① 그들이 일정한 기간의 훈련을 통하여 획득한 전문적 지식과 능력의 소유자로서 권위를 인정받고, ② 부과된 책임과 임무를 이행하는 데 있어서 부당한 간섭과 침해로부터 자신과 자신의 업무를 보호하고, ③ 그 전문직에서의 안정된 생활과 최대한의 능률을 기하기 위한 신분상의 보장을 받을 수 있는 조건을 주장할 수 있는 권리이다."라고 규정하고 있다. 이러한 규정은 위탁 받은 교육의 권리를 독립적으로 수행할 수 있는 권리와 교육 전문가로서의 권리라는 두 가지 측면을 모두 반영한 것으로 해석할 수 있겠다. 이러한 점에서 교사의 권리로서의 교권은 결국 교육의 독립성을 바탕으로 높은 전문적 지식과 기술을 갖추고 자유 재량권을 행사할 수 있는 전문직업이라는 인식에서부터 출발하며, 위에서 제시되었던 네 가지 교육권을 통합적으로 수렴하는 권리를 의미한다고 할 수 있다. 학교교육이 중심이 되고 있는 현대 교육에서는 교육의 주 담당자인 교사의 권리가 여타의 교육권과 상보적이면서도 주도적 위치를 차지하기 때문이다. 이러한 의미에서 교권을 좀 더 구체적으로 나누어 보면 다음과 같이 정리할 수 있다. 첫째, 교육에 대한 국가 권력의 간섭과 사회적 제권력으로부터 모든 교육행위를 보호하고, 교육의 독립성을 지키기 위한 권리이다. 둘째, 전문직으로서 자유로운 교육을 행할 수 있는 교사의 권리이다. 즉, 의사나 법조인처럼 자신의 전문적 지식을 바탕으로 자유롭게 전문적 행위를 수행할 수 있는 권리이다. 셋째, 교사 자신이 가르쳐야 할 교육내용의 선정과 교재 개발 및 선택, 교육과정의 운영에 참여할 수 있는 권리이다. 교육과정 및 교과서 제작을 포함하여 학교에서의 모든 교육 활동에 대한 기획 및 운영 계획에 직접 참여할 수 있는 권리이다. 넷째, 교직을 행함에 있어서 국가 권력 및 교육행정가의 지배로부터 자유로울 수 있는 교사의 권리이다. 이는 헌법에 명시되어 있는 교육의 독립성에 근거하는 것으로서 권력의 부당한 간섭으로부터 자유로워야 한다는 것을 의미하며 여기에는 교원의 신분보장권까지도 포함되어야 한다. 다섯째, 교직도 하나의 노동을 통한 직업 활동이며 이러한 점에서 노동 활동에 대한 적절한 보상을 받을 권리가 있다. 교직을 성직(聖職)이라고 말하면서 이러한 직업을 행하는 사람이 경제적 보상을 강조하는 것은 적절하지 못하다는 생각이 있었던 과거와는 달리, 교사도 중산층 이상의 생활과 문화를 향유할 수 있는 적절한 대우를 받아야 한다는 것을 말한다. 여섯째, 교사의 권리는 교사들 스스로가 지켜나가야 하며 이를 위하여 교사는 자유롭게 교원 단체를 결성하고 단체 행동을 전개할 수 있는 권리가 있어야 한다. 우리나라의 경우 '국가공무원법'에 의하여 교원 단체는 공무원 단체와 함께 단체 행동권을 가질 수 없다. 이에 따라 교사들을 위한 노동조합 활동은 많은 제약을 받고 있다. 교육의 독립성과 교사의 권리를 위하여 교원들의 단체 활동이 최대한 보장되어야 하는 것은 당연하다. 그러나 이러한 활동이 제한받고 있다는 것은 결국 교사의 권리가 제대로 보장받지 못하고 있다는 것을 의미한다. 교원 단체의 자유로운 결성과 단체 활동은 교사의 중요한 권리로 인정받아야 한다.

이상에서처럼 교사의 교육권은 일차적으로 교육전문가로서의 권리를 바탕으로 하며 수업권, 평가권, 교육과정의 구성권, 수업방법에 대한 선택권, 기타 교육 활동에 대해 간섭받지 않을 권리 등으로 구성된다. 현대사회에서는 교권이 노동권과 시민권 등을 모두 포함한 권리로 인식되고 있으며 특히 노동권은 노동자로서의 교사가 가져야 할 정당한 권리로 인정되고 있다. '교육기본법' 제14조와 15조3) 그리고 UNESCO, ILO의 '교사의 지위에 관한 권고문'에서도 적절한 보수를 받을 권리, 노동 환경 및 근무 조건, 직장 내 차별과 신분상의 부당한 대우로부터 보호될 권리, 업무의 독립성에 대한 권리, 권리 보호를 위한 자체적인 단체 결성 및 행동권 등을 강조하고 있다. 그러나 우리나라에서는 교직에 대한 보수적 시각과 노동권에 대한 법률적 제한에 따라 노동자로서의 교권에 대한 인식의 폭이 매우 좁다. 전교조를 비롯한 교사노동조합을 비롯하여 각종 노동조합에 대한 악의적이고 편협한 시각은 분단 상황을 고려한다고 해도 건강한 사회의 모습은 아니다. 이러한 편협된 시각을 극복하고 교권의 범주에서 노동권을 강조하는 것은 당연한 과제이다. 또한 시민권도 헌법이 보장하는 시민으로서의 기본권이기 때문에 교사에게도 동일하게 적용되어야 한다. 그러

---

3) '교육기본법' 제14조 1항 "학교교육에서 교원(敎員)의 전문성은 존중되며, 교원의 경제적·사회적 지위는 우대되고 그 신분은 보장된다." 제15조 1항 "교원은 상호 협동하여 교육의 진흥과 문화의 창달에 노력하며, 교원의 경제적·사회적 지위를 향상시키기 위하여 각 지방자치단체와 중앙에 교원단체를 조직할 수 있다."

나 우리나라의 경우, 교직의 특수성을 강조하면서 교사의 시민권을 일부 제한하고 있다. 구태여 헌법에서 강조하는 인간으로서의 기본적 권리를 말하지 않더라도 부당한 정치적 압박으로부터의 자유, 양심 및 정치적 자유는 교사도 당연히 가질 수 있어야 한다. 따라서 시민권에 대한 일부 제한은 정치적·이념적 편견을 바탕으로 하고 있기 때문에 수정되어야 한다. 시민권은 '인간'으로서의 권리를 바탕으로 하며, 인간으로서의 행복 추구, 노동권, 양심과 의사 표현의 자유, 정치적·이념적·종교적 자유, 사생활 보호 등 인간으로서의 존엄과 삶의 가치를 유지하기 위한 다양한 권리가 포함되어 있다. 따라서 교사에게만 희생과 봉사, 의무만을 강조하면서 이를 핑계로 시민으로서의 기본적 권리를 제한한다는 것은 법적으로도 타당하지 않다. 교사의 권리를 보호하기 위한 법적 근거는 다양하게 제시되고 있기 때문이다. 앞에서 제시된 '교육기본법' 제14조와 15조 외에도 '교육공무원법' 제43조에서는 "① 교권은 존중되어야 하며, 교원은 그 전문적 지위나 신분에 영향을 미치는 부당한 간섭을 받지 아니한다. ② 교육공무원은 형의 선고·징계처분 또는 이 법에서 정하는 사유에 의하지 아니하고는 그 의사에 반하여 휴직·강임 또는 면직을 당하지 아니한다. ③ 교육공무원은 권고에 의하여 사직을 당하지 아니한다."고 명시하고 있다. 또한 '교원의 지위 향상 및 교육활동 보호를 위한 특별법'(교원지위법) 제1조(목적)에서는 이 법은 "교원에 대한 예우와 처우를 개선하고 신분보장과 교육활동에 대한 보호를 강화함으로써 교원의 지위를 향상시키고 교육 발전을 도모하는 것을 목적으로 한다."고 규정하고 있으며, 제2조에서는 "① 국가, 지방자치단체, 그 밖의 공공단체는 교원이 사회적으로 존경받고 높은 긍지와 사명감을 가지고 교육활동을 할 수 있는 여건을 조성하도록 노력하여야 한다. ② 국가, 지방자치단체, 그 밖의 공공단체는 교원이 학생에 대한 교육과 지도를 할 때 그 권위를 존중받을 수

있도록 특별히 배려하여야 한다. ③ 국가, 지방자치단체, 그 밖의 공공
단체는 그가 주관하는 행사 등에서 교원을 우대하여야 한다."고 명시
하고 있다. 이상에서처럼 교사의 권리에 대한 법적 근거는 전문직으로
서의 교직이 지니는 권리와 함께 교권 보장을 위한 구체적이며 실제
적인 제안의 의미를 갖는다.

(3) 교권의 제한

교권은 교사가 지녀야 할 당연한 권리이다. 교사는 공동체에 직
접적인 영향을 미칠 수 있으며 미래에 대한 희망을 전달하는 직업이
다. 따라서 교직은 사회적 영향력이 매우 큰 직업으로 여겨진다. 그러
나 이러한 이유로 인하여 교직에 대한 간섭과 교사에 대한 탄압 혹은
교권을 제한하는 경우가 발생하기도 한다. 특히 역사적으로 볼 때, 기
득권을 지키기 위한 수구 세력이 지식인으로서의 교사에 대한 탄압을
통하여 교권을 억압하는 경우가 많다.[4] 현대 우리나라에서도 독재 권
력에 의한 교권 탄압이 있기는 했지만, 적어도 현재는 헌법과 각종 법
률에 의하여 교사의 법적 지위 및 교권에 대한 보호가 이루어지고 있
다. 그러나 한편으로는 공무원으로서의 교사에 대한 법적 지위를 근거
로 각종 법률 속에서 교사의 권리를 제한하고 있으며 특히 정치적 권
리 제한이 일반화 되어 있다. 교사의 정치적 권리 제한은 '헌법' 제7조
1항에 제시되어 있는 "공무원은 국민전체에 대한 봉사자", 2항 "공무
원의 신분과 정치적 중립성은 법률이 정하는 바에 의하여 보장된다."

---

4) 역사적으로 보면 지식인으로서의 교사에 대한 탄압이 다양하게 나타난다. 진시
    황의 분서갱유(焚書坑儒), 소크라테스에 대한 사형 등은 역사에 기록된 대표적
    인 교사로서의 지식인에 대한 탄압이었으며 전국교직원노동조합 설립 당시, 해
    당 교사들에 대한 파면 처분 등은 우리나라에서 있었던 대표적인 교사 탄압의
    사례로 볼 수 있다.

그리고 제31조 4항에 있는 "교육의 정치적 중립성" 등을 근거로 하고 있다. 이에 따라 '국가공무원법', '정당법', '교육기본법'에는 다양한 형태로 교사의 정치적 권리를 제한하는 규정을 두고 있다. 특히 '교육기본법' 제6조 1항의 "교육은 교육 본래의 목적에 따라 그 기능을 다하도록 운영되어야 하며, 정치적·파당적 또는 개인적 편견을 전파하기 위한 방편으로 이용되어서는 아니 된다."고 명시함으로써 교사의 정치적 활동에 대한 제한을 구체화하고 있다.

특히 공무원 관련 법에 의한 교사의 시민권 제한은 심각한 편이다. 1949년 처음 제정된 '국가공무원법' 제37조에는 "공무원은 정치운동에 참여하지 못하며 공무 이외의 일을 위한 집단적 행동을 하여서는 아니 된다."고 명시되어 있다. 또한 '국가공무원법' 제65조(정치운동의 금지) 1항에는 "공무원은 정당 기타 정치단체의 결성에 관여하거나 이에 가입할 수 없다."고 되어 있으며, 2항에는 "공무원은 선거에 있어서 특정 정당 또는 특정인의 지지나 반대를 하기 위하여 다음의 행위를 하여서는 아니된다."라고 규정하면서 "투표를 하거나 하지 아니하도록 권유 운동을 하는 것" 등 다양한 정치 행위를 금지시키고 있다. 교사들은 이러한 '국가공무원법'에 의거하여 일반 공무원과 마찬가지로 정치적 기본권을 제한받고 있다. 다만 공무원의 정치 활동 금지가 교육공무원 모두에게 적용되는 것은 아니다. 대학을 비롯한 고등교육 기관의 교원에게는 정당 가입 및 일부 정치 활동이 허용되어 있다.5) 이러한 규정은 많은 문제를 안고 있다. 초·중등학교에 재직 중이면서 대학의 겸임교수, 특임교수, 시간강사 등으로 활동하고 있는 교원의 신분은 어떻게 구분할 것인가에 대한 의문도 있지만, 초·중등

---

5) '고등교육법' 제14조(교직원의 구분) "제1항·제2항에 따른 교원, 즉 고등교육기관의 교수, 부교수, 조교수 및 강사는 정당가입이 가능하다."

학교의 교원과 대학을 비롯한 고등교육기관의 교원에게 이러한 차이를 두는 이유도 명확하지 않다. 업무의 성격이 다르며, 초·중등학교 학생들이 아직은 미성년이기 때문에 판단력이 미흡하다든지 어린 학생들이라서 편향적인 정치적 이념에 노출되지 않고 균형잡힌 사고와 판단을 할 수 있어야 하기 때문이라는 것은 옹색한 변명에 지나지 않는다.6) 일반적으로 고등학교 3학년에 재학 중인 학생들의 경우에도 투표권을 가지고 있는데, 이들을 가르치는 교사가 정치적 행위를 하지 못한다는 것도 이상하고, 대학의 교원이 학기 중에 선출직 공무원에 입후보하여 선거를 치르면서 형식적으로는 수업을 계속할 수 있다는 것도 매우 이상한 일이다. 이것은 마치 특정한 종교를 가지고 있는 사람이 교원을 해서는 안 된다는 것과 마찬가지이다. 초·중등 교원이 특정한 종교를 가지고 있다고 하더라도 미성숙의 아이들에게 자신의 종교를 강요하지 않을 것이라는 상식, 그리고 전문가로서의 교사에 대한 믿음에 근거하여 우리는 교사의 종교적 자유를 허용하고 있다. 정치적 이념 및 정치 활동도 종교적 이념과 마찬가지로 봐야 할 것이다. 헌법에도 명시되어 있는 '양심의 자유'는 바로 이를 의미하며 교원은 이를 지킬 수 있는 자질을 지닌 전문가이며 국가는 자격증으로 이를 증명하고 있다. 이러한 교사의 자질을 믿지 못해서 정치적 행위에 대한 권리를 제한한다는 것은 매우 불합리한 결정이라고 할 수 있다.

따라서 교사의 정치적 권리 제한에 대한 문제 제기가 다양하게

---

6) '교원의 정당 및 정치단체 결성·가입 사건'에 대하여 헌법재판소에서는 "정당가입 금지조항이 초·중등학교 교원에 대해서는 정당가입의 자유를 금지하면서 대학의 교원에게 이를 허용한다 하더라도, 이는 기초적인 지식전달, 연구기능 등 양자 간 직무의 본질과 내용, 근무 태양이 다른 점을 고려한 합리적인 차별이므로 평등원칙에 위배되지 않는다."(헌재 2018헌마551)고 판시하였다. 그러나 이러한 헌법재판소의 결정은 유·초·중등교사들 입장에서는 이해하기 힘든 판결이다.

전개되고 있다. 교사 및 공무원의 선거운동 금지와 관련하여 2004년 헌법재판소는 '2004헌바47' 결정 등에서 "초·중등학교의 교육공무원, 지방공무원 등의 선거운동을 금지하는 것이 헌법에 위반되지 않는다." 고 판단하면서도 부분적이기는 하지만 공무원 및 교사에게 강요된 정치적 행위 제한의 위헌성을 판단하고 있다.7) 그러나 교원의 정당 및 정치단체 결성·가입 사건을 계기로 2018년 '정당법 제22조 제1항 단서 제1호 등 위헌확인' 소송에서 헌법재판소는 '국가공무원법'에 의거하여 초·중등학교의 교육공무원이 정치단체의 결성에 관여하거나 이에 가입하는 행위를 금지한 국가공무원법의 '교원은 정치단체의 결성에 관여하거나 이에 가입할 수 없다.' 부분은 헌법에 위반되나, '초·중

---

7) 여기서는 "교원의 직무와 관련이 없거나 그 지위를 이용한 것으로 볼 수 없는 정당의 결성 관여 행위 및 가입행위를 금지하는 것은 입법목적의 달성에 기여한다고 볼 수 없으므로, 수단의 적합성을 인정할 수 없다. 또한 교원이 직무와 관련하여 또는 그 지위를 이용하여 정당의 결성에 관여하는 행위만을 금지하더라도 공무원의 정치적 중립성을 보장할 수 있으므로, 이를 넘어서 교원이 정당의 결성에 관여하는 행위를 전면적으로 금지하는 것은 침해의 최소성에 위배된다. 교원이 직무와 관련하여 또는 그 지위를 이용하여 정당에 가입하는 경우는 상정하기 어려우므로, 이를 금지하는 것 역시 침해의 최소성에 위배된다. 나아가 교원에 대하여 정당의 결성에 관여하거나 이에 가입하는 것을 전면적으로 금지함으로써 얻어지는 공무원의 정치적 중립성은 명백하거나 구체적이지 못한 반면, 그로 인하여 교원이 받게 되는 정당설립의 자유, 정당가입의 자유에 대한 제약과 민주적 의사형성 과정의 개방성과 이를 통한 민주주의의 발전이라는 공익에 발생하는 피해는 매우 크므로, 법익의 균형성도 인정할 수 없다. 그러므로 교원의 정당가입 등을 금지하는 것은 과잉금지원칙에 위배되어 정당가입의 자유 등을 침해한다."고 하였으며, 교육공무원의 선거운동과 관련해서도 "교육공무원에 대하여 선거운동을 일체 금지하는 것은 헌법이 보장하는 공무원의 정치적 중립성 등을 확보하기 위한 것이라는 점에서 그 목적 자체의 정당성은 인정된다. 그러나 정치적 중립을 확보하기 위하여 반드시 교육공무원의 선거운동을 포괄적, 전면적으로 제한할 필요가 있는지와 관련하여 공무원에게 제한적으로라도 선거운동을 허용할 경우 공직수행과 관련하여 중립성을 상실할 것이라는 주장은 실증적으로도 뒷받침되기 어려우므로 수단의 적합성 요건을 충족하지 못한다. …… 교육공무원의 선거운동을 금지하는 것은 과잉금지원칙에 위배되어 교육공무원의 선거운동의 자유를 침해한다."고 판시하고 있다.

등학교의 교육공무원이 정당의 결성에 관여하거나 이에 가입하는 행위를 금지한 정당법에서의 교원은 정당의 결성에 관여하거나 이에 가입할 수 없다.' 부분은 헌법에 위반되지 않는다고 결정한다(2018헌마551). 즉, 공무원 및 교사의 정당가입 금지 법률은 과잉금지원칙에 위배되지 않는다는 것으로서 교사의 정치적 권리에 해당하는 정치단체 결성·가입의 금지를 확인한 것이라 하겠다. 특히 "교육의 정치적 중립성, 초·중등학교 학생들에 대한 교육기본권 보장이라는 공익은 공무원들이 제한받는 사익에 비해 중대하므로 법익의 균형성 또한 인정된다."고 함으로써 교사 개인의 정치적 행위에 대한 권리 제한을 정당화하였다.

이상에서처럼 교사의 정치적 권리에 대한 헌법재판소의 결정은 부분적으로는 교사의 정치적 행위가 교육의 중립성에 위배되지 않으며, 개인으로서의 정치적 권리가 직업적 이유로 제한되어서는 안 된다고 하면서도 동시에 교육자로서의 역할을 감안해 볼 때, 교사의 각종 정치 활동에 대한 제한은 부분적으로 정당하다고 판시하고 있다. 교사의 정치적 권리에 대한 제한은 우리나라를 교육 및 인권 후진국으로 만드는 원인이 된다. OECD(경제협력개발기구) 가입 국가들 중 교원의 정치적 기본권을 제한하고 있는 나라는 우리나라가 유일하다. 한국을 제외한 모든 국가에서는 교원들의 정당 가입과 정당 활동을 허용하고 있다. 특히 교원의 정치적 권리 제한은 교사의 다양한 권리를 억압하는 근거가 되기도 한다. 대표적인 것이 교원 노동조합 활동에 대한 제한이다. 노동조합은 단체결성권, 단체교섭권, 단체행동권이라는 3대 원칙을 기본으로 한다. 그러나 우리나라의 공무원 및 교사들은 법률적으로 단체행동권이 불허되어 있기 때문에 완전한 노동조합 활동이 불가능하다. 이는 노동자로서의 공무원 및 교사들의 권리에 대한 심각한 억압이라 할 수 있다. 이에 대하여 '전국교직원노동조합', '교사노조연맹'은 물론 보수단체인 '한국교원단체총연합회'에서도 한 목소리로 교사의 정치적 권리 보장을 요구하고 있으며, ILO를 비롯하여 국제 인권 단체인 '국제앰네스티(Amnesty International)' 등에서도 인권 탄압의 측면에서 대한민국 정부에게 이러한 문제의 해결을 계속적으로 요구하고 있다. 교사의 권리가 보장되어야 하는 것은 단지 교사 집단의 이익 실현 때문이 아니다. 교사의 권리가 보장될 때, 자유로운 교육 활동을 통하여 교육의 정치적 중립성과 미래에 대한 편견 없는 교육이 가능해지기 때문이다. 교사의 권리를 보장하는 것은 우리 사회의 미래를 위하여 우리가 풀어 나가야 할 중요한 과제이기도 하다.

2 교권 침해

(1) 교권 침해의 유형

교권 침해란 교사의 권리를 침범하는 실질적 행위를 말하며 일반적으로 학생 및 학부모의 교사에 대한 권리 침해를 의미한다. 특히 교원이 정당한 교육활동 및 생활지도 행위를 하는 과정에서 신체적, 정신적 피해를 입는 것을 말하며, 구체적으로는 수업진행 방해, 모욕감을 주는 언행, 명예훼손, 성희롱, 성폭력, 협박, 업무방해 등이 해당 된다. '교원의 지위 향상 및 교육활동 보호를 위한 특별법(교원지위법)' 제19조에서는 교권침해의 대상 및 구체적 행위 등에 대하여 자세히 규정하고 있다. 여기서는 "교육활동 침해행위란 고등학교 이하 각급학교에 소속된 학생 또는 그 보호자(친권자, 후견인 및 그 밖에 법률에 따라 학생을 부양할 의무가 있는 자를 말한다.) 등이 교육활동 중인 교원에 대하여 다음 각 호의 어느 하나에 해당하는 행위를 하는 것을 말한다."고 규정하고 있다. 1항에서는 교권침해에 해당하는 행위로서 "공무방해에 관한 죄, 무고의 죄, 상해와 폭행의 죄, 협박의 죄, 명예에 관한 죄, 손괴의 죄에 해당하는 범죄 행위 그리고 성폭력 범죄 행위, 불법정보 유통 행위, 그 밖에 다른 법률에서 형사처벌 대상으로 규정한 범죄 행위로서 교원의 교육활동을 침해하는 행위"를 규정하고 있다. 또한 2항에서는 "목적이 정당하지 아니한 민원을 반복적으로 제기하는 행위" "교원의 법적 의무가 아닌 일을 지속적으로 강요하는 행위" 등을 교권 침해에 해당하는 행위로 규정하고 있다.

　　교권 침해는 학생, 학부모 그리고 학교 관리자 등에 의하여 일어나는데 특히 학부모에 의한 교권 침해 사례가 가장 많이 발생하고 있다. 앞에서 학부모와 교사와의 관계에서 살펴보았듯이 학부모와 교사의 갈등은 서로의 역할에 대한 시각의 차이에서 나타나지만, 이것으로 인하여 교권 침해로까지 발전하는 경우는 많지 않다. 학부모에 의한 교권 침해는 오히려 교사를 바라보는 학부모의 시각이 과거와는 달라졌다는 점에서 원인을 찾을 수 있다. 신자유주의 교육이 강조되면서, 학생에 대한 일방적인 교사의 봉사 강요 그리고 학부모의 왜곡된 권리 의식 강화는 교권에 대한 잘못된 시선을 가져와 결국에는 교권 침해로까지 발전하게 되었다. 대표적인 사례를 '대한민국 교사의 근무시간은 24시간'이라는 말 속에서 찾을 수 있다. 많은 교사들이 방과 후까지 학부모의 상담 전화를 받고 있다는 의미이다. 더욱이 교육 당국은 소비자로서의 학부모에게 철저한 서비스 정신을 가지고 하루종일 봉사하는 교사상을 강조하고 있다. 그러나 교사도 일과 시간 외에는 자신을 위한 휴식의 시간이 필요하며 이것은 교사의 당연한 권리 중의 하나이다. 학부모 입장에서 소중한 나의 아이와 관련된 일에 관하여 방과 후에도 교사와 상의하고 싶어 하는 경우가 많을 수 있다. 그러나 교사와 학부모의 관계는 사적인 관계가 아니라 공적인 관계라는 점을 명심해야 한다. 따라서 학부모는 교사의 개인 연락처를 알려고 해서도 안 되며 혹시 알고 있다고 하더라도 학교가 끝난 이후 교사에게 학부모 자격으로 연락을 시도하는 것은 당연히 금지되어야 한다. 교사와 학부모의 관계는 학생의 교육이라는 공동의 목표를 지닌 동업 자적 관계이기는 하지만 이는 반드시 공적 관계를 기본으로 하고 있어야 한다는 의미이다. 불가근불가원(不可近不可遠)의 관계, 그것이 바로 교사와 학부모의 관계를 표현하는 적절한 말일 것이다.

　　교사에 대한 교권 침해는 일상생활 속에서만 일어나는 것이 아니라 법을 통한 공적 영역에서 일어나기도 한다. 학부모 및 학생들에 의한 교권 침해의 원인 중의 하나로 지적되고 있는 것이 바로 '아동복지법'이다. '아동복지법'은 1961년에 제정·공포된 기존의 '아동 복리법'을 전문 개정하여 1981년 제정하였으며 2000년에 다시 한번 전문을 개정하여 아동 보호를 위한 법적 권리를 구체화하도록 한 법이다. 여기서는 "아동이 건강하게 출생하여 행복하고 안전하게 자랄 수 있도록 아동의 복지를 보장"(제1조)하도록 규정하고 있다. 또한 "아동복지란 아동이 행복한 삶을 누릴 수 있는 기본적인 여건을 조성하고 조화롭게 성장·발달할 수 있도록 하기 위한 경제적·사회적·정서적 지원을 말한다."(제3조)고 정하고 있으며, 아동 보호를 위한 국가와 지방자치 단체의 책무(제4조), 보호자의 책무(제5조)를 강조하고 있고 제15조 2항에서는 아동통합 정보 시스템의 구축과 운영을 통하여 아동을 보호해야 한다고 구체적인 방법을 제시하고 있다. 또한 아동학대 신고 의무자에 대한 제도와 이들에 대한 교육(제26조)을 강조하고 있으며, 예방 교육 및 돌봄 서비스와 같은 아동에 대한 다양한 지원 서비스 등에 대하여 법적으로 규정하고 있다. 그러나 본 법에서는 아동 학대란 "보호자를 포함한 성인이 아동의 건강 또는 복지를 해치거나 정상적 발달을 저해할 수 있는 신체적·정신적·성적 폭력이나 가혹행위를 하는 것과 아동의 보호자가 아동을 유기하거나 방임하는 것을 말한다." (제3조 7항)고 규정하면서 "아동의 보호자는 아동에게 신체적 고통이나 폭언 등의 정신적 고통을 가하여서는 아니 된다."(제5조 2항)고 정하고 있다. 특히 제17조 5항에서는 "아동의 정신건강 및 발달에 해를 끼치는 정서적 학대 행위"를 금지하는 등 아동 보호에 대한 당위성과 아동 학대에 대한 폭 넓은 기준을 제시하고 있다. 이와 함께 '아동복지법'을 근거로 2014년 아동학대에 대한 강력한 대처와 예방을 통해 아동이 건강한 사회 구성원으로 성장하도록 하는 목적을 위하여 '아동학대범죄의 처벌 등에 관한 특례법(아동학대 처벌법)'이 제정되었다. 특히 '아동학대 처벌법' 제10조에서는 "누구든지 아동학대 범죄를 알게 된 경우나 그 의심이 있는 경우에는 특별시·광역시·도·특별자치도, 시군구 또는 수사기관에 신고할 수 있다. ···· 누구든지 아동학대범죄 신고자 등에게 아동학대범죄 신고 등을 이유로 불이익 조치하여서는 아니 된다." 등을 규정함으로써 아동학대에 대한 적극적 조치를 강조하고 있다. 이상에서처럼 '아동복지법'과 '아동학대 처벌법'은 아동의 안전과 보호를 위한 국가의 역할이 적극적으로 강조되었다는 점에서 매우 의미 있는 법이라 할 수 있다. 그러나 법 구성의 허술함과 각종 행위의 뜻이 명확하게 제시되지 못한 이유로 인하여 일부 학부모와 심지어는 학생들이 교사의 교육 활동에 대한 제약을 위하여 악용하는 사례가 나오고 있다. 따라서 학대 아동에 대한 법적 보호의 기능보다는 교사의 권리를 제한하고 일부 학부모들의 교사를 괴롭히기 위한 수단으로 활용되는 근거가 되고 있다고 평가되기도 한다. 보건 복지부 통계에 의하면 2014년 15,025건이었던 아동학대 의심 신고 건수는 꾸준히 증가하여 2021년에는 52,083건에 이르고 있다. 역시 보건복지부 통계에 의하면 아동 학대법에 의하여 신고된 교사는 2014년 244명에서 2019년 2,309명을 거쳐 코로나19로 비대면 학교 수업이 이루어지면서 약간 감소하기는 하였지만, 다시 대면 수업이 시작되는 2022년에는 1,702명 증가했다. 이것은 '아동복지법'과 '아동학대 처벌법'이 어떻게 활용되고 있는가를 잘 보여주는 통계이다. 물론 정부 차원에서도 이러한 문제에 대한 개선을 시도하고 있다. 특히 '2023년 서이초등학교 교사 순직 사건'을 비롯하여 교권침해와 관련된 교사들의 고통이 사회 문제화 되면서 '아동학대 처벌법'에 교사에 대한 일부 학부모의 무분별한 신고를 예방하기 위한 조항을8) 신설하기도 하는 등 교권 침해 예방을 위한 다양한 대책을 마련하고 있지만 그 효과는 미약하다.

교권침해는 학생 및 학부모 외에도 학교 안에서 교장으로 대표되는 관리자 혹은 '교원평가'와 같은 제도를 통하여 이루어지기도 한다. 학교 관리자에 의한 교권 침해는 교장이 교사들에 대한 관리·감독권자라는 잘못된 인식에서부터 시작된다. '초·중등교육법' 제20조에는 교장의 임무로 "소속 교직원을 지도·감독하며 학생을 교육"한다는 조항이 있다. 그러나 이것은 학교라는 조직에 대한 관리·감독의 의미로 받아들여야지 교장이 학교의 관리자로서 소속 교직원인 교사의 교육활동 전반에 대한 지도·감독권이 있다는 의미로 해석해서는 안 된다. 학교라는 기관을 운영하기 위해서는 행정 업무를 위한 직원이 필요하며 교사에게도 교육활동 이외의 행정 업무가 부과되기도 한다. 이러한 행정 업무에 대한 관리자로서의 역할은 분명히 존재한다. 그러나 교사의 전문적 교육활동에 대한 교장의 역할은 동료 교사 혹은 선임 교사일 뿐이다. 교사는 헌법적 권리인 교육자유권을 가지고 있으며, 교장 혹은 교감, 부장교사라는 직위가 평교사보다 계급적으로 위에 있다는

---

8) '아동학대처벌법' 제17조 3항 "① 사법경찰관은 '유아교육법' 및 '초·중등교육법'에 따른 교원의 교육활동 중 행위가 아동학대범죄로 신고되어 수사 중인 사건과 관련하여 관할 교육감이 의견을 제출하는 경우 이를 사건기록에 편철하고 아동학대범죄사건 수사 및 제24조 후단에 따른 의견을 제시할 때 참고하여야 한다. ② 검사는 제1항과 같은 아동학대범죄사건을 수사하거나 결정할 때 사건기록에 편철된 관할 교육감의 의견을 참고하여야 한다. [본조신설 2023. 12. 26.]"

근거는 교육공무원법을 비롯하여 어떤 법에도 존재하지 않기 때문이다. 교사는 모두가 함께 연구하며 교육 활동을 전개해 나가는 협력적이며 독립적 존재이다. 따라서 장학 활동조차도 관리 및 지휘라는 수직적 개념에서 협력과 상호보완이라는 수평적 관계로 변해가고 있다. 그러므로 법령의 조문(條文)을 근거로 학교 관리자가 교사들을 관리·감독의 대상으로 놓는 행위는 교사의 자유 교육권에 대한 명백한 교권침해에 해당한다. 따라서 일부 교장들이 감독 차원에서 교사의 수업 현장을 지켜보거나 수업 중 복도를 지나가면 교사들의 수업을 관리·감독하는 듯한 행동을 하는 것도 교사의 권리에 대한 침해라고 해석할 수 있다. 전문직의 특징 중 하나는 업무에 대한 자율성이기 때문이다. 물론 교장의 입장에서는 경험 많은 선임 교사로서 장학 활동의 일환이라고 변명할 수도 있다. 그러나 교장을 비롯한 학교 관리자라고 해서 교사의 교육활동에 대하여 관리하고 평가할 권리가 있는 것은 아니며, 장학 활동은 적절한 방식에 따라 상호 합의와 협력에 의해서 진행되는 것이지 일방적인 지도 과정이 되어서도 안 된다. 똑같은 교육기관의 하나인 대한민국 어느 대학에서도 총장이 자신의 직위를 활용하여 개별 교수들의 수업을 견학한다거나 감독하는 일은 없다. 유치원부터 초·중등 교사들은 모두 국가가 인정하는 자격증을 지닌 교육전문가들이다. 따라서 전문가로서의 독립성은 보호되어야 한다. 교장이 장학이라는 명분을 가지고 동의 없이 교사들의 활동을 관리·감독하려고 하는 것은 전문직으로서 있을 수 없는 일이다. 따라서 '국가공무원법'에서 제시하고 있는 '복종의 의무'가 있다고 해도 교사는 자신의 교육활동에 대한 교장의 부당한 명령을 거부할 권리가 있다. 특히 학교 관리자가 교사에게 자신의 개인적 생활과 관련된 부당한 지시, 법령을 위반하거나, 업무 본래의 취지와 맞지 않는 부당한 지시 등을 가했을 경우 교사들은 단호하게 거부할 수 있는 권리를 가지고 있다.

그리고 학교 관리자의 부당한 지시 및 감독 활동이 계속될 경우, 교육부의 '갑질 신고 센터', '교원소청심사 위원회' 혹은 교육부나 교육청에 있는 '고충 심의 위원회' 등의 도움을 받을 수도 있다. 학교 교사에 대한 학교 관리자의 권리침해가 자주 일어나는 일이라고 할 수는 없지만, 이러한 행위가 교권을 침해하는 행위라는 사실에 대해서는 분명히 인지하고 있어야 한다. 학교의 관리자는 교사들에 대한 관리·감독자로서의 역할을 강조할 것이 아니라 솔선수범하는 선임 교사로서의 모습을 보이는 것이 우선되어야 한다. '2023년 서이초등학교 교사 순직 사건'을 비롯하여 다양하게 나타나는 교권 침해 사례는 일부 학부모에서 시작되었다고는 하지만 사건의 진행 과정에서 교장 및 교감 선생들의 역할이 거의 없었다는 점은 매우 아쉽다. 특히 경력이 짧은 교사들이 이러한 어려움을 겪을 때, 학교 관리자는 적극적으로 사건에 개입하여 교권 수호의 첨병에 서는 역할을 해야 한다. 오히려 사건을 축소하거나 시끄러워지지 않게 교사들에게 압력을 가하는 관리자가 없었는지 자성해 보아야 할 것이다.

현재 학교 안에서 일어나고 있는 제도에 의한 대표적인 교권침해 사례로는 '교원평가제'가 있다. 교원평가제도는 우수교원의 확보를 위한 전략의 일환으로 학교장, 동료 교원, 학생 및 학부모가 교원의 학교 경영, 학습 지도, 생활 지도 등을 평가하는 제도를 말한다. 정부는 2004년 2월 17일 '공교육정상화를 통한 사교육비 경감 대책' 방안의 하나로 교원평가제도의 도입을 공식 발표하였고 2010년부터 '교원능력개발평가'라는 명칭으로 전면 도입하였다. 정부 및 교육부에서는 '교원능력개발평가'가 교사의 교육활동에 대한 학생·학부모 등의 의견 제시 통로로 활용되어 왔으며, 교육활동 만족도 향상에 기여해 왔다고 자평하고 있다. 특히 평가 결과는 우수교원에게는 학습연구년 특별연수, 지원이 필요한 교원에게는 능력향상연수를 지원하는 등 교원의 전문성 신장을 위한 자료로 활용되어왔다는 긍정적 결과를 강조하고 있다. 이와 함께 교사들에 대한 평가가 성과급이나 승진 등 인사·보수와는 연계되지 않기 때문에 평가 자체가 교사의 전문성을 훼손하거나 교사들에게 불필요한 압박을 가하는 제도는 아니라는 점을 강조하고 있다. 평가는 경쟁에 따른 순위가 아니라, 피드백을 위한 자료의 의미가 있다. 교사의 교육활동 평가는 이러한 점에서 교사들의 교육활동에 긍정적인 효과를 갖게 할 수도 있다. 그러나 '교원능력개발평가'가 교육적 의미를 갖기 위해서는 '교사의 교육 활동에 대한 평가가 가능한가?' 혹은 '전문직의 활동에 대한 비전문가의 평가가 가능한가?'라는 본질적 질문에 대한 답변이 있어야 할 것이다. 교육의 결과는 한 학기 혹은 일년 만에 나타날 수 없다. 또한 교사의 전문적 교육 활동에 대한 평가는 쉽지 않다. 이러한 문제의 답변이 전제되지 않는 평가는 전문직으로서의 교사의 활동에 대한 간섭과 교육의 독립성을 훼손할 수 있는 도구로 전락할 수 있다.

(2) 교권침해 방지를 위한 노력

교권 침해가 많아지는 만큼 이를 방지하기 위한 노력도 다양하게 전개되고 있다. 가장 대표적인 교권 보호를 위한 노력으로는 1991년 5월 31일부터 시행되어 온 '교원의 지위 향상 및 교육활동 보호를 위한 특별법', 약칭 '교원지위법'이 있다. 이 법은 교사와 관련된 특별법으로서 교원의 지위 향상 및 교육활동 보호 등을 통하여 사회적·경제적 지위가 우대되도록 예우하고 교원단체가 교육감 또는 교육부장관과 교원의 처우개선 및 복지후생등에 관하여 교섭·협의할 수 있도록 입법되었다. 특히 2016년 새로이 개정된 부분에서는 수업 등 교육활동 중인 교원에 대한 폭행이나 모욕 등으로 피해를 입은 교원에 대하여 적절한 치유와 교권 회복의 기회를 제공하고, 교육활동을 침해한 학생에게는 특별교육이나 상담 등을 통하여 학교 생활에 적응할 수 있도록 하는 제도적 장치를 마련함으로써 모든 교원이 존경받는 가운데 교육활동에 전념할 수 있도록 하려는 취지로 개정되었다.

'교원지위법' 제19조에서는 "교육활동 침해행위란 고등학교 이하 각급학교에 소속된 학생 또는 그 보호자(친권자, 후견인 및 그 밖에 법률에 따라 학생을 부양할 의무가 있는 자) 등이 교육활동 중인 교원에 대하여 다음 각 호의 어느 하나에 해당하는 행위를 하는 것을 말한다."고 규정하면서 공무방해에 관한 죄, 무고의 죄, 상해와 폭행의 죄, 협박의 죄, 명예에 관한 죄, 업무방해 또는 손괴의 죄에 해당하는 범죄 행위 등을 교원의 교육활동을 침해하는 행위로 명시하고 있다. 교원의 교육활동을 부당하게 간섭하거나 제한하는 행위로서는 "목적이 정당하지 아니한 민원을 반복적으로 제기하는 행위. 교원의 법적 의무가 아닌 일을 지속적으로 강요하는 행위" 등을 규정하고 있다. 이러한 교권침해 행위를 방지하기 위하여 '교원지위법' 제14조 1항에서는 "국가, 지방자치단체, 그 밖의 공공단체는 교원이 교육활동을 원활하게 수행할 수 있도록 적극 협조하여야 한다."고 강조하고 있으며 2항에서는 "국가와 지방자치단체는 교원의 교육활동을 보호하기 위하여 ① 교육활동 침해행위와 관련된 조사·관리 및 교원의 보호조치. ② 교육활동과 관련된 분쟁의 조정 및 교원에 대한 법률 상담. ③ 교원에 대한 민원 등의 조사·관리. ④ 그 밖에 교원의 교육활동 보호를 위하여 필요하다고 인정되는 사항을 준수해야 한다."고 규정하고 있다. 이와 함께 '교원지위법' 제4조에서는 교원의 불체포특권, 제6조에서는 교원의 신분보장을 명시하고 있다.9) 또한 2023년 9월 개정된 제14조는 "교원의

---

9) 제4조(교원의 불체포특권) "교원은 현행범인인 경우 외에는 소속 학교의 장의 동의 없이 학원 안에서 체포되지 아니한다."

교육활동 보호에 관한 종합계획의 수립·시행"을 구체화하고 있다. 이 외에도 '교육지원법'에서는 교육활동과 관련한 분쟁이 발생한 경우, 해당 교원에게 법률 상담을 제공하기 위하여 변호사 등 법률전문가가 포함된 법률지원단을 구성·운영하여야 하고, 교권보호위원회의 설치·운영을 법제화하는 등 교권 수호를 위한 법적 조치를 강화하고 있다.

이와 함께 2023년 9월 15일 국회 교육위원회에서는 '교권보호 4법'을 의결하게 된다. '교권보호 4법'은 교권침해를 방지하고 교사의 정당한 생활지도와 교육활동을 보호할 목적을 가지고 의결되었는데 '교원지위법', '초·중등 교육법', '유아교육법', '교육기본법'을 부분 개정하여 교사의 교권하락을 방지하고 악성민원, 교육활동침해로부터 교사를 보호하기 위한 목적을 가지고 있다. '교권보호 4법'은 무분별한 아동학대 신고로부터 교사를 보호하고, 교사의 정당한 생활지도에 대해서는 아동복지법에 따른 신체적인 학대, 정서적인 학대, 방임 등에 해당하는 아동학대 금지행위로 보지 않으며, 정당한 생활지도에 대해서 아동학대 범죄로 신고되어 조사, 수사를 받게 되는 경우 교육감의 신속한 의견제출을 의무화 하였다. 또한 정당한 사유가 없는 한 교사의 직위해제 처분을 제한하도록 하였으며, 제13조 3항을 신설해 보호자에게 교원과 학교가 전문적인 판단으로 학생을 교육·지도할 수 있도록 협조하고 존중해야 할 의무를 부과했다. '초·중등교육법'은 제18조 5항이 신설되었는데10) 그 내용에는 보호자에게 교육 활동이 원활히 이루어질 수 있도록 협력할 의무를 부여하고 교원의 학생생활지도

---

10) 제18조의5(보호자의 의무 등) ① 보호자는 교직원 또는 다른 학생의 인권을 침해하는 행위를 하여서는 아니 된다. ② 보호자는 교원의 학생생활지도를 존중하고 지원하여야 한다. ③ 보호자는 교육활동의 범위에서 교원과 학교의 전문적인 판단을 존중하고 교육활동이 원활히 이루어질 수 있도록 적극 협력하여야 한다. (본조신설 2023. 9. 27.)

를 존중하고 지원하도록 하였다. 또한 학교장의 의무에 민원 처리를 포함하고, 교원의 정당한 학생생활지도를 '아동복지법'에서의 금지행위 위반으로 보지 않도록 개정했으며, 교원의 전화번호, 주민등록번호 등 개인정보를 보호해야 하는 학교장의 의무를 신설하였다(제20조). '유아교육법'은 제21조를 개정하여 원장이 유치원 업무를 총괄할 뿐만 아니라 민원처리를 책임지도록 규정하였으며, 교원의 정당한 유아생활지도에 대한 보호, 교원의 유아 생활지도를 존중하고 지원해야 할 보호자의 의무를 부과하도록 했고 역시 교사의 개인정보 보호를 유치원 원장의 의무로 부과했다. '교원지위법'에서는 교원이 아동학대범죄로 신고된 경우 임용권자는 정당한 사유 없이 직위해제 처분을 할 수 없다는 조항(제6조 3항)을 신설하였고, 교육활동 침해행위의 유형에 공무집행방해죄·무고죄를 포함한 일반 형사 범죄와 목적이 정당하지 아니한 민원을 반복적으로 제기하는 행위 등을 추가했다(제19조). 또한 교육활동 침해행위를 한 보호자 등에 대해서도 특별교육, 심리치료 등의 조치를 할 수 있도록 하고, 정당한 사유 없이 미이행한 보호자 등에 대하여 과태료를 부과할 수 있도록 했으며, 교육활동 침해행위에 관한 학교의 장의 축소·은폐 금지, 침해행위 발생 경과 및 결과를 보고하면서 축소·은폐를 시도한 경우 교육감이 징계위원회에 징계 의결을 요구할 수 있도록(제27조) 하였다. '교권보호 4법'의 실행은 무분별한 아동학대 신고로부터 교원을 보호하고, 교육활동에 집중할 수 있도록 하는 데 많은 도움을 줄 것이라 예상된다. 그러나 교권 보호는 단지 법령의 신설과 보완을 통해서 이루어지기보다는 교권에 대한 인식의 전환을 바탕에 두어야 한다. 이는 교사의 교육활동이 전문적 영역에 해당하며, 교사는 공무원으로서의 신분에 앞서 교육자라는 인식이 있어야 할 것이다. 이와 함께 교육의 독립성과 교육활동의 전문성에 대한 사회적 합의가 확대되어야 할 것이다.

CHAPTER
07

인권 교육과 학생의 권리

1 인권의 개념과 인권 교육

(1) 인권의 개념

인권(人權, Human Rights)이란 인간으로서 당연히 누려야 할 기본적 권리를 말한다. 이는 인간이 태어나면서부터 지니고 있는 자연법적 권리로서 특히 인종이나 성별, 이념, 종교, 신분과 직위 등을 뛰어넘어 모든 사람이 동등하게 누릴 수 있는 보편적 권리이다. 따라서 인권의 보장은 인간이 인간다운 삶을 살아가는 데 필수 조건이며 현대의 모든 공동체가 지켜야 할 규범이기도 하다. 인간의 권리에 대한 인식은 프랑스 혁명으로 상징되는 시민 혁명을 계기로 보편화되기 시작하며 근대 사상의 핵심으로 자리잡게 된다. 특히 1948년 유엔총회에서 '세계인권선언(Universal Declaration of Human Rights)'을 발표함으로써 인권은 전 세계가 책임지고 이행해야 할 과제가 되었다. '세계인권선언' 전문에서는 "모든 인류 구성원의 천부의 존엄성과 동등하고 양도할 수 없는 권리를 인정하는 것이 세계의 자유, 정의 및 평화의 기초이며, ⋯ 기본적 인권, 인간의 존엄과 가치, 그리고 남녀의 동등한 권리에 대한 신념을 재확인하였으며, 보다 폭넓은 자유 속에서 사회적 진보와 보다 나은 생활수준을 증진하기로 다짐하였고, ⋯ 국제연합총회는, 모든 개인과 사회 각 기관이 이 선언을 항상 유념하면서 학습 및 교육을 통하여 이러한 권리와 자유에 대한 존중을 증진하기 위하여 노력" 할 것을 천명하고 있다. 또한 제1조에서는 "모든 인간은 태어날 때부터 자유로우며 그 존엄과 권리에 있어 동등하다. 인간은 천부적으로 이성과 양심을 부여받았으며 서로 형제애의 정신으로 행동하여야 한다."를 규정함으로써 인간으로서의 평등과 인류애를 강조하고 있다. '세계인권선언'의 정신은 인간의 권리에 대한 국제적 표준으로 작용함으로써 현대 민주국가의 보편적 헌법 정신으로 자리 잡게 된다. '세계인권선언'의 정신을 이어받아 171개국 정부대표와 유엔 산하기구 및 국제기구, NGO 등이 참석한 1993년 비엔나 '세계인권회의(World Conference on Human Rights)'에서는 "세계인권선언 채택 이후 인권 분야에서의 진전 평가 및 향후 진전에의 장애요인 제거방안 토의, 발전 민주주의와 모든 인권의 보편적 향유와의 관계 검토, 취약계층을 포함한 남성 및 여성 모두의 완전한 인권 실현에 관한 현재의 동향 및 새로운 도전에 관한 검토"를 주요 의제로 삼았으며, 이를 통하여 "유엔헌장 및 국제인권관련 협약에 따른 인권분야에서의 국제협력 강화"를 권고하게 된다. 특히 여기서는 인권의 불가분성·상호의존성·상호연관성의 원칙, 민주주의 발전 인권의 상호발전, 유엔 인권최고대표실과 국가인권기구 등 국제인권 이행을 위한 제도화, 여성 인권, 원주민 인권, 인종차별, 외국인 혐오, 민족 종교적 배타주의, 인권 상대주의와 보편성 논쟁 등 여전히 현재 진행형인 중요한 인권 의제들을 포괄하게 되며, 여기서의 성과를 바탕으로 1993년 12월 UN총회에서 '파리원칙(Paris Principles)'1)

을 채택하게 된다.

　우리나라의 경우에도 조선 후기 각종 농민 반란과 홍경래 난 그리고 동학농민전쟁을 거치면서 인간에 대한 존엄성과 평등사상이 자리 잡기 시작하여, 인권은 헌법 및 법률을 통하여 지켜야 할 인간의 기본적 권리로 인식되고 있으며, 지금은 '헌법' 및 각종 법률과 정부 기구를 통하여 인권 보호를 위한 기본적 노력을 기하고 있다. 대한민국 '헌법' 제10조에서는 "모든 국민은 인간으로서의 존엄과 가치를 가지며, 행복을 추구할 권리를 가진다. 국가는 개인이 가지는 불가침의 기본적 인권을 확인하고 이를 보장할 의무를 진다."를 통하여 인간의 권리를 헌법적 가치로 자리매김하고 있으며 '국가인권위원회법' 등을 통하여 이를 구체화하고 있다. '국가인권위원회'는 1993년 비엔나 '세계인권회의'에 참여한 '한국민간단체 공동대책위원회'가 대한민국 정부에 국가인권기구의 설치를 요구하면서 시작된다. 이에 따라 1998년 '인권법 제정 및 국가인권기구 설치 민간단체 공동추진위원회'를 결성하고, 2001년 '국가인권위원회법'을 발효하여, 정식으로 '국가인권위원회'를 출범했다. '국가인권위원회'는 어떤 국가 기관에도 소속되지 않는 독립 기구로, 인권을 침해할 우려가 있는 법이나 제도의 문제점을 찾아 개선을 권고하고, 인권 침해나 차별 행위를 조사·구제하는 역할을 한다. 또한 국가 및 행정 기관의 잘못된 법 집행에 따른 피해, 언론 관련 개인의 피해 등 일상생활 속에서의 인권 피해 상황이 발생했을

---

1)　① 국가인권기구 설립에 관한 국제사회의 보편적인 기본 준칙으로 국가인권기구는 인권을 보호하고 향상시키는 데 필요한 권한을 가져야 함. 국가인권기구는 다른 국가 권력으로부터 독립적 지위를 보장받기 위하여 그 구성과 권한의 범위를 헌법 또는 법률에 의하여 구체적으로 부여받아야 함. ② 국가인권기구의 권한과 책임, 구성의 독립성 및 다원성 보장, 운영 방식, 준사법적 권한을 가진 국가인권기구의 지위에 관한 추가원칙 등에 걸쳐 국가인권기구의 기본적 요건들을 구체적으로 열거함.

때, '국가인권위원회'에 권리 구제를 요청할 수 있게 되어 있다. '국가인권위원회법' 제1조에서는 법의 목적을 "모든 개인이 가지는 불가침의 기본적 인권을 보호하고 그 수준을 향상시킴으로써 인간으로서의 존엄과 가치를 실현하고 민주적 기본질서의 확립에 이바지함을 목적으로 한다."고 명시하고 있다. 제2조에서는 "인권이란 '대한민국헌법' 및 법률에서 보장하거나 대한민국이 가입·비준한 국제인권조약 및 국제관습법에서 인정하는 인간으로서의 존엄과 가치 및 자유와 권리를 말한다."고 규정하고 있다. 특히 제4조에서는 "이 법은 대한민국 국민과 대한민국의 영역에 있는 외국인에 대하여 적용한다."고 적용 범위를 규정함으로써 인권에 대한 법적 보호가 우리 국민뿐 아니라, 세계 시민을 대상으로 한다는 점을 명확히 하고 있다. 특히 21세기로 접어들면서 인권에 대한 사회적 관심은 법률적 보장을 넘어 학생 인권 운동, 노동자 운동, 양심적 병역거부 운동, 장애인 권리 보장 운동, 성소수자 운동 및 성평등 운동, 이주노동자 운동 등 다양한 분야로 확산되고 있다. 인권에 대한 보장은 공동체 속에서 인간의 삶을 풍요롭게 하면서 인간 스스로의 가치를 가질 수 있게 하는 최소한의 조건이다. 따라서 공동체와 국가에서는 인권보장을 위한 다양한 제도를 마련하고 있으며 인권 관련 법률의 지정과 실행은 이러한 행위의 일환이며, 현대 국가의 국민에 대한 의무로 자리 잡았다.

(2) 인권 교육

인간으로서의 기본적 권리는 자연법적 권리로서 누구나 누릴 수 있어야 한다. 그러나 이러한 권리는 배우고 실천하는 과정이 전제되었을 때 의미를 갖는다. 이것이 바로 인권교육이 필요한 이유이다. 대한민국 '국가인권위원회'의 인권교육센터에서는 "인권은 배우는 그 자체가 권리이며, 인권의 무지를 강요하거나 내버려 두는 것 자체가 인권

침해다."라는 점을 강조하고 있다. 특히 "모든 사람은 자신이 향유할 수 있는 인권과 기본적 자유에 관한 정보를 알고 청구하고 인정받을 권리를 갖고 있으며, 인권교육 훈련을 받을 수 있으며 접근할 수 있어야 하고, 국가 및 해당 정부기관은 참여, 통합, 책임 의식 속에서 인권교육훈련의 개발, 실행, 증진, 보장의 일차적 책임을 갖는다."고 명시하고 있다. 또한 인권교육을 통하여 "인권과 기본적 자유에 대한 존중 강화, 인격과 존엄성에 대한 감수성 발전, 모든 사람과 다양한 집단내 이해 · 관용 · 성평등 · 우애의 증진, 자유롭고 민주적 사회에서의 모든 사람의 참여, 평화 구축 및 유지, 지속 가능한 발전과 사회 정의 증진"과 관련한 지식, 기술, 태도의 형성을 학습하여 "보편성에 기반한 인권 친화적 사회문화 실현, 채무 이행자로서의 인권 옹호자로 발전, 권리 보유자를 인권 향유자로 변화"시키는 것을 목표로 하고 있다. '국가인권위원회'의 인권교육에 대한 개념과 교육목표는 우리가 지향해야 할 인권교육의 보편적 모습을 보여준다. 인권교육에 대한 '국가인권위원회'의 정의는 인권교육에 대한 방향을 설정해 준다는 점에서 많은 의미를 갖는다. 다만 인권교육은 삶의 양식 속에서 나타나는 것이기 때문에 지식으로만 인식 되어서는 안 된다. 이러한 점에서 인권교육의 내용은 다음과 같은 실천 과정을 전제로 이루어져야 할 것이다. 첫째, 학습자의 인권이 존중되는 과정을 통해 인권에 대한 지식을 획득하고 인권을 존중하는 태도를 형성하며 인권을 옹호하고 방어할 수 있는 행동 능력을 길러낸다. 둘째, 자신을 존중하는 마음을 기르고 이를 통하여 다른 사람의 권리도 존중할 줄 아는 인간으로 성장하도록 한다. 셋째, 인간의 잠재된 능력을 계발하고 현실에 존재하는 다양한 억압으로부터 스스로를 해방시킬 수 있는 힘을 기르는 것이 중요하다.

'국가인권위원회'의 인권교육센터에서는 인권교육의 내용을 '인권에 관한 교육(Education About Human Rights)', '인권을 위한 교육(Education for Human RIghts)', '인권을 통한 교육(Education Through Human Rights)' 등 세 가지로 분류하고 있다. '인권에 관한 교육'은 인권에 관한 지식을 제공하고 인권의 기준 및 인권에 대한 이해 그리고 인권 보호의 토대가 되는 가치관과 인권 보호 체계 등에 관한 지식과 내용을 기본으로 한다. 즉, 인권에 관한 지식을 체계적으로 전달하고 익히는 과정을 의미한다. 인권에 관한 지식으로는 국제인권조약과 국내법이 보장하고 있는 구체적인 인간의 권리에 대한 내용, 아파르트헤이트 철폐 투쟁과 만델라, 노동 인권운동과 전태일, 일제 강점기의 강제 징용 및 위안부 사례, 그리고 영화나 드라마 속에 등장하는 인권 이야기처럼 인권을 위해 투쟁했던 인물과 주요 사례, 현실에 존재하는 다양한 인권 침해의 유형과 결과, 유엔이나 국내외 인권단체 등 인권보장과 인권 기준의 이행을 위해 노력하고 있는 조직과 인권보장체계 등이 포함될 수 있다. '인권을 위한 교육'은 인권을 위하여 자신의 권리를 실천하고 상대방의 권리를 존중하며 보호할 수 있는 과정이 포함되어야 한다. 이 속에서 일상적 삶을 인권의 기준으로 재구성하고 인권을 옹호하고 방어하는 데 필요한 기술과 기술을 발휘하는 능력을 길러나갈 수 있어야 한다. 자신의 감정과 의견을 솔직하고 주체적으로 자신있게 표현하는 능력, 타인의 감정과 의견을 경청하는 능력, 타인과 협력하여 공동의 과제를 수행할 수 있는 능력, 서로의 차이를 인정하고 수용하는 능력, 긍정적이고 상호존중적인 인간관계를 형성하는 능력, 비판적으로 사고하고 분석하는 능력, 비폭력적·평화적 방법으로 갈등을 해결하는 능력, 민주적 의사결정과정을 통해 주체적으로 판단하고 결정하는 능력, 법률 혹은 인권보장기구를 활용할 수 있는 능력 등이 이에 해당할 것이다. '인권을 통한 교육'은 교육자와 학습자 모두의 권리를 존중할 수 있는 방법에 대한 교육이라고 할 수 있다. 인간의 존엄성과 권리를 존중하고 지지하는 분위기 속에서 인권의 소중한 가치를 경험할 수 있는 교육과정이 되어야 한다. 개인의 의식과 가치, 신념은 사회적 경험과의 상호작용을 통해서 형성되므로 폭력과 억압, 지시와 강제가 지배하는 교육과정을 통해서는 결코 인권의 존엄성과 권리의 소중함을 가르칠 수 없다. 따라서 인권교육의 과정은 자유, 평등, 평화, 관용, 민주주의, 정의, 사회적 연대 등 인권이 옹호하는 가치가 녹아있는, 그리고 인권이 옹호하는 가치를 자연스럽게 체득할 수 있는 과정이 필요하다. 인권교육의 과정은 학습자와 교사 본인의 느낌과 생각, 경험이 자유롭게 표현되고 참여가 보장되는 과정이며 다른 삶의 방식과 문화의 차이가 존중되는 과정이어야 한다. 또한 공정하고 평화롭게 문제를 해결해 가는 과정이어야 하며, 사회적 약자들의 삶을 공감하고 연대할 수 있는 과정이 되어야 한다. 인권에 관한 교육, 인권을 위한 교육 그리고 인권을 통한 교육은 결국 인권에 대한 지식과 함께 이를 구체적으로 실천해 나가는 교육을 말한다. 인권교육은 교육의 과정 그 자체가 인권 실습의 과정이며 인간 해방의 과정이어야 하고, 일방적이고 권위적 교육이 아닌 경험적이고 활동 중심적이며 참여적이고 문제제기식 학습자 중심 교육으로 구성되어야 하기 때문이다. 이를 위하여 교사와 학생 상호 간의 의사 소통과, 수업활동에서의 적극적인 학생 참여, 강요가 아닌 안내자로서의 교사, 모둠 활동을 통한 활발한 상호 토론의 기회 부여, 학습자의 관심과 욕구에 기반한 자기 학습의 기회 보장 등이 제공되어야 할 것이다. 이러한 인권교육은 모든 사람을 대상으로 모든 분야에서 필요로 하지만 사회적 약자 및 보호가 필요한 아동을 대상으로 했을 때 더욱 큰 의미를 가질 수 있다. 2021년 나달숙의 연구에 의하면 아동 인권교육은 구체적으로 다음과 같은 교육적 효과를 얻을 수 있다. 첫째, 아동에 대해 이루어지는 아동 인권교육은 자신이 가진 권리와 특성을 알고 민주주의 및 민주시민 의식을 기르도록 한다. 나아가 타인의 권리 보호를 위한 긍정적 태도를 취할 수 있는 역량을 길러준다. 둘째, 교사들에게 행해지는 아동 인권교육은 학습자 중심의 상호적 교육 진행과 비판적 사고와 갈등 해결 및 공감, 이해를 강화하는 데 유익하다. 또한 보편적 아동의 권리를 기반으로 이념적 차이를 극복하게 해준다. 셋째, 가족에게 행해지는 아동 인권교육은 아동의 권리와 사회적 이슈에 관한 아동에 대한 지식을 공유하게 되고 아동과의 의사소통이 이루어지게 한다. 이 과정에서 정부 부처에 대해 이루어지는 인권교육은 정부가 아동의 인권 관련 의무를 이행하고 교육적 접근 방식을 제공한다는 점에서 인권교육의 질을 향상시키는 역할을 할 수 있게 된다.

인권교육의 필요성에 대하여 '세계인권선언' 제26조에서는 "① 모든 사람은 교육을 받을 권리를 가진다. 교육은 최소한 초등 및 기초 단계에서는 무상이어야 한다. 초등교육은 의무적이어야 한다. 기술 및 직업교육은 일반적으로 접근이 가능하여야 하며, 고등교육은 모든 사람에게 실력에 근거하여 동등하게 접근 가능하여야 한다. ② 교육은 인격의 완전한 발전과 인권과 기본적 자유에 대한 존중의 강화를 목표로 한다. 교육은 모든 국가, 인종 또는 종교 집단 간의 이해, 관용 및 우의를 증진하며, 평화의 유지를 위한 국제연합의 활동을 촉진하여야 한다. ③ 부모는 자녀에게 제공되는 교육의 종류를 선택할 우선권을 가진다."고 명시하고 있다. 이처럼 '세계인권선언'에서도 인권교육의 필요성과 실천 과정을 구체적으로 제시한 이유는 인권교육이 반드시 구체적이며 실천적인 과정을 갖고 있어야 하기 때문이다. 특히 학교에서의 인권교육은 모든 인권교육의 기초가 되어야 한다. 인권교육을 받지 못한 아이들은 성인이 되어서도 반인권적이며 편견과 차별에 근거한 행위에 대하여 인식하지 못하는 경우가 생기고 결과적으로 사회에서 벌어지는 반인권적 행위가 갖고 있는 문제를 전혀 깨닫지 못하는 경우가 많다. 어린 시절부터 학교에서 실천적이며 적극적인 인권

교육이 필요한 이유이기도 하다.

2 아동 및 학생 인권

(1) 아동 및 학생 인권의 의미

1948년 유엔에서 '세계인권선언'이 발표됨으로써 인권은 모든 인류가 지켜야 할 의무로 자리잡게 된다. 이를 기반으로 아동의 권리, 학생의 권리에 대한 구체적 요구가 나타나게 되며 1989년 11월에 채택된 '유엔아동권리협약(UN Convention on the Rights of the Child)'은 학생을 포함한 아동의 권리에 대한 인식을 구체화 시켜주는 근거가 된다. '유엔아동권리협약'은 아동 인권의 개념 및 의미, 실천 과정, 의무 등에 대한 모든 것을 담고 있는데 2024년 3월 기준으로 전 세계 196개국이 비준한 국제 인권협약이다. 여기서는 전문을 통하여 "본 협약의 당사국은, 유엔헌장에서 선언된 원칙에 따라, 인류의 모든 구성원의 타고난 존엄성과 평등하고 양도할 수 없는 권리를 인정하는 것이 세계의 자유, 정의 및 평화의 기초가 됨을 고려하며, 유엔 체제하의 모든 사람의 기본적 인권과 인간의 존엄성 및 가치에 대한 신념을 재확인하고, …· 온전하고 조화로운 인격 발달을 위해 아동은 가정 환경과 행복, 사랑과 이해 속에서 성장해야 함을 인정하고, …· 평화 존엄 관용 자유 평등 연대의 정신 속에서 양육 받아야 함을 고려하며, 아동에 대한 특별한 보호를 확대해야 할 필요성은 1924년 아동 권리에 관한 제네바 선언과 1959년 11월 20일 유엔총회가 채택한 아동권리선언에 명시되어 있으며, 세계인권선언, 시민적·정치적 권리에 관한 국제규약(23조 및 24조), 경제적 사회적 문화적 권리에 관한 국제규약(10조), 그리고 아동복지와 관련된 전문기구와 국제기구의 규정 및 관련 문서에서 인정되었음을 명심하고, …. 아동 보호와 아동의 조화로운 발달을 위해 각 민족의 전통과 문화적 가치의 중요성을 충분히 고려하고, 모든 국가, 특히 개발도상국 아동의 생활여건 향상을 위한 국제협력의 중요성을 인정하며, 다음과 같이 합의하였다."라고 선언하고 있다. 또한 본 협약에서는 18세 미만의 모든 사람을 아동으로 정의하면서(제1조), 아동은 부모의 소유나 미래를 준비하는 존재가 아닌 현재 우리 사회를 구성하고 있는 귀하고, 존엄한 존재이며, 권리의 주체자라는 점을 강조하고 있다. 특히 아동을 폭력과 차별로부터 자유롭게 하며, 그들의 의사결정 참여를 촉진하고, 아동의 이익을 최우선으로 할 것을 명시하고 있다. '유엔아동권리협약' 제13조에서는 "아동은 표현의 자유에 대한 권리를 가진다. 이 권리는 말이나 글, 예술의 형태 또는 아동이 선택하는 다양한 매체를 통해 모든 정보와 사상을 국경에 관계없이 탐색하고 주고받을 수 있는 자유를 포함한다."고 규정하고 있다. 물론 이러한 권리의 행사가 "타인의 권리 또는 명예 존중, 국가안보, 공공 질서, 공중보건, 도덕의 보호"에 해당하는 경우에는 법률로서 제한할 수 있다는 점을 명시하고 있기도 하다. 또한 제14조 '사상 양심 및 종교의 자유', 제15조 '결사 및 집회의 자유', 제16조 '사생활 보호'를 강조하고 있는 등 아동의 권리에 대한 구체적 내용을 강조하고 있다. 그리고 제28조에서는 아동의 교육받을 권리와 무상교육, 고등교육의 개방, 학교에서의 아동의 권리 준수 및 이에 대한 국제적 협력 등에 대하여 강조하고 있으며2) 제29조에서는 아동교육의 목표에 대하

---

2) '유엔아동권리협약' 제28조 "① 당사국은 아동의 교육 받을 권리를 인정하며 기회균등에 근거하여 이 권리를 점진적으로 달성하기 위해 특별히 다음의 조치를 취해야 한다. 1. 초등교육은 모든 사람에게 의무적이고 무상으로 제공되어야 한다. 2. 일반 및 직업교육을 비롯한 여러 형태의 중등교육 발전을 장려하고 모든 아동이 중등교육을 받을 수 있도록 하며 무상교육 도입 및 필요 시 재정적 지원 제공 등 적절한 조치를 취해야 한다. 3. 모든 사람에게 능력에 따라 고등교육 기

여 구체적으로 제시하고 있다.3)

　'유엔아동권리협약'은 2부에서 본 협약 내용에 대한 이행과 모니터링을 강조하고 있다. 특히 당사국은 아동 권리 이행에 대한 보고 의무를 강조하고 있으며(44조) 협약 이행을 위한 국제적 협력을 권고함으로써(45조) 협약이 문서로만 존재하지 않도록 하고 있다. 이상에서처럼 '유엔아동권리협약'은 국제사회가 이 세상 모든 아이들을 위해, 아이들의 인권을 보호, 증진, 실현하기 위해 만든 국제적 약속이며 동시에 우리나라에서도 헌법 제6조에4) 의하여 그 효력이 인정되는 협약이다. 따라서 대한민국 정부에서는 '유엔아동권리협약'의 내용을 충실히 이행하기 위하여 각종 법률을 통하여 이를 구체화하고 있다. '교육기본법' 제12조 1항에는 "학생을 포함한 학습자의 기본적 인권은 학교

회가 개방되도록 모든 적절한 조치를 취해야 한다. 4. 모든 아동이 교육 및 직업에 관한 정보와 지침을 이용하고 접근할 수 있도록 조치를 취해야 한다. 5. 학교 출석률 및 중퇴율 감소를 장려하기 위한 조치를 취해야 한다. ② 당사국은 학교 규율이 아동의 인간으로서의 존엄성을 존중하고 본 협약을 준수하는 방향으로 운영되는 것을 보장하기 위한 모든 적절한 조치를 취해야 한다. ③ 당사국은 특히 전 세계의 무지와 문맹 퇴치에 기여하며, 과학·기술에 대한 지식 및 현대적인 교육방법에 대한 접근성을 높이기 위해 교육 부문의 국제협력을 증진하고 장려해야 한다. 이 문제에 있어서 특별히 개발도상국의 필요를 고려해야 한다."

3) '유엔아동권리협약' 제29조 "① 당사국은 아동 교육이 다음 각 호의 목표를 지향해야 한다는 것에 동의한다. 1. 아동의 인격, 재능, 그리고 정신적 신체적 능력의 잠재력을 최대한 계발 2. 인권과 기본적 자유, 유엔헌장에 규정된 원칙에 대한 존중 의식 계발 3. 아동의 부모와 아동 자신의 문화적 정체성, 언어 및 가치, 현 거주국과 출신국의 국가적 가치 및 서로 다른 문명의 차이에 대한 존중 의식 계발 4. 아동이 인종적 민족적 종교적 집단 및 선주민 등 모든 사람과의 관계에 있어서 이해, 평화, 관용, 성(性)평등 및 우정의 정신에 입각해 자유사회에서 책임있는 삶을 영위하도록 하는 준비 5. 자연환경에 대한 존중 의식 계발 ② 교육기관의 교육은 국가가 설정한 최소기준을 따라야 한다는 요청하에, 본 조 또는 제28조의 어떤 조항도 개인 및 단체의 교육기관 설립과 운영의 자유를 침해하는 것으로 해석되어서는 안 된다."

4) '헌법' 제6조 1항 "헌법에 의하여 체결·공포된 조약과 일반적으로 승인된 국제법규는 국내법과 같은 효력을 가진다."

교육 또는 평생교육의 과정에서 존중되고 보호된다."고 규정하고 있으며 '초중등교육법' 제18조 1항에는 "학교의 설립자·경영자와 학교의 장은 '헌법과' 국제인권조약에 명시된 학생의 인권을 보장하여야 한다."고 규정하고 있다. 또한 '아동복지법' 제5조 3항에서도 "모든 국민은 아동의 권익과 안전을 존중하여야 하며, 아동을 건강하게 양육하여야 한다."고 명시하고 있다. 다만 헌법과 각종 법률을 통하여 아동과 학생의 권리를 강조하고 있음에도 불구하고 현재 우리나라는 유엔 인권 기구로부터 어린이·청소년 인권 실태가 개선되어야 한다고 권고받는 나라로 분류되고 있다. 또한 우리나라의 10대 자살률은 OECD 국가 중 최고를 기록하고 있다. 이것은 아동 및 학생의 권리가 교육이라는 명분으로 지나치게 제한되고 있으며, 살인적 수준의 학업 부담과 경쟁 구도 등이 원인일 것이다. 물론 학생의 권리에 대한 인식도 부족한 것이 현실이다. 아동의 권리에 대한 이해와 보장은 우리 사회의 미래를 약속한다. 따라서 아동과 학생의 인권을 보장하고 확대해 나가는 것은 현재를 살아가는 사람들의 의무이기도 하다.

(2) 아동 및 학생의 권리

아동 및 학생의 권리는 인간으로서의 권리를 기본으로 하지만 그들에게만 특별히 필요한 권리도 존재한다. 아동 및 학생의 인권 중 제일 우선하는 것은 자유권인데, 이것은 소극적 자유권과 적극적 자유권으로 나눌 수 있다. 소극적 자유권은 타인으로부터 침해받지 않을 권리를 말한다. 일반적으로 학교에서 일어날 수 있는 체벌, 학교폭력, 성폭력, 방임, 검열로부터의 자유권 등이 이에 해당한다. 특히 중요한 학생의 권리는 어떠한 경우에라도 폭력으로부터 보호받아야 한다는 점이다. 가정 폭력은 물론이고, 학교 안에서의 체벌5) 및 학교 폭력 등으로부터 학생들이 보호받아야 한다는 것은 인간으로서의 기본적 권리

에 해당한다. 학생들에 가해지는 다양한 폭력 중 근래 가장 크게 부각
되고 있는 것이 바로 학교폭력이다. '학교폭력예방법' 제2조에서는 학
교폭력을 "학교폭력이란 학교 내외에서 학생을 대상으로 발생한 상해,
폭행, 감금, 협박, 약취·유인, 명예훼손·모욕, 공갈, 강요·강제적인
심부름 및 성폭력, 따돌림, 사이버 따돌림, 정보통신망을 이용한 음란
·폭력 정보 등에 의하여 신체·정신 또는 재산상의 피해를 수반하는
행위를 말한다."고 정의하고 있다. 여기서 '따돌림'이란 "학교 내외에
서 2명 이상의 학생들이 특정인이나 특정 집단의 학생들을 대상으로
지속적이거나 반복적으로 신체적 또는 심리적 공격을 가하여 상대방
이 고통을 느끼도록 하는 모든 행위"를 말한다고 규정하고 있다. 학교
폭력은 주로 학생 상호 간에 일어나는 신체적, 정신적 폭력 행위로서
피해 학생 및 가해 학생 모두에 대한 지도가 필요하기 때문에 더욱 중
요한 교육적 조치가 필요하다. '학교폭력예방법' 제1조에서는 "이 법은
학교폭력의 예방과 대책에 필요한 사항을 규정함으로써 피해 학생의
보호, 가해 학생의 선도·교육 및 피해 학생과 가해 학생 간의 분쟁조
정을 통하여 학생의 인권을 보호하고 학생을 건전한 사회 구성원으로
육성함을 목적으로 한다."고 규정하고 있다. 학생 인권이라는 측면에
서 학교폭력에 대한 예방과 처리를 목적으로 하고 있다는 점을 명확
히 하고 있는 것이다. 또한 '학교폭력예방법' 제11조에서는 학교폭력

---

5) 우리나라 학교에서의 체벌은 2010년 혈우병을 앓고 있던 학생을 심하게 체벌하
면서 논란이 되었던 일명 '오장풍 교사 사건'을 계기로 체벌금지에 대해 공론화
가 본격적으로 이루어졌으며 그 결과로 2011년 3월에 '초·중등교육법'이 일부
개정되고 체벌 금지가 부분 시행되다가 2012년 3월부터 완전히 금지된다. 2023
년 6월 27일 신설된 '초·중등교육법 시행령' 제40조 1항에는 "학교의 장과 교원
은 …… 조언, 상담, 주의, 훈육·훈계 등의 방법으로 학생을 지도할 수 있다. 이
경우 도구, 신체 등을 이용하여 학생의 신체에 고통을 가하는 방법을 사용해서
는 안 된다."고 규정하고 있다.

에 대한 예방과 대책에 대한 교육감의 임무와 관계 기관과의 협조 그리고 '학교폭력대책 심의위원회'의 설치·기능 등에 대하여 명시하고 있으며 제19조에서는 학교장의 역할과 의무를 강조하고 있다. 학교폭력은 법적 정의 외에도 학생들 사이에서 장난이라고 하는 사소한 행위 혹은 무관심으로 표현되는 따돌림 등도 학교폭력에 해당함을 분명히 해야 하며 이것은 결국 인간에 대한 존엄성을 바탕에 두고 있다는 점을 명심하도록 해야 할 것이다. 학교폭력과 함께 아동 및 학생들의 자유권을 위해서는 아동들이 여러 가지 학대로부터 보호되어야 하는 것도 필요하다. '아동복지법' 제3조 7항에서는 "아동학대란 보호자를 포함한 성인이 아동의 건강 또는 복지를 해치거나 정상적 발달을 저해할 수 있는 신체적·정신적·성적 폭력이나 가혹행위를 하는 것과 아동의 보호자가 아동을 유기하거나 방임하는 것을 말한다."고 정의하고 있다. 또한 '아동복지법' 제17조에서는 "아동의 정신건강 및 발달에 해를 끼치는 정서적 학대 행위" 및 "자신의 보호·감독을 받는 아동을 유기하거나 의식주를 포함한 기본적 보호·양육·치료 및 교육을 소홀히 하는 방임행위" 등을 금지하고 있다. 이에 따라 '아동학대처벌법' 제10조에서는 아동 학대를 알게 되거나 의심이 되는 경우 신고할 수 있으며 특히 아동 관련 기관의 종사자들은 신고해야 할 것을 의무화하고 있다. 아동 및 학생의 소극적 자유권과 함께 아동 및 학생들이 스스로의 생각과 행동을 능동적으로 행사할 수 있는 적극적 자유권도 있다. 아동 및 학생의 적극적 자유권은 학생 스스로가 선택하고 계획한 모든 것을 자율적으로 판단하고 영위할 수 있는 권리를 말하며, 학습, 의사 표현, 집회 및 결사, 두발 및 복장을 포함한 표현의 자유 등이 이에 해당한다. 이것은 주로 학생들의 자치권과 의사 표현 및 행동의 자유 등을 모두 포함하는데 '초·중등교육법' 제17조에서도 "학생의 자치활동은 권장·보호되며, 그 조직과 운영에 관한 기본적인 사항은 학칙으로 정한다."고 하고 있다. 다만 우리나라의 경우, '인권은 교문 앞에서 멈춘다'라는 말처럼 학교생활 속에서 교육이라는 명분으로 이러한 학생의 자유권을 인정하는 데 부족한 면이 아직은 많이 남아 있다고 평가된다.

아동 및 학생이 갖는 권리 중 평등권과 복지권이 있다. 평등권은 헌법 및 기타 문서에서 보장된 폭넓은 권리를 의미하며, 특히 부모의 사회·경제적 지위로 차별받지 않을 권리, 동등한 공교육을 받을 권리, 동등한 교육 기회를 부여받을 권리, 성적 차별을 받지 않을 권리, 신체적 사유로 인한 차별을 받지 않을 권리, 학업 부진을 이유로 교육 기회를 박탈당하지 않을 권리 등이 있다. 이러한 권리는 기본적으로 헌법적 권리이며 우리나라 아동들이 가져야 하는 인간으로서의 당연한 권리이다. '아동복지법' 제2조에서도 "① 아동은 자신 또는 부모의 성별, 연령, 종교, 사회적 신분, 재산, 장애 유무, 출생지역, 인종 등에 따른 어떠한 종류의 차별도 받지 아니하고 자라나야 한다."고 명시함으로써 아동 및 학생들이 어떠한 조건에 의해서도 차별받지 않아야 한다는 점을 법률로도 규정하고 있다. 아동의 평등권과 함께 아동들의 인간 존엄성 유지와 최소한의 기본적인 생활을 누릴 수 있는 권리로서의 복지권이 있다. 주로 생활보호 대상자, 결식 학생, 소년·소녀 가장, 조손 가정 아동 등이 이에 해당하지만 모든 아동들에게 기본적인 삶의 복지가 주어져야 한다는 것이 복지권의 기본 이념이다. 우리나라에서는 '아동복지법'을 통하여 아동 및 학생들의 기본적 복지권을 강조하고 있다.6) '아동복지법' 제2조에서는 "② 아동은 완전하고 조화로운 인격 발달을 위하여 안정된 가정환경에서 행복하게 자라나야 한다.

---

6) '아동복지법' 제1조에서는 "이 법은 아동이 건강하게 출생하여 행복하고 안전하게 자랄 수 있도록 아동의 복지를 보장하는 것을 목적으로 한다."고 명시하고 있다.

③ 아동에 관한 모든 활동에 있어서 아동의 이익이 최우선적으로 고려되어야 한다. ④ 아동은 아동의 권리보장과 복지 증진을 위하여 이 법에 따른 보호와 지원을 받을 권리를 가진다."고 규정함으로써 아동의 복지권의 정당성을 선포하고 있으며 제4조에서는 "① 국가와 지방자치단체는 아동의 안전·건강 및 복지 증진을 위하여 아동과 그 보호자 및 가정을 지원하기 위한 정책을 수립·시행하여야 한다. ② 국가와 지방자치단체는 보호대상아동 및 지원대상아동의 권익을 증진하기 위한 정책을 수립·시행하여야 한다." 등을 구체적으로 규정함으로써 아동들의 복지를 위한 국가 및 지방자치단체의 책임을 구체화하고 있으며, 제5조에서는 "① 아동의 보호자는 아동을 가정에서 그의 성장시기에 맞추어 건강하고 안전하게 양육하여야 한다."고 정함으로써 보호자의 책임을 강조하고 있다. 또한 '아동복지법' 제22조에서는 국가와 지방자치단체가 아동학대의 예방과 방지를 위해 해야 하는 일들을 자세히 정의하고 있으며 '학교폭력예방법' '아동학대범죄의 처벌 등에 관한 특례법(아동학대처벌법)' 등을 통해 아동학대에 대한 국가 및 지방자치단체의 의무를 강조하고 있다.

아동 및 학생의 자유권, 평등권, 복지권 등은 결국 피보호자, 피교육자로서의 권리를 전제로 한다. 미성년자, 피보호자라는 의미는 보호자 혹은 사회가 보살펴야 할 미성숙한 존재라는 뜻이 전제되어 있으며 성숙한 존재로 성장하기 위한 보살핌과 교육이 필요하다는 의미를 갖는다. 그러나 보살핌과 교육이 필요한 존재라는 의미가 인간으로서의 권리를 가질 수 없는 존재라는 뜻은 아닐 것이다. 오히려 국가의 보살핌과 교육받을 권리를 적극적으로 요구할 수 있는 존재라는 의미가 강하다. 따라서 아동 및 학생의 모든 권리는 교육받을 권리7)를 시

---

7) '교육기본법' 제3조(학습권) "모든 국민은 평생에 걸쳐 학습하고, 능력과 적성에

작으로 한다고 할 수 있다. 교육받을 권리는 헌법적 권리이며 인간으로서의 보편적 권리이기도 하다. 인간이기 때문에 인간으로서의 존재 가치를 인정받아야 하며, 국가와 공동체에 이것을 요구할 수 있는 권리가 있다. 교육받을 권리는 현대사회에서 가장 기본이 되는 기초적 권리이기 때문이다. 다만 아동 및 학생의 권리도 교육적 관점에서 일부 제한될 수 있다는 견해도 있다. 학생에 대하여 학교에서 정하고 있는 여러 가지 제한들은 모두 이러한 관점에서 행해지고 있다. 앞에서 살펴본 학생의 자유권에 대한 제한들은 모두 교육적 관점에서 이루어지는 것들이다. 그러나 학교에서의 학생에 대한 권리 제한이 정말로 교육적인가에 대한 논의는 다양하게 전개되고 있다. 우리나라의 경우에도 일부 교육자치단체에서 행하고 있는 '학생인권조례안' 등은 바로 교육이라는 명분으로 이루어졌던 학생의 권리에 대한 관행적 억압에 대한 조치라고 할 수 있다. 아동 및 학생의 인권과 교육적 행위가 서로 다른 행위는 아니다. 다만 이러한 논의가 제기되고 있는 것이 현재 우리나라 학교의 모습이며, 이는 아동 및 학생 인권에 대한 수준을 의미하기도 한다.

(3) 학생 인권 조례안

아동 및 학생의 권리는 인간으로서의 기본적 권리이다. 따라서 미성숙한 피교육자이기 때문에 교육적 관점에서 일부 권리를 제한하는 것이 교육적으로 정당하다는 시각은 전혀 논리적이지 않다. 특히 우리나라의 경우, '헌법'은 물론이고 '교육기본법'을 통하여 "학생을 포함한 학습자의 기본적 인권은 학교교육 또는 평생교육의 과정에서 존중되고 보호된다."(제12조 1항)라고 강조하면서도 그동안 학교에서는

따라 교육받을 권리를 가진다."

학생들의 인권에 대한 배려가 부족했다. 교문을 통과하는 순간 모든 학생의 인권이 존중받지 못하고 이것은 교육이라는 행위이기 때문에 가능하다는 논리는 더 이상 정당화될 수 없다. 더 나아가 학생인권에 대한 중요성은 교육적 배려를 떠나 법적 보호의 대상으로까지 생각하게 되었다. 특히 학생도 대한민국의 국민이며, 인권의 주체라는 점과 학생의 인권을 보호해야 하는 것은 자연법적 권리로 받아들여야 한다는 생각을 전제로 하면서 '학생인권조례안'이 탄생하게 된다. 2009년 경기도 교육감 선거에 출마한 김상곤 후보는 학생인권조례를 공약으로 제시했다. 그는 선거에 당선되어 교육감이 되자 '학생인권조례제정위원회'를 구성하여 조례안을 만들고, 학생참여기획단의 의견을 검토한 뒤 학생인권조례를 발의했다. 이것이 2010년 9월 16일 경기도의회에서 통과되어 우리나라 현대사에서 최초의 학생인권조례안이 되었다. 또한 2011년 서울특별시에서도 당시 곽노현 서울시 교육감의 주도하에 주민발의가 성공하여 2012년 초 학생인권조례가 제정되었으며, 이를 계기로 진보 성향의 교육감이 있는 자치단체를 중심으로 학생인권조례안이 발의되었다. 그러나 일부 지역에서는 보수성향의 교육감과 시민단체 및 교원단체들의 반발로 인하여 조례 자체가 발의되지 않거나 발의안이 폐기되기도 하는 등 제대로 정착되지 못하고 있다.

학생인권조례안을 가지고 있는 교육청들의 학생인권조례안을 보면 공통적으로 학생인권에 대한 기본적인 원칙을 강조하고 있다. 서울특별시 학생인권조례안을 보면 제1조에서 "이 조례는 '대한민국헌법', '교육기본법', '초·중등교육법' 및 '유엔 아동의 권리에 관한 협약'에 근거하여 학생의 인권을 보장함으로써 모든 학생의 인간으로서의 존엄과 가치를 실현하며 자유롭고 행복한 삶을 이루어나갈 수 있도록 하는 것을 목적으로 한다."고 정의하고 있으며, 제2조 6항에서는 '학생인권'에 대하여 "대한민국헌법 및 법률에서 보장하거나 '유엔 아동의 권리에 관한 협약' 등 대한민국이 가입·비준한 국제인권조약 및 국제 관습법에서 인정하는 권리 중 학생에게 적용될 수 있는 모든 권리를 말한다."고 규정하고 있다. 학생인권조례안이 학생의 권리에 대한 특별한 항목을 규정하고 있는 것이 아니라 기존의 법률과 국제 협약에 근거하여 인간으로서의 존엄과 가치에 대한 보편적 인식을 기반으로 한다는 점을 분명히 하고 있는 것이다. 이러한 점은 경기도 학생인권조례 제3조에서도 잘 나타나고 있다. "① 이 조례에서 규정하는 학생의 인권은 학생이 인간으로서의 존엄성을 유지하고 행복을 추구하기 위하여 반드시 보장되어야 하는 최소한의 권리이며, 학생의 인권은 이 조례에 열거되지 아니한 이유로 경시되어서는 아니 된다. ② 학생의 인권에 대한 제한은 인권의 본질적 내용을 침해하지 않는 최소한의 범위에서 교육의 목적상 필요한 경우에 한정하여 학생이 그 제·개정에 참여한 학칙 등 학교 규정으로서 할 수 있다." 또한 광주광역시 학생인권조례 제9조를 보면 학생인권조례의 원칙에 대하여 "① 이 조례에서 규정하는 학생의 인권은 학생이 인간으로서 존엄을 유지하고 행복을 추구하기 위하여 반드시 보장받아야 하는 최소한의 권리이며 이 조례에 열거되지 아니한 이유로 경시해서는 아니 되고 '헌법'과 '유엔 아동의 권리에 관한 협약'에 의거 최대한 보장하여야 한다. ② 학생은 자신의 권리를 주장하기 위해 타인의 인권을 침해하거나 교직원의 정당한 교육·연구활동을 방해해서는 아니 된다."고 강조하고 있다. 특히 서울특별시 교육청의 학생인권조례안을 보면 차별받지 않을 권리, 폭력으로부터 자유로울 권리, 정규교과 이외의 교육활동의 자유, 두발 및 복장 자유화 등 개성을 실현할 권리, 소지품 검사 금지, 휴대폰 사용 자유 등 사생활의 자유 보장, 양심·종교의 자유 보장, 집회의 자유 및 학생 표현의 자유 보장, 소수 학생의 권리 보장, 학생인권옹호관 및 학생인권교육센터의 설치 등 학생인권 침해 구제 등을 내용으로 하고 있다. 학생인권조례안은 각 지역의 교육청에 따라 세부적인 차이가 있지만 전체적으로는 서울특별시 학생인권조례안의 내용처럼 가장 보편적인 학생 인권 보호를 주요 내용으로 하고 있다.

각 교육청의 학생인권조례안이 보편적 인권 의식을 기본으로 하고 있음에도 불구하고 소위 보수 정치세력에 의한 문제 제기도 다양하게 전개되고 있다. 특히 교권 침해의 원인을 학생인권조례안에서 찾는 경우도 있다. 교사들이 겪는 다양한 교권 침해는 학생들의 권리가 과도하게 보장됨으로써 교권을 침해하고 있다는 것이다. 따라서 교사의 권리를 보호하기 위해서 학생인권조례안을 폐지해야 된다는 주장이다. 그러나 학생 인권이 강화되면 교권이 추락한다는 것은 교육학적으로 아무 근거 없는 주장이며 궤변에 불과하다는 것이 교육학계의 일반적인 견해이다. 또한 일부 수구적 종교 집단과 정치 세력에서는 학생인권조례안이 학교를 난장판으로 만들고, 학생을 좌파 혁명가로 키우기 위한 것이며, '소수자 보호'라는 학생인권조례안의 내용이 학교에서 동성애자를 양성하는 계기가 된다는 주장도 하고 있다. 이러한 논란을 계기로 2024년 서울시 의회에서는 소위 보수정당이 다수를 차지함으로써 서울특별시 학생인권조례안 폐기를 결의하기도 하였다. 학생인권조례안과 관련된 이러한 논란은 학생인권에 대한 교육적 논쟁이라기보다는 저급한 정치 논란으로서 일부 정치, 종교, 사회 권력의 교육에 대한 간섭의 결과이며 이에 따라 교육의 정치적 중립성이라는 헌법적 가치를 훼손하고 있다는 점에서 많은 아쉬움을 준다. 사실 복장 및 두발 자유, 차별 금지와 소수자 보호, 체벌 금지와 학생 시위·표현의 자유 등 학생인권조례안에 담고자 하는 내용들은 이미 대부분의 인권 선진국에서는 상식으로 통하고 있는 것들이다. 아동 및 학생의 인권은 보편적 인권의 관점에서 보아야 하며, 이는 교육적 관점에서 다루어져야 한다. 따라서 아동이고 학생이기 때문에 인권이 유보되어서는 안 되며, 교육이라는 명분으로 이들의 권리를 제한해서도 안된다. 어찌 보면 학생인권을 위하여 조례안이라는 법적 규제를 만들고자 하는 것 자체가 부끄러워해야 할 일이라는 점을 잊지 말아야 할 것이다.

CHAPTER
08

교원 단체

1 교원 단체의 필요성

교육은 시대를 넘어 다음 시대를 대비하는 과업이다. 교사는 이러한 교육의 선봉에서 미래를 지향해 가는 지식인이다. 따라서 교사에게는 많은 책임감이 따른다. 특히 정치, 종교, 사회적 권력의 교육에 대한 간섭과 억압으로부터 교육의 독립성을 지키는 것은 교사가 지녀야 할 가장 중요한 의무이다. 안타깝게도 교육 혹은 교사에 대한 정치, 종교, 사회적 제권력의 간섭과 압력은 시대를 넘어 항상 존재해 왔다. 따라서 좋은 교사가 되기 위해서는 단지 교사로서의 품성과 교과에 대한 지식만 있어서는 불가능하다. 교육의 독립성과 교사의 권리를 지키기 위한 의식적인 노력도 있어야 한다. 이러한 노력의 하나가 바로 교원단체 활동이다.

교사들 스스로가 교육의 독립성과 교사의 권리를 능동적으로 지켜나가기 위해 단체를 결성하기 시작한 것은 근세로 접어들면서이다. 스위스의 교육학자이며 교육실천가인 페스탈로치는 1808년 세계 최초로 '스위스교육협회(Die Schweizerische Gesellschaft der Erziehung)'를 창립하여, 교육의 인간화와 교사의 권익을 지키고자 하였다. 페스탈로치는 이를 통하여 교사 자신의 권리보장은 물론이고 전문직으로서의 교직 윤리를 스스로 정하여 실천에 옮기고자 하였다. 교사가 스스로의 권리를 지켜나가는 것은 단지 교사의 직업적 이익을 위해서가 아니라 민족과 공동체의 미래를 위한 것이었다. 그러나 현대적 의미에서의 교원단체는 19세기 후반부터 본격화된다.

19세기 이후 탄생한 대표적인 교원단체는 미국에서 시작된다. 1857년 'NEA(National Education Association, 전국교육연합)'와 1916년 'AFT(American Federation of Teachers, 미국교사연맹)'가 설립되어 미국의 교원단체를 대표하는 양대 산맥이 된다. 이들은 전문직주의(Professionalism)와 노동조합주의(Unionism)라는 각각의 특색을 지니고 있기는 했지만, 당시에 미국 교육학의 선구적 역할을 하고 있던 듀이(J. Dewey)의 영향을 받았다고 전해진다. 이들은 각각 세계적 교원단체 결성의 모태가 된다. 1923년 전문직주의가 강조되었던 NEA의 주도로 세계적 교원단체 연합인 WEFA(세계교육연합회)가 결성되고, 1952년 WCOTP(세계교직자단체총연합)로 발전적 변화를 거치면서 본격적인 세계적 교원단체로서의 역할을 한다. WCOTP는 "교사가 사회적 기능의 중요성에 상응하는 만큼의 영향력을 행사할 수 있도록 각국 교직 단체의 교사를 하나의 강력한 조직으로 결집시킨다."를 목적으로 하고 있다. 여기서는 교직의 전문직주의를 강조함으로써 교사의 직능적 능력 향상을 목적으로 하는 연구와 교원 간의 국제 친목 활동을 주로 강조하였다. 따라서 단체의 규약도 "세계 교사의 직능적 지위를 개선하고 지적·도덕적·사회적·시민적 이익과 권리를 옹호한다. …… 정확한 교육 정보를 교환하고 교육을 통한 국제협력으로 세계평화를 촉진시킨다."고 하면서 교직의 전문직주의에 입각하여 교사의 권리를 강조하였다. 한편 1949년 미국의 교원단체인 AFT와 일본교직원노동조합(日教組)이 중심이 되어, 국제자유노련의 산별 조직으로 창설된 IFFTU(국제자유교원조합연합)는 노동조합주의를 강조하였던 교원단체이다. IFFTU는 "가맹조합의 원조·강화, 교사의 물질적·정신적 조건의 개선, 세계의 모든 아동들에게 차별 없는 교육의 제공 및 교육의 발전과 자유의 옹호, 모든 노동조합과의 긴밀한 제휴 아래 아동의 권리 보호, 노동자의 문화적 권리 수호, 자유와 정의의 교육 강조" 등을 단체의 목표로 정함으로써 노동조합 운동의 원칙에 입각하여 노동자로서의 교사들이 단결할 것을 강조하였다. 90년대 초반까지 WCOTP와 IFFTU로 분리되어 있던 세계의 교원단체는 1993년 EI(Education International, 통합세계교원단체)로 통합된다. 양대 교원단체의 통합은 교직의 윤리성 및 전문성과 함께 노동조합주의에 입각하여, 교원단체의 단체교섭권과 단체행동권도 동시에 확보해야 한다는 입장에서 이루어지게 된다. 따라서 EI는 교직단체의 전문직주의와 노동조합주의가 발전적으로 통합되어 나타난 단체라고 할 수 있다. 우리나라의 경우 한국교원단체총연합회(교총)와 전국교직원노동조합(전교조) 모두가 창립 멤버로 EI에 가입되어 있다. EI는 국제노동기구(ILO), 유엔 경제사회이사회, 유엔 교육과학 문화기구 등의 UN 및 NGO 자문 기관의 위치로 시작되었지만, 173개국에서 402개 이상의 단체가 가입함으로써 대표적인 세계적 교원단체로 자리잡게 된다. 교사들이 교원단체를 필요로 하는 이유는 당연히 교권의 확립을 위해서라고 할 수 있다. 보수적 성격의 교원단체로 알려져 있는 우리 나라의 교총에서도 교육에 종사하는 교원들이 자신들에게 주어진 사회적 역할을 수행하는 데 있어서 첫째, 그들이 일정한 기간의 훈련을 통하여 획득한 전문적 지식과 능력의 소유자로서 권위를 인정받고, 둘째, 부과된 책임과 임무를 이행하는 데 있어서 부당한 간섭과 침해로부터 자신과 자신의 업무를 보호하며, 셋째, 전문직에서의 안정된 생활과 최대한의 능률을 기하기 위해 신분상의 보장을 받을 수 있는 조건을 주장할 수 있는 권리 등이 교권이라고 강조하고 있다. 이와 함께 교육의 정치적 중립성 및 교원의 신분보장과 교육 자유권의 중요성이 강조되면서 교원단체의 필요성은 더욱 강하게 제기되고 있다.

　　교육의 독립성과 정치적 중립성은 교사의 권리 보장을 전제로 한다. 따라서 근대 이후 대부분의 민주국가에서는 이를 법률로 정하고 있다. 우리나라에서도 '헌법' 및 각종 법률을 통하여 교사의 정치적 중립성을 보장하고 있다. '헌법' 제7조 2항의 "공무원의 신분과 정치적 중립성은 법률이 정하는 바에 의하여 보장된다."를 근거로 '교육기본법' 제6조 1항에서는 "교육은 교육 본래의 목적에 따라 그 기능을 다하도록 운영되어야 하며, 정치적·파당적 또는 개인적 편견을 전파하기 위한 방편으로 이용되어서는 아니 된다."를 통하여 교육의 정치적, 이념적, 종교적 중립성을 강조하고 있다. 교사의 정치적 중립성 보장이 법률로 보호되는 이유는 교사의 교육활동에 대한 독립성을 보장하기 위해서이다. 독립적이고 자유롭게 교육할 수 있는 권리는 교사가 가지고 있는 가장 중요한 권리의 하나이다. 그러나 교사의 권리가 보장되지 않으면 정치, 경제, 종교 등의 사회적 권력들은 교사의 교육활동에 간섭함으로써 자신들 만의 이익을 극대화하고자 할 수 있다. 이에 대하여 일반적으로 민주국가에서는 법률을 통하여 교사의 정치적 중립성을 규정함으로써 당파적 행위로부터 교사의 교육 자유권을 보호하고자 한다. 그러나 교사의 정치적 중립성은 이와는 전혀 반대의 시각에서 이용되기도 한다. 교사의 정치적 중립성을 폭 넓게 적용함으로써 교사의 정치적 행위 자체를 금지시키는 경우가 바로 그것이다. 1949년 처음 제정된 '국가공무원법' 제37조에서는 "공무원은 정치운동에 참여하지 못하며 공무 이외의 일을 위한 집단적 행동을 하여서는 아니 된다."라고 규정하고 있다. 또한 제65조에서는 1항에서 "공무원은 정당 기타 정치단체의 결성에 관여하거나 이에 가입할 수 없다." 2항에서 "공무원은 선거에 있어서 특정정당 또는 특정인의 지지나 반대를 위하여 다음의 행위를 하여서는 아니 된다."라고 규정하는 등 공무원 신분을 가지고 있는 교사의 자유로운 정치적 행위를 금지시키고 있다. 특히 '교육기본법' 제14조 4항에서는 "교원은 특정한 정당이나 정파를 지지하거나 반대하기 위하여 학생을 지도하거나 선동하여서는 아니 된다."고 규정함으로써 교사들이 교육 행위 속에서 학생들에게 정치적 당파성을 강요할 수 있기 때문에 정치적 기본권을 제한할 수 있다라는 점을 은연중에 강조하고 있다. 이것은 마치 의사가 열심히 환자를 치료하지 않을 수도 있으니, 의료 행위에 대한 정부의 관리가 있어야 한다는 것처럼 전문직의 직업 윤리에 대한 믿음을 국가가 법률로 부정하는 것과 같다. 이는 결국 교육의 정치적 중립성에 대한 과도한 해석으로 인하여 전문직으로서의 교직 활동에 대한 간섭과 교사의 정치적 독립성 제한이라는 결과를 보이게 되었음을 의미한다.

일반적으로 노동자의 신분보장은 직업 안정성이라는 점에 초점이 맞추어져 있다. 직업의 안정성은 모든 노동자에게 가장 필요한 요소이기 때문이다. 그러나 교사에 대한 신분보장은 직업 안정성을 위한 것으로만 해석되어서는 안 된다. 교육의 독립성과 이를 행하는 교사에 대한 정치, 종교, 사회적 압박으로부터 자유로워야 한다는 의미가 담겨 있기 때문이다. 부당한 권력이 자신의 이익을 위하여 교사의 신분보장을 매개로 교사의 교육활동을 제어하고자 한다면 교육의 독립성은 지켜지기 어렵다. 따라서 현대의 모든 민주국가에서는 교사의 신분을 법적으로 보장하고 있다. 우리나라의 경우에도 '교원의 지위 향상 및 교육활동 보호를 위한 특별법'을 통하여 법적으로 교사의 신분을 보장하고 있다.1) 그러나 각종 교권 침해 사례를 통해서 볼 수 있듯이 교사의 신분과 권리에 대한 침해가 다양하게 일어나고 있다. 마치 교사의 정치적 중립성이 오히려 교사의 정치적 권리에 대한 제한의 역할을 하듯이, 교사의 신분에 대한 법적 보장이 이루어지고 있는 듯하지만 실제로는 교사의 신분보장을 위한 적절한 역할을 하지 못하고 있는 것이 현실이다. 전문직으로서의 교직이 지녀야 할 교육의 독립성 그리고 이를 위하여 지켜져야 할 교원의 신분은 자연스럽게 보장되는 것은 아니며, 개인의 힘으로 헤쳐나가기도 쉽지 않다. 교원단체는 이러한 문제를 해결하기 위한 교사들의 집단적 의사 표현이라고 할 수 있다.

모든 노동자들은 자신의 권리를 지키기 위하여 단체를 결성하고 단체행동을 할 수 있는 법적 권리를 가지고 있다. 따라서 교사들이 교원단체를 결성하여 자신의 권리를 보장받기 위하여 행동하는 것은 노동자로서의 당연한 권리이다. 우리나라에서의 교원단체 설립은 '헌법'과 '교육기본법' 등을 근거로 한다. 헌법 제21조 1항에서는 "모든 국민은 언론·출판의 자유와 집회·결사의 자유를 가진다."를 명시하고 있으며 제33조 1항과 2항에서는 "① 근로자는 근로조건의 향상을 위하여 자주적인 단결권·단체교섭권 및 단체행동권을 가진다. ② 공무원인 근로자는 법률이 정하는 자에 한하여 단결권·단체교섭권 및 단체행동권을 가진다." 또한 '교원의 노동조합 설립 및 운영 등에 관한 법

---

1) 제6조 1항에는 "교원은 형(刑)의 선고, 징계처분 또는 법률로 정하는 사유에 의하지 아니하고는 그 의사에 반하여 휴직·강임(降任) 또는 면직을 당하지 아니한다." 2항에서는 "교원은 해당 학교의 운영과 관련하여 발생한 부패행위나 이에 준하는 행위 및 비리 사실 등을 관계 행정기관 또는 수사기관 등에 신고하거나 고발하는 행위로 인하여 정당한 사유 없이 징계조치 등 어떠한 신분상의 불이익이나 근무조건상의 차별을 받지 아니한다."고 정하고 있으며 3항에서는 "교원이 …… 아동학대범죄로 신고된 경우 임용권자는 정당한 사유 없이 직위해제 처분을 하여서는 아니 된다."고 규정하고 있다. 또한 제4조에서는 "교원은 현행범인인 경우 외에는 소속 학교장의 동의 없이 학원 안에서 체포되지 아니한다."라고 정함으로써 교원의 불체포특권을 강조하고 있다.

률(교원노조법)' 제4조에서는 "① 교원은 특별시·광역시·특별자치시·도·특별자치도 단위 또는 전국 단위로만 노동조합을 설립할 수 있다. ② 교원은 개별학교 단위, 시·도 단위 또는 전국 단위로 노동조합을 설립할 수 있다."고 규정하고 있다. 다만 교사들의 교원단체 설립에 대한 법적 제한도 있다. '헌법' 제33조 3항에는 "법률이 정하는 주요방위산업체에 종사하는 근로자의 단체행동권은 법률이 정하는 바에 의하여 이를 제한하거나 인정하지 아니할 수 있다."고 되어 있으며 이를 근거로 '교원노조법' 제3조에서는 "교원의 노동조합은 어떠한 정치활동도 하여서는 아니 된다."고 규정하고 있으며 제8조에서는 "노동조합과 그 조합원은 파업, 태업 또는 그 밖에 업무의 정상적인 운영을 방해하는 어떠한 쟁의행위(爭議行爲)도 하여서는 아니 된다."고 정함으로써 교사 단체의 단체행동과 쟁의행위를 금지하고 있다. 노동조합은 단체결성권, 단체교섭권 그리고 단체행동권을 가지고 있을 때 비로소 본연의 역할을 할 수 있다. 그러나 우리나라에서는 분단 상황 속에서의 안보, 그리고 공무원의 정치적 중립성에 대한 과도한 해석 등을 근거로 교원 및 공무원의 노동조합 활동 중 가장 중요한 단체행동권을 부분적으로 금지하고 있다. 따라서 교원노동조합은 단체행동권이 빠진 형태로 운영됨으로써 노동조합으로서의 역할을 제대로 행사하고 있지 못하다. 물론 이를 보완하기 위하여 '교원의 지위 향상 및 교육활동 보호를 위한 특별법(교원지위법)'2) 등을 통하여 교원의 지위를 보장하기

---

2) 제1조(목적) "이 법은 교원에 대한 예우와 처우를 개선하고 신분보장과 교육활동에 대한 보호를 강화함으로써 교원의 지위를 향상시키고 교육 발전을 도모하는 것을 목적으로 한다." 제2조(교원에 대한 예우) "① 국가, 지방자치단체, 그 밖의 공공단체는 교원이 사회적으로 존경받고 높은 긍지와 사명감을 가지고 교육활동을 할 수 있는 여건을 조성하도록 노력하여야 한다. ② 국가, 지방자치단체, 그 밖의 공공단체는 교원이 학생에 대한 교육과 지도를 할 때 그 권위를 존중받을 수 있도록 특별히 배려하여야 한다. ③ 국가, 지방자치단체, 그 밖의 공

위한 법적 조치를 취하고는 있지만 본 법의 제11조 2항을 보면 "시·도 교육감이나 교육부장관은 제1항에 따른 교섭·협의에 성실히 응하여야 하며, 합의된 사항을 시행하기 위하여 노력하여야 한다."고 규정하고 있다. 정부의 교섭 당사자가 노동조합과의 교섭을 성실하게 하도록 노력해야 한다고만 규정한 것은 법적 절차나 강제력이 없는 허울에 지나지 않는다. 더욱이 '교원 지위 향상을 위한 교섭·협의에 관한 규정' 제3조에서는 교섭·협의 사항의 범위를 "① 봉급 및 수당체계의 개선에 관한 사항 ② 근무시간·휴게·휴무 및 휴가 등에 관한 사항 ③ 여교원의 보호에 관한 사항 ④ 안전·보건에 관한 사항 ⑤ 교권 신장에 관한 사항 ⑥ 복지·후생에 관한 사항 ⑦ 연구활동 육성 및 지원에 관한 사항 ⑧ 전문성 신장과 연수 등에 관한 사항 ⑨ 기타 근무조건에 관한 사항" 등으로 정함으로써 교사들의 교육자유권 및 교육의 독립성 등에 대해서는 협의 대상에서 제외시켜 오히려 교사들의 활동을 제한하고 탄압하는 역할을 하고 있다. 교사들의 노동조합 활동에 대한 대한민국 정부의 이러한 모습에 대하여 국제노동기구(ILO)에서는 시정이 필요하다고 계속적으로 권고하고 있다. 교사들의 노동조합 활동은 교사들의 정당한 권리의 표현이다. 우리나라에서는 정치·이념 등의 문제로 인하여 아직은 제대로 된 교원노조활동이 제한되고 있다. 현재 우리나라에서 활동 중인 교원 단체는 '한국교원단체총연합회', '전국교직원노동조합', '교사노동조합연맹' 등과 '실천교육교사모임', '새로운학교네트워크', '좋은교사운동' 등이 있다. 이러한 단체들은 서로 목표와 정치적 지향점에서 약간의 차이가 있기는 하지만 교육의 독립성과 전문직으로서의 교사가 가져야 할 권리 확보를 위하여 활동한다는 공통점을 가지고 있다. 앞으로 이들이 추구해 나가야 할 공동

공단체는 그가 주관하는 행사 등에서 교원을 우대하여야 한다."

의 목표는 교원노동조합으로서의 정당한 활동일 것이다.

2 우리나라의 대표적 교원단체

(1) 한국교원단체총연합(교총)

1947년 '조선교육연합회'로 시작된 '한국교원단체총연합회(교총)'는 가장 대표적인 교원단체라고 할 수 있다. 1948년 교육전문지 '새교육' 창간과 초·중고 방학책 발간, 1949년 현장 학습 보조 지침서인 '새교육' 창간을 거쳐, 1952년에는 세계교직단체총연합(WCOTP)에 창립 회원으로 가입함으로써 한국을 대표하는 전문직 교원단체로 자리 잡게 된다. 그러나 이승만 정권과 군사 독재 정권을 거치면서 어용단체로서의 오명을 갖기도 한다. 특히 1969년 학교를 통한 국민교육헌장 구현 강조, 1973년 '10월 유신 정신'을 강조한 30회 대의원회 결의문 그리고 '금강산댐 건설 등 격화되는 대남 도발에 부응하는 교육'을 강조한 1986년 제48회 대의원회 결의문 등을 통하여 대표적인 어용교원단체라는 평가를 받게 된다. 그러나 1989년 '전국교직원노동조합(전교조)'의 탄생과 6월 항쟁 등을 계기로 '한국교원단체총연합회'로 명칭을 변경하면서 노동조합주의를 강조하는 '국제자유교원연맹(IFFTU)'에도 가입하고 정관을 개정하여 평교사가 대의원회의 59% 이상을 점하도록 하는 등 정권에 충성하는 어용단체에서 전문 교원단체로의 변화를 추구하게 되며 1991년 '교원의 지위 향상을 위한 특별법' 제정이라는 성과를 얻기도 한다. 이후 1993년에는 현재의 '세계교원단체(EI)' 창립 단체로 가입함으로써 교원단체의 전문직주의와 노동조합주의에 대한 조화를 추구하게 된다. 현재 '교총'은 교직의 전문성 신장과 교사의 교육권 보장 그리고 교직의 전문적 문화창조의 필요성을 위하여 자율적 교원단체가 필요하다는 입장을 가지고 있다. 회원 가입은 유·초·중·고·대학의 교사나 교수, 관리자까지 모두 가능하며, 17개 시도별 단체와 초·중등교사회, 초·중등 교감 및 교장회, 대학교수회 등의 직능단체 등으로 구성되어 있으며 현재는 민법상 사단법인 등록되어 있다. '교총'은 "회원 상호 간의 강력한 단결을 통하여 교원의 권익을 신장하고 사회적·경제적 지위 향상과 교직의 전문성 확립을 기함으로써 교육의 진흥과 문화의 창달에 기여함"을 목적으로 하며, 회원상호 간의 협동·단결에 관한 일, 회원의 처우 및 복지 증진과 근무조건 개선에 관한 일, 교권의 옹호·확대에 관한 일, 교직의 전문성 확립과 교육의 민주적 발전에 관한 일, 국제 간 교육·문화 교류에 관한일, 청소년 복지 및 문화 증진에 관한 일, 교육 도서 간행에 관한 일,다른 단체와의 제휴에 관한 일 등을 기본 목적 사업으로 정하고 있다.따라서 '교총'은 전문직으로서의 교사상을 강조하고 있는데, 이는2005년 선포한 '교총'의 '교직윤리헌장'을 통하여 짐작할 수 있다.

한국교원단체총연합회 교육윤리헌장

우리는 교육이 인간의 가치와 존엄성을 높이며 개인의 성장과 자아실현은 물론 국가와 민족의 미래에 중대한 영향을 준다는 사실을 명심하고 국민으로부터 부여받은 교육자의 책무를 다하기 위해 최선을 다한다. 우리는 균형 있는 지덕체 교육을 통하여 미래사회를 열어갈 창조정신과 세계를 향한 진취적 기상을 길러줌으로써 학생을 학부모의 자랑스런 자녀요 더불어 사는 민주 사회의 주인으로 성장하게 한다. 우리는 교육자의 품성과 언행이 학생의 인격형성을 좌우할 뿐만 아니라 사회 전반의 윤리적

지표가 된다는 사실을 깊이 인식하고 윤리성과 전문성을 높이기 위해 노력한다. 이에 우리 모두의 의지를 모아 교직의 윤리를 밝히고 사랑과 정직과 성실에 바탕을 둔 교육자의 길을 걷는다.

우리의 다짐

1. 나는 학생을 사랑하고 학생의 인권과 인격을 존중하며 합리적인 절차와 방법에 따라 지도한다.
1. 나는 학생의 개성과 가치관을 존중하며 나의 사상 종교 신념을 강요하지 않는다.
1. 나는 학생을 학업성적, 성별, 가정환경의 차이에 따라 차별하지 않으며, 부적응아와 약자를 세심하게 배려한다.
1. 나는 수업이 교사의 최우선 본분임을 명심하고 질 높은 수업을 위해 부단히 연구하고 노력한다.
1. 나는 학생의 성적평가를 투명하고 엄정하게 처리하며 각종 기록물을 정확하게 작성·관리한다.
1. 나는 교육전문가로서 확고한 교육관과 교직에 대한 긍지를 갖고, 자기개발을 위해 노력한다.
1. 나는 교직 수행과정에서 습득한 학생과 동료 그리고 직무에 관한 정보를 악용하지 않는다.
1. 나는 학생이나 학부모로부터 사적이익을 취하지 않으며 사교육기관이나 외부업체와 부당하게 타협하지 않는다.
1. 나는 잘못된 제도와 관행을 개선하는 데 앞장서며 교육적 가치를 우선하는 건전한 교직문화 형성에 적극 참여한다.
1. 나는 학부모와 지역사회를 교육의 동반자로 삼아 바람직한 교육공동체 형성을 위해 함께 노력한다.

이를 바탕으로 2014년 4월 26일 제100회 임시대의원회에서는 교원의 권리 보호와 국제적 역할을 강조한 '한국교총 헌장'을 채택했다.

한국교총 헌장

교육은 개인의 자아를 실현하며 국가의 발전을 선도하는 기초다. 교육은 바른 인성을 갖춘 창의적 인재를 키워 세계 시민으로 성장시킴으로써 인류 공영에 이바지하는 노력이다. 우리는 전문직 교원단체로서 한국교육이 나아갈 바를 제시하고 부단한 연구와 질 높은 교육을 통해 학생의 행복한 삶이 실현될 수 있도록 교원의 책무를 다한다. 우리는 교원의 지위향상과 교권보호를 통해 교원이 보람과 긍지를 느끼며 우리 사회의 진정한 스승으로서 존경받을 수 있도록 적극 노력한다. 이에 모든 교원의 뜻을 모아 우리의 나아갈 바를 다음과 같이 밝힌다.

1. 우리는 학생들이 올바른 인성과 창의적 지성을 함께 갖춘 전인적 인격체로 성장할 수 있도록 모든 노력을 경주한다.
1. 우리는 정기적이며 지속적인 연수와 연찬을 통해 학생과 국민이 신뢰할 수 있는 질 높은 교육을 제공한다.
1. 우리는 단 한명도 성별 종교 장애 연령 민족 인종 등을 이유로 차별받지 않도록 모든 학생의 교육 받을 권리를 보장한다.
1. 우리는 교직이 교육 및 연구전문직임을 확인하고 그에 적합한 윤리의식과 연구역량을 함양한다.
1. 우리는 선도적인 교육리더십으로 국가 교육정책 결정과정에 능동적으로 참여하고 교육변화와 개선에 앞장선다.
1. 우리는 교육의 자주성을 확립하여 교원의 권위가 존중되고 신뢰받는 교육문화를 선도한다.

1. 우리는 단결하여 교원의 사회적 경제적 법적 지위를 향상하고 정당한 교권 수호를 위해 노력한다.
1. 우리는 학부모 지역사회 교육 유관기관 단체와의 소통과 이해를 기반으로 교육협력 공동체 형성에 노력한다.
1. 우리는 교육의 국제교류 협력과 교육한류 전파를 통해 국가의 위상을 높이고 국제이해 증진과 인류평화 실현에 기여한다.

'교총'은 설립 목적과 주요 활동, '교직윤리헌장', '한국교총 헌장' 등을 통해서 알 수 있듯이 전문직주의를 추구하는 교원단체이며 일반적으로 보수 성향의 직능단체로 평가받고 있다. 특히 2007년 최초의 교사 출신 회장(이원희, 2007~2010)이 탄생하기 전까지 60여 년 동안 상대적으로 적은 수의 회원 구성임에도 불구하고 대학의 교수 출신들이 교총 회장을 역임했다는 점과 주로 교장, 교감, 장학사, 대학 교수 등의 임원 비율이 높다는 점 그리고 사학법 개정에도 반대한 전력 및 2015년 전교조 출신 교장임용 반대, 2018년 교장 공모제 전면 확대 저지, 2021년 중대재해 처벌법 처벌 대상에서 학교장 제외를 강조하는 등 교육정책 및 교권의 측면에서 볼 때 학교 관리자 및 정부의 입장에서 교육정책을 바라보는 입장을 견지함으로써 교원단체의 전문직주의를 강조하면서도 한편으로는 정부 및 교육계의 기득권층을 대변하는 보수적 교원단체로 평가받고 있다.

(2) 전국교직원 노동조합(전교조)

1989년 5월 28일 창립한 '전국교직원노동조합'은 유·초·중·고등학교 교원을 대상으로 하는 전국 단위의 교원 노동조합이다. '전교조'는 1980년대 초 시작된 'YMCA 중등교육자협의회', 'YMCA 사우회', 'YMCA 초등교육자협의회' 등의 교사 모임을 모태로 하여 시작된다. 이들 모임에 참여했던 교사들은 1985년에 모임의 성과와 다양한 교육실천 사례들을 모아 부정기 간행물인 '교육현장'과 '민중교육'을 출판하게 된다. 그리고 이 중 '민중교육'에 집필진으로 참여했던 교사 일부와 출판사 주간 등이 '좌경용공' 행위에 따른 '국가보안법' 위반으로 구속되며, 관련 교사들이 해직당한다. 이것이 바로 '민중교육지 사건'이며 이를 계기로 교육민주화에 대한 다양한 활동들이 전개되기 시작하여 1989년 전국 단위의 교직원 노동조합을 창립하게 된다. 그러나 정부의 탄압으로 '전교조' 결성과 관련하여 1,527명의 교사들이 파면, 해임되는 등 어려움을 겪기도 하지만 1999년 교원노조법이 통과되면서 전교조는 합법적인 노동조합으로 자리잡는다. '전교조'는 2013년 10월 박근혜 정부에 의하여 노동조합으로서의 법적 지위를 박탈당하면서 법외노조가 되지만, 2020년 9월 법외노조 취소 판결을 받음으로써 합법적 노동조합으로서의 지위를 다시 찾게 된다.

'전교조'는 노동조합주의를 강조하면서 시작된 자율적 교직원 단체를 지향하며 교육의 민주화와 참교육 실현을 강조한다. '전교조'의 목적은 다음과 같은 강령을 통하여 잘 나타나고 있다.

전국교직원 노동조합 강령

① 우리는 교육의 자주성, 전문성 확립과 교육민주화 실현을 위해 굳게 단결한다.
② 우리는 교직원의 사회, 경제적 지위 향상과 민주적 권리의 획득 및 교육여건의 개선에 모든 노력을 기울인다.

---

③ 우리는 학생들이 민주시민으로서의 자주적 삶을 누릴 수 있도록 민족ㆍ민주ㆍ인간화교육에 앞장선다.
④ 우리는 자유, 평화, 민주주의를 사랑하는 국내 여러 단체 및 세계 교원단체와 연대한다.

'전교조'가 강조하는 주요사업은 입시경쟁교육 해소, 대학서열 해체 등을 통한 평등교육 실현과 기후위기 대응과 교육의 생태적 대전환, 삶을 위한 교육과정 구현, 학교 민주주의 확산, 학교업무 정상화를 통한 참교육 실현이다. 그리고 조합원 확대, 정치기본권 쟁취, 노동기본권 쟁취, 교권보장, 교육적폐 청산 등을 통하여 모든 교원을 대표하는 노동조합으로 자리 잡고자 한다. '전교조'는 모든 교육 문제가 교육만의 문제로 해결할 수 없다는 시각에서 자주 통일 운동, 노동 존중 연대활동, 기후정의 실현, 성평등 사회로의 전환 등을 통하여 세상을 바꾸고자 한다. 이러한 교육운동의 다양성은 '참교육'으로 대표되는데, "교육 운동의 궁극적 목표는 참교육을 실현하는 것이며, 이를 위하여 비민주적, 반민족적, 비인간적 교육내용을 타파하고, 민족ㆍ민주ㆍ인간화 교육을 높이 세우며, 참교육에 반하는 부당한 외부 지배와 간섭을 벗어나 교사와 교육의 자주성을 확보"해 나갈 것을 강조하고 있다. 참교육의 의미는 민족의 통일과 교육 및 사회의 민주화 그리고 인간을 중요시하는 '전교조'의 참교육 실천 강령을 통해 잘 나타나고 있다.

참교육은 교육의 문제를 인간과 사회 그리고 민족의 시각에서 보아야 한다는 것을 전제로 하고 있다. 현재의 교육 문제를 해결하기 위해서는 우리 사회가 풀어야 할 다양한 부조리를 함께 해결해야 한다는 의미이다. 따라서 참교육의 논리는 사회문제이며 정치문제이고 환경문제이기도 하다. 이러한 참교육의 이념에 대하여 강승규는 "물질보다 사람을 존중하는 교육, 진실을 가르치고 배우는 교육, 교사와 학생이 사람으로서 존중되는 교육, 어린이를 살리는 교육, 교사들의 양심에 입각한 교육, 교사와 학생의 창의적이며 자치적인 교육권이 보장되는 교육, 학생의 잠재력이 조화롭게 계발될 수 있는 교육, 학생의 진정한 인간화와 나라의 참된 해방을 위한 교육, 이 땅의 아픔을 모두가 함께하는 민주적 민족교육"으로 해석하기도 하였다. '전교조'는 강령과 참교육의 내용에서 보이는 바와 같이 교육에 대한 부당한 지배와 정치·사회의 부조리 해소, 그리고 민족 문제에 대한 적극적 개입 등으로 인하여 그동안 많은 탄압을 받아 왔다. 1989년 당시 문교부에서 일선 교육청으로 내려보낸 '전교조 교사 식별법'3)이라는 공문의 내용은 '전교조'에 대한 압력과 편견이 얼마나 심했던가를 짐작하게 해주며 그 결과로 '전교조' 활동에 대한 왜곡된 인식은 아직도 계속되고 있다. 하지만 교육의 민주화와 인간화를 통하여 교육 현장의 많은 변화를 이끌어 온 '전교조'의 활동에 대한 평가는 결코 소홀히 할 수 없다.

(3) 교사노동조합 연맹(교사노조)

'교사노동조합 연맹'은 2014년 '전교조' 재편과 2015년 '교육노동운동재편 추진모임'이 계기가 되어, 2016년 12월 누구나 쉽게 가입할 수 있는 생활 밀착형 교원노조를 다시 활성화하자는 취지로 '분권형 노조' 형태의 '서울교사노조'를 창립하면서 시작된다. 2017년에는 '전국중등교사노동조합'이 창립되며, '서울교사노조'와 연합하여 2017년

---

3) 1. 촌지를 받지 않는 교사 2. 학급문집이나 학급신문을 내는 교사 3. 형편이 어려운 학생들과 상담을 많이 하는 교사 4. 신문반, 민속반 등의 특활반을 이끄는 교사 5. 지나치게 열심히 가르치려는 교사 6. 반 학생들에게 자율성, 창의성을 높이려 하는 교사 7. 탈춤, 민요·노래, 연극을 가르치는 교사 8. 생활한복을 입고 풍물패를 조직하는 교사 9. 직원회의에서 원리 원칙을 따지며 발언하는 교사 10. 아이들에게 인기 많은 교사 11. 자기 자리 청소 잘하는 교사 12. 학부모 상담을 자주하는 교사 13. 사고친 학생 정학이나 퇴학 등 징계를 반대하는 교사 14. 한겨레 신문이나 경향신문을 보는 교사.

'교사노동조합연맹'이 조직되고, 시도 단위의 교사노조와 전국 단위의 급별, 교과별 교사노조가 창립되면서, 2024년을 기준으로 25개 교사노조가 가맹한 전국적인 조직으로 성장하게 된다. 설립 과정에서 볼 수 있듯이 '교사노조연맹'은 단일한 중앙집행부를 중심으로 운영되는 여타 교원노조들과는 다르게, 독자적이며 자율적인 교사노조들의 분권형 연합체라는 특징을 가지고 있다. 이를 통하여 조합원들의 의사가 민주적으로 반영되는 현장 중심, 교육 활동 중심의 새로운 교사노동조합 운동을 지향하며, 학교 교육 개혁과 교권 확립으로 교사와 학생, 학부모가 모두 행복한 학교를 만들기 위한 다양한 활동을 추진하고 있다. '교사노조연맹'의 설립 목적과 사업 계획은 2017년 12월에 있었던 창립 선언에 잘 나타나고 있다. 창립 선언에서 '교사노조연맹'은 "교육은 사회의 미래를 만드는 일이다. 미래 세대를 바르게 키우는 일은 한 개인의 발전과 행복을 이루는 것은 물론이고, 그 사회의 정치 경제 사회 문화 등 모든 부분의 수준을 높이는 일이기도 하다. 그 나라의 과거를 알려면 박물관을, 현재를 알려면 시장을, 미래를 알려면 학교에 가보라는 말은 바로 교육의 중요성을 강조하는 말이다. 그러나 우리 교육은 우리 사회의 방향 상실로 인해 배움의 기쁨을 얻기 어려운 어둡고 먼 길을 걸어왔다."라고 우리의 교육 현실을 분석하고 있다. 특히 "학력 간, 직업 간 차별로 학벌 사회가 성행하고, 모든 학생들은 무한 경쟁에 내몰렸다. 사교육의 폐해와 학교 교육의 황폐화, 학생들의 좌절과 인간성 상실은 여기에 근원을 두고 있다."라고 하면서 우리 교육 현실의 어두운 면에 대한 구체적 분석을 제시하고 있다. 그리고 이러한 문제의 해결을 위하여 "교사노동조합은 교육을 바로 세우기 위한 가장 최소한의 노력이다. 교사들이 먼저 올바로 서고, 교사들이 행복해야 아이들을 살려낼 수 있기 때문이다. 우리는 자유와 민주를 염원하며 전국 초등 교사들이 앞장섰던 4·19 교원노조의 정신을

이어받고, 전 세계 교원노조가 가고 있는 교육산업별 노조를 지향하고
자 한다. ···· 교사노조연맹은 민주적인 풀뿌리 노조들의 연합체로서,
성격과 조건이 다른 지역노조, 급별 노조, 설립자별 노조, 교과별 노조
등 다양한 노조를 아우를 것이다."고 하면서 한편으로는 '교사노조연
맹'의 연합체 및 노동조합주의적 성격을 규정하고 있다. 마지막으로
"우리는 모든 분야의 교사들의 사회 경제적 지위 향상은 물론, 교육제
도를 개혁하고, 교육 내용을 바꾸고, 교육 환경과 조건을 바꾸는 일에
앞장설 것이다. 또, 이를 위해 노력하는 모든 학생, 학부모, 노조, 단체
와 연대할 것이다."라고 하면서 "우리는 모든 교사들의 이해와 요구를
받아 안고, 평등하고 자유로운 사회를 위한 교육을 이룰 때까지 전진
할 것이다. 모든 사람이 학교에 와서 미래의 희망을 발견할 수 있을
때까지 우리는 분투할 것이다."라고 천명하고 있다.

특히 '교사노조연맹'은 강령을 통하여 "헌법이 보장하는 국민의
교육권과 교사의 노동기본권에 따라" 교사노동조합의 연합체로서 "교
사의 전문성과 사회적 신뢰를 키우고, 교육정책과 근무 여건을 개선하
고, 교육비 고통·입시 전쟁·취업 절망이 없는 교육환경"을 이루고자
한다고 밝히고 있다. 이를 통하여 "교사는 전문성과 열정을 다하여 제
자들의 '삶'을 열어주는 보람을 느끼면서 일할 수 있는, 모두가 성공하
는 교육 사회를 이루어 내고, 우리 민족의 상생과 번영·인류의 평등
과 공영, 세계 평화와 환경을 가장 소중한 가치로 교육"할 것을 다짐
하고 있다. 특히 "교원의 노동기본권과 노동조합 활동의 자유를 확대
하고, 교육 노동자들과 함께 교육 산별노조를 지향"한다고 함으로써
노동조합주의에 입각한 교원단체임을 강조하고 있는데 영역별 강령을
보면 다음과 같다.

'교사노조연맹' 강령

1. 우리는 교원, 학생, 학부모와 소통하여 다 함께 성공하는 교육을 이루어나간다.
   - 우리는 학생들이 스스로 배우고 싶은 것을 배우고, 하고 싶은 것을 하면서, 사랑으로 대접받고 차별 받지 않는 학교에 다닐 수 있도록 힘쓴다.
   - 우리는 학부모들이 교사와 교육에 대한 믿음을 갖고 자녀를 안심하고 학교에 보낼 수 있도록 힘쓴다.
   - 우리는 교사가 학생들의 '삶'을 열어주는 보람을 느끼며 자긍심과 열정을 가지고 학교에서 일할 수 있도록 힘쓴다.
2. 우리는 학생에게 학습과정이 연속성 있게 제공되고, 학습과정과 이어지는 연계진학, 연계취업이 이루어지도록 교육체계를 고쳐 나간다.
   - 우리는 학생에게 그들의 능력, 변화, 기대에 맞춘 학습과정이 연속성 있게 제공되고 학생이 학습과정을 선택할 수 있도록 교육과정 개편에 힘쓴다.
   - 우리는 학생이 수료한 학습이력에 따라 상급 교육과정으로 연계진학을 할 수 있도록 진학제도를 개혁하여 무한경쟁 입시제도를 철폐하는 데 힘쓴다.
   - 우리는 학생, 학부모가 교육비 고통, 입시 전쟁, 취업 불안에서 벗어나도록 '3무교육복지'를 실현하는 데 힘쓴다.
3. 우리는 교사들이 신뢰하고, 조합원이 주인 되는 친절한 노동조합이 되도록 힘쓴다.
   - 우리는 조합원의 의사결정 참여를 최대한 권장하여 조합 내 참여민주주의를 실천한다.

- 우리는 교사들의, 교육자로서 전문성과 민주시민으로서 사회적 역할을 키우고, 근무여건과 소득이 좋아지도록 힘쓴다.
- 우리는 교사의 다양한 노조 설립과 가입을 촉진하고, 교사노조의 단결과 연대에 힘쓴다.
4. 우리는 학생이 삶의 주인이 되도록 돕고 상생과 번영, 평등과 평화, 환경과 생명의 소중함을 귀히 여기는 교육에 힘쓴다.
5. 우리는 우리와 뜻을 같이하는 국내외 모든 개인, 단체와 연대하고, 교육에 종사하는 모든 이들과 단결한다.

'교사노조연맹'은 창립선언과 강령에서 볼 수 있듯이 단일한 중앙집행부를 중심으로 운영되는 다른 교원노조들과는 달리, 독자적이며 자율적인 교사노조들의 수평적, 분권형 연합체를 지향하고 있다. 또한 법적 노동조합으로 등록되어 있기 때문에 전임자 파견이 가능하지만, 전교조와 마찬가지로 관리자는 가입할 수 없게 되어 있다. 또한 '교총'에 비하여 교육 문제에 대한 인식이 확고하기는 하지만, '전교조'와는 달리 교육 현장 내부에서 교육 문제를 해결하고자 하는 경향이 강하다는 특징을 지니고 있다. 특히 2023년 '서이초등학교 교사 사망 사건'과 같이 교권 침해 사례에 대한 적극적 행동을 보이면서 교원단체로서의 적극적 존재감을 보이고 있기는 하지만, 보수적 노동조합 연합체로 평가되는 '한국노총' 산하의 조합으로 가입함으로써 온건하며 보수적이면서 한편으로는 진보적 정치색을 보인다는 양면적 평가를 받고 있다. 그럼에도 불구하고 '교총', '전교조'와 함께 새로운 성향을 가진 교원단체의 탄생이라는 점에서 교권과 교육권 그리고 우리나라 교육 현실의 개선에 적지 않은 역할을 할 것으로 기대된다.

덧붙이는 글: UNESCO, ILO의 '교사의 지위에 관한 권고문' 해설

1 '교사의 지위에 관한 권고문' 채택의 배경

인류의 미래를 생각해 볼 때, 교사의 지위와 권리는 어느 나라에서나 반드시 보장되어야 할 것이다. 그러나 일부 국가에서는 정치, 경제, 종교, 이데올로기 등에 의하여 교사의 지위와 권리가 위협받기도 한다. 부정한 국가 권력의 경우, 지식인으로서의 교사에 대한 탄압은 권력을 유지하기 위한 필수 조건이다. 이에 대하여 UNESCO와 ILO에서는 교사들의 지위와 권리를 지키기 위한 국제적 협약을 만들게 된다. 이것이 바로 UNESCO와 ILO의 '교사의 지위에 관한 권고문(Recommendation concerning the Status of Teachers)'이다. 1966년 10월 5일 파리 정부 간 특별회의에서 채택된 UNESCO와 ILO의 '권고문'은 전문직으로서의 교사의 지위에 대한 국제 기준을 제시하는 협약이다. '권고문'은 국가 간의 협약이기 때문에 강제력을 가진 국제법 조약은 아니다. 그러나 UNESCO와 ILO의 모든 회원국에 대한 권고안이기 때문에 회원국에서는 이를 지켜야 할 의무를 가지며, 한편으로는 교사의 지위를 위협하는 다양한 형태의 억압에 대한 국제적 경고의 의미를 갖기도 한다. 총 146조로 이루어져 있는 '권고문'은 '교육목표와 정책' 등 '교육 일반에 대한 권고 및 교사의 권리와 책임' 외에 '교직을 위한 준비' '교사의 계속교육' '승진' '신분보장' '시간제 근무' '효과적인 교수·학습 조건' '각종 형태의 근무 조건' '교사의 봉급' '사회 보장' '교사 수급' 등 교사의 교육 활동과 관련된 거의 모든 분야를 다루고 있다. 물론 모든 내용은 전문직으로서의 교사의 지위에 초점을 맞추고 있다.

'권고문' 제1조에서는 '교사'를 학교 내에서 학생의 교육에 책임을 지고 있는 모든 사람[1]이라고 규정하고 있으며, 교사의 지위를 "교원에 대한 사회적 대우 또는 존경, 그리고 다른 직업 집단과 비교하여 본 교원의 근무 조건 및 물질적 급여 등 두 가지 의미를 모두 포함한다."고 정의하고 있다. 따라서 교사의 지위란 교직이 가지고 있는 사회적 신분과 함께 교사라는 직업에 대한 사회·경제·정치적 시각 및 그것이 지니고 있어야 할 당위적 역할 및 책임, 그리고 이에 따른 경제적 대우 등을 포함한다고 할 수 있다. 이를 바탕으로 '권고문'은 전문직으로서 교사가 지녀야 할 지위와 권리를 상세히 다루고 있다. '권고문'에서 전문직으로서의 교사의 지위를 국제간 협약으로 강조하고 있다는 것은 아직도 많은 국가에서 교사의 지위가 적절하지 못함을 역설적으로 보여주고 있다. 우리나라는 UNESCO와 ILO의 회원국으로서 '권고문'을 지켜야 할 의무를 지니고 있다. '권고문'이 우리나라 교사의 지위에 대한 절대적인 기준이 될 수는 없지만, '권고문'은 지나친 국정 상황 논리에 의한 국내법의 해석에서 한 걸음 더 나아가 교육에

---

[1] 'teacher' covers all those persons in schools who are responsible for the education of pupils.

대한 인류 공동체의 지향점을 제시한다는 점에서 의미 있는 국제적 제안이라고 평가되고 있다. 따라서 '권고문'에서 제시하고 있는 원론적 입장에서의 교사의 지위와 권리에 대한 해석은 전문직으로서의 교직에 대한 시각을 정립하는 데 매우 유용한 근거가 될 수 있다. 특히 여러 측면에서 교사의 권리가 제한되고 있는 우리나라의 경우 '권고문'에서 제시되고 있는 교사의 교육자유권, 신분보장과 단체활동권, 사회·경제적 지위에 대한 권고는 매우 유용한 의미를 갖는다.

2 전문직으로서의 교육자유권

(1) 교육자유권에 대한 국제 권고와 국내 현황

교육은 인간다운 삶을 영위하기 위한 사회적 작용의 하나이다. 따라서 '세계인권선언(Universal Declaration of Human Rights)' 제26조 1항에는 "모든 사람은 교육을 받을 권리를 가진다(Everyone has the right to education)."고 명시하고 있다. '권고문'에서는 이를 바탕으로 "모든 교육은 그 최초의 학년부터 인권 및 기본적 자유에 대한 깊은 존경심을 불어넣어 주는 동시에, 인격의 전면적인 발달을 도모하고, 공동사회의 정신적, 도덕적, 사회적, 경제적 발전을 지향하여야 한다. 그리고 이와 같은 가치관의 테두리 안에서 교육이 평화에 공헌하며, 모든 국가와 민족 또는 종교집단 간의 이해와 관용 및 우의증진에 기여하여야 한다는 점이 가장 중요시되어야 한다."('권고문' 제3조)는 점을 교육의 목적으로 분명히 하고 있다. 이것은 교육이라는 행위가 단순히 생활에 유용한 지식을 전수하는 기술적 과정이 아니라, 인간과 세계에 대한 이해와 통찰, 그리고 공동체의 안녕을 지향해 가야 한다는 점을 강조하고 있는 것이라 할 수 있으며, 이를 위하여 모든 교사는 전문직으로서의 지위와 역할을 지녀야 한다는 의미로 해석될 수 있다.

전문직의 가장 일반적 특징은 업무의 독자적 결정과 이에 대한 사회적 동의 그리고 그러한 업무에 따른 책임감이라고 할 수 있다. 교육활동 속에서 교사가 지니는 전문성도 이에 준하여 해석될 수 있기 때문에 교직은 당연히 전문직으로 분류 된다.2) '권고문'은 이러한 전문직으로서의 교직을 전제로 하고 있다. '권고문'의 제6조에서는 교육은 엄격하고도 계속적인 연구를 통하여 습득 유지되는 전문적 지식과 전문화된 기술을 필요로 하는 공공적 업무의 하나이기 때문에 "교육은 전문직으로 간주되어야 한다."고 명시함으로써 교원의 업무와 역할이 전문적 영역이라는 점을 분명히 한다. 우리나라에서도 '교육기본법' 제14조 1항을 통하여 "학교교육에서 교원(敎員)의 전문성은 존중되며, 교원의 경제적·사회적 지위는 우대되고 그 신분은 보장" 되어야 한다는 점을 강조하고 있다. 특히 교육활동을 우선으로 하는 교직의 특성을 고려해 볼 때, 전문직으로서의 교직에서 가장 중요한 것은 자유로우며 포괄적인 교육권이라 할 수 있다.

포괄적 권리로서의 교육자유권 혹은 교육권은 교사의 자유로운 교육활동과 이에 대한 책임감으로 해석될 수 있다. 정치·경제·사회

---

2) 전문직의 특성을 무엇으로 보는가에 대해서는 학자들 간에 약간의 차이는 있지만, 과학적인 이론에 근거한 지식, 봉사지향성, 특정 기능, 사회에 대한 책임감, 전문직으로서의 교육과 훈련, 면허, 수입, 비전문가의 평가와 통제로부터의 자유, 일반인보다 강화된 규범 등을 일반적으로 강조하고 있다. 이러한 특성을 기반으로 전문직은 자신의 역할에 대한 자율적 결정과 그에 따른 책임을 갖게 된다. 교직도 이에 준하기 때문에 전문직으로 분류될 수 있다.

적 영향력으로부터의 독립을 전제로 한 교육권과 수업활동에서의 교육자유권이 바로 그것이다. 전자의 경우 흔히 교육의 자주성 혹은 교육의 독립성이라고 표현되며, 후자는 직접적인 수업활동에 관련된 모든 분야로서 교재 및 수업내용의 선정, 수업 방법 및 평가 등에 관련된 교육 활동에서의 자유를 뜻한다. 교사의 교육권에 대한 이러한 두 가지 영역은 사실 하나로 통합되어 있다. 교육이라는 행위가 정치·경제·사회적 상황과 밀접한 관련을 가지고 있기 때문에 외부의 권력들은 교육에 대한 자신들의 영향력을 강화하기 위하여 교육의 자주성과 독립성을 제한하려고 하며, 이러한 경우 수업활동에서의 독립성도 보장될 수 없기 때문이다. 따라서 교사의 교육권은 수업할 권리, 교육과정의 편성권, 교재의 선택권, 교육방법의 결정권, 교육평가권, 학생의 지도 및 징계권 등을 내용으로 하면서 동시에 자유로운 교육활동에 대한 포괄적 교육권을 근거로 하고 있다.

이러한 이유로 현대 민주주의 국가에서는 대부분 교육에 대한 외부의 간섭을 배제하기 위한 법적 장치를 마련하고 있다. 우리나라의 경우에서도 '헌법' 제31조 4항에 규정된 교육의 자주성과 '초·중등교육법' 제20조에 명시된 교원의 임무에 관한 항목은 교육의 독립성 확보를 위한 대표적인 법적 장치라고 할 수 있다. 마찬가지로 '권고문'에서도 교육의 독립성을 확보하기 위한 조항을 제시하고 있다. '권고문' 제61조에서는 "교원은 교육에서의 특별한 자격(particularly qualified to judge the teaching)을 가지고 있으므로 ···· 교재의 선정과 개선, 교과서의 선택, 교육방법의 적용 등에 중요한 역할을 담당하여야 한다."고 강조하고 있다. 또한 제62조에서는 "교원과 교원단체는 새로운 교육과정, 교과서 및 학습 보조 자료를 개발하는 데 참여하여야 한다."는 점을 제안함으로써 교사의 교육 자유권을 권고하고 있다. 이와 함께 '권고문' 제65조에서는 "교원은 학생의 진보를 평가하는 데 유용하다고 생각되는 평가기술을 자유로이 이용할 수 있어야 한다."고 함으로써 교육활동에 대한 교사의 학생 평가권을 강조하기도 한다. '권고문'에서 보여주는 이러한 내용들은 학교에서의 교육활동 전반에 관한 자유로운 활동뿐 아니라, 학교 교육을 위한 교육과정의 수립 및 교과서 편찬 등에 관한 업무에서의 교사의 전문적 역할에 대한 제안이며, 이는 교육의 독립성 확보를 위한 최소 장치라고 평가할 수 있다. 교육과정의 구성, 교과서의 채택, 다양한 수업자료의 작성과 구체적 교육방법 등의 선택은 교육의 전문성 원칙에 따라 수업의 자유가 보장되어야 가능한 일이기 때문이다. 그러므로 '권고문'에서 강조하는 교사의 교육자유권은 사회적 제권력으로부터 자유로울 수 있는 교육의 독립성과 학교 수업 활동에 대한 자유로운 선택권을 모두 포함하고 있다고 해석할 수 있으며 교사의 교육권에 대한 폭넓은 제안이라고 평가될 수 있다.

'권고문'에서는 교사의 자유로운 교육권을 실천하기 위한 전제로서 교원들이 자신의 전문성을 강화·유지하기 위한 방안도 제시하고 있다. '권고문' 제10조 5항에서는 "교육은 하나의 계속적인 과정이므로, 교육활동의 각종 부문은 모든 학생에 대한 교육의 질을 향상하고 교원의 지위를 높일 수 있도록 조정되어야 한다."고 강조하고 있으며, 10항에서는 "교원양성과 현직 교육분야에 있어서 국제적인 수준의 협동연구 및 연구결과의 교류를 포함한 체계적이고도 계속적인 연구와 활동은 필요불가결한 것"이라는 점을 명시하고 있다. 이는 교직의 전문성을 계속 유지하기 위한 구체적 방안의 제시라고 평가할 수 있다. 이와 함께 '권고문' 제85조에서는 "교원은 소중한 전문가이기 때문에 그의 직무는 시간과 정력의 낭비가 없도록 조직되고 지원되어야 한다."고 함으로써 교육 활동에 대한 행정적 지원의 필요성을 강조하고 있다. 교사가 교육자유권을 행사하기 위해서는 스스로의 전문성 유지와 발달을 위한 노력이 필수적이지만 행·재정적 지원도 중요하다는 점을 '권고문'에서는 제안하고 있는 것이다. 이를 통하여 전문직으로서의 교직은 비로소 교육자유권을 확보할 수 있게 된다는 의미이기도 하다. '권고문'에서의 교육자유권에 대한 규정은 결국 전문직으로서의 교사의 권리에 대한 선언이라고 해석할 수 있다.

(2) 교육자유권과 교사의 지위

교사의 지위와 교육자유권에 대한 우리나라에서의 연구는 교육학적 시각에서보다는 법률적 관점에서 진행된 경우가 많다. 법률적 판단은 사회적 합의를 전제로 한다는 점에서 매우 중요하다. 그러나 교직의 전문성을 고려해 볼 때, 교사의 지위에 대한 이해는 교육이라는 관점에서부터 시작되어야 할 것이다. '권고문'은 이러한 시각에서 교사의 지위가 교육자유권으로 대표되는 교사의 권리와 무관하지 않음을 강조한다. 일반적으로 교사의 권리는 적극적 권리와 소극적 권리로 나누기도 한다. 교사의 적극적 권리는 교원이 전문적 교육활동에 전념할 수 있는 여건 조성에 관련된 권리로서 교육에 관한 자율성의 신장, 생활보장, 근무조건 개선, 복지·후생제도의 확충 등의 영역이며, 소극적 권리는 신분보장과 교권침해 사항 방지 등 법규적 측면에서의 권리로서 신분보장을 위한 쟁송 제기권, 불체포 특권, 교직단체 활동권 등을 포함한다. 따라서 교사의 교육자유권은 교권의 측면에서 폭넓게 해석되어야 하며, 이는 전문 직업인으로서 가져야 할 당연한 권리이며 동시에 피교육자의 교육 받을 권리를 위한 교사의 당위적 의무이기도 하다. 교사는 이를 바탕으로 자유로운 교육을 실행할 권리를 갖게 되는 것이며 동시에 학습자의 교육권을 완성시키는 임무를 갖게 된다. 그러므로 교육권으로 대표되는 교사의 교권이 전문성에 의거하여 얼마나 자유롭게 보장되는가는 교사의 지위와 직접 연관된다.

우리나라의 경우, 교사의 권리와 지위는 헌법 및 각종 법률을 통해 규정하고 있다. '헌법' 제31조는 교육의 기회균등, 무상·의무교육, 교육의 자주성, 전문성, 정치적 중립성 등에 대하여 규정하고 있다. 특히 6항에서는 "교육제도와 그 운영, 교육재정 및 교원의 지위에 관한 기본적 사항은 법률로 정한다."고 함으로써 교사의 지위에 관한 법률주의를 강조하고 있다. 그러나 법률주의에 의거하여 교사의 지위를 포함한 교육제도를 국회의 통제 아래 두는 것이 문제일 수도 있다는 견해도 있다. 교육의 자주성과 정치적 중립성은 교육에 대한 행정 권력의 부당한 지배·간섭과 양립할 수 없을 뿐만 아니라, 입법부 내의 대표들에 의한 다수결 원리와도 긴장관계에 있을 수 있기 때문이다. 특히 교육자유권에 대한 법적 제한은 국가적 상황에 근거하고 있으므로 논란의 중심이 되기도 한다. 우리나라에서도 이러한 논란은 다양한 시각에서 전개되기도 한다. 첫째, 교사의 교육권에 대한 법적 제한의 정당성에 관한 문제 제기이다. 이는 교사의 교육자유권이 권한에 해당하므로 헌법이나 법률에 의하여 제한될 수 없다는 관점이다. 둘째, 교사의 교육자유권은 교사 개개인이 갖는 기본적 인권이라기보다는 학부모의 위임에 의해 학생을 교육하는 권리로 해석될 수 있기 때문에 교사의 자유교육권이 학부모와의 관계 속에서 일정한 제한을 받는 것은 당연하다는 관점이다. 즉, 교육자유권으로 대표되는 교권에 대하여 국가가 간섭할 수 있는가 혹은 교육 주체 중의 하나인 학부모가 관여할 수 있는가에 대한 법적 해석의 차이이다. 그러나 교사의 교육자유권에 대한 법률적 해석은 다음과 같은 점에서 한계를 보여주기도 한다. 첫째, 교직의 전문성에 대한 간과이다. 모든 전문직은 자신의 영역에서 자유로운 활동을 보장받는다. 의사가 맹장 수술을 할 때, 환자 혹은 정부로부터 맹장을 제거할 것인지 아닌지, 아니면 몇 센티 정도로 절개해서 제거할지 말지에 대하여 간섭받지 않는다. 설령 실수가 있어 의료사고가 발생할 위험이 있다고 하더라도 의사는 자신의 판단에 따라 자신의 방식으로 수술하여 환자를 치료하게 되며, 결과에 대해서는 책임을 진다. 모든 전문직은 이처럼 자신의 영역에서는 철저하게 전문가로서의 판단과 실행에 대한 믿음을 갖고 있으며, 이는 단지 법률적 근거를 넘어서 사회적 합의를 전제로 한다. 전문직으로서의 교직도 이에 준해야 할 것이다. 교사의 교육자유권은 의사의 자율적 치료권, 판사의 자율적 판결권과도 같은 것이라는 의미이다. 따라서 교사의 교육자유권에 대한 법률적 해석은 전문직으로서의 교직에 대한 지나친 월권이라고 판단할 수도 있다. 이에 대하여 '권고문'에서도 법률주의를 넘어 사회적 동의로서의 교육자유권을 제안하고 있다. 둘째, 교육의 특수성에 관한 인식의 부족이다. 교육을 '백년지대계(百年之大計)'라고 하는 이유는 바로 교육을 단지 현재의 사회적 기준 혹은 현재의 법적 범주에서 다루어서는 안 된다는 의미이기도 하다. 교육은 본래적으로 현재가 아닌 미래를 지향하기 때문에 현재의 법적, 사회·정치적 범위를 뛰어넘어 인간에 대한 당위적 접근을 해야 한다. '권고문'에서 제기하고 있는 교사의 지위와 권리에 관한 제안이 서로 역사와 문화가 다르고 현재의 사회·정치적 상황이 다름에도 불구하고 UNESCO와 ILO 회원국 모두에게 적용되어야 한다는 것은 바로 교육은 국가와 민족, 사회적 현상을 넘어 인류 공통의 지향점을 향해 가는 것이라는 의미로 해석되어야 한다. 교사의 교육자유권에 대한 법률적 제한은 이러한 교육의 특수성 및 철학에 대한 이해의 부족에서 비롯된 것이라 판단할 수 있다.

이상과 같은 이유로 교사의 교육자유권에 대한 법적, 정치적, 사회적 제한 요구는 교육의 정치적 중립성과 독립성에 심각한 문제를 일으킴으로써 교사의 지위를 약화시키는 원인이 되기도 한다. 우리나라에서도 이러한 문제는 현재까지 끊임없이 제기되고 있다. 현재 논란이 되고 있는 중·고등학교의 교과용 도서 채택 문제는 대표적 사례이다. 현재 우리나라의 교사들은 '교과용 도서에 관한 규정'에 따라 교육 과정의 결정·편성·교과서 작성 및 교재 선택 등에 대하여 법률적으로 제약받고 있다. 이에 대하여 '교과서 국정·검·인정제도의 위헌 여부 신청 사건(헌법재판소 1992.11.12 판결, 89헌마88)'에서 헌법재판소는 교과서 제도에 대한 국가 재량권을 인정하고 이에 따라 교과용 도서의 국정제도가 학문의 자유나 언론, 출판의 자유를 침해하지 않음은 물론이고 교육의 자주성, 전문성, 정치적 중립성과도 양립되지 않는다는 이유로 심판청구를 기각했다. 이것은 교과용 도서에 관한 현재의 검·인정제도가 헌법에 위배되지 않는다는 의미이며, 더 나아가 국가는 필요에 따라 국정교과서 제도를 채택할 수도 있다는 의미로 해석된다. 그러나 '권고문' 제61조, 제62조에서는 교사가 자주적인 교재의 선택, 제작 등에 권한을 가져야 한다는 점을 명시하고 있다. 이는 우리나라 헌법재판소의 판결과 배치되는 부분이다. 우리나라의 유치원, 초·중고등학교 교사는 모두 국가가 공인한 교사 자격증을 부여받아야만 한다. 이에 반하여 우리나라의 대학 교원은 공인된 국가의 자격증을 가지고 있지 않다. 원칙적으로 학사 이상의 학력 소지자라면 누구나 대학의 교원이 될 수 있다. 그러나 대학의 교원은 공인된 자격증을 가지고 있지 않음에도 불구하고 교재 제작 및 선택권을 가지고 있다. 국가가 공인한 자격증을 가진 교사들에게는 교재 제작 및 선택권에 제한을 두면서, 자격증이 없는 대학의 교원에게는 교재의 제작 및 선택권을 준다는 것은 이해할 수 없는 일이다. 이는 전문직으로서의 교사의 권리에 대한 과도한 법적 제한이라고 해석될 수 있다. 이와 같이 교육과 인간에 대한 통찰을 전제로 하지 않고 단지 교육권에 대한 법률적 해석을 강조함으로써 여타의 전문직과 비교해 볼 때, 교직은 전문직으로서의 권리를 제대로 갖지 못하게 되었으며 결과적으로 상대적 지위 하락을 갖게 된 것으로 평가된다. 교사의 교육자유권에 대한 보장과 이를 통한 교사의 지위향상은 전문직으로서의 교직을 영위하는 데 필수적 요소이다. '권고문'에서 이를 강조한 것은 바로 이러한 이유 때문일 것이다. 따라서 우리나라에서의 교사의 역할과 권한에 대한 법률적 조치는 아쉬움으로 남는다.

3 전문성 강화를 위한 신분 보장과 교원단체

(1) 신분상의 권리 및 교원단체에 대한 국제 권고와 국내 현황

현대 국가에서 교사의 신분상 지위와 권리는 주로 법률적 권리에 근거한다. 특히 우리나라의 경우, 모든 교사는 국가직 교육공무원으로서의 권리와 의무를 갖게 되며, 사립학교 교사의 경우에도 이에 준하도록 되어 있다. '교육공무원법' 제2조에서는 '교육공무원'을 교육기관에 근무하는 교원 및 조교, 교육행정기관에 근무하는 장학관 및 장학사, 교육기관, 교육행정기관 또는 교육연구기관에 근무하는 교육연구관 및 교육연구사 등으로 규정하고 있다. 따라서 우리나라에서의 모든 교사는 공무원에 준한 법적 지위와 책임을 갖게 된다. 이는 교사에 대한 신분보장이 공무원의 신분보장에 준한다는 의미이기도 하다. 신분보장이라는 측면에서 가장 안정적인 직업을 공무원이라고 할 때, 교직에 대한 신분도 그에 준한다는 것은 교직의 안정성과 지위에 긍정적인 의미를 갖는 것이라 평가할 수 있다. '권고문'에서도 교사의 자유로운 활동을 보장하기 위하여 교원의 신분보장을 강조하고 있다. '권고문' 제45조에서는 "교직에 있어 취업의 안정성과 신분보장은 교원을 위해서는 물론, 교육을 위하여도 필요불가결하며, 비록 교육제도 자체가 변화하거나 또는 그 내부에 변화가 일어나더라도 보호되어야 한다."고 함으로써 교직에 대한 직업 안정의 필요성과 정치·사회적 신분의 보장을 강조하고 있다. 이것은 정치·경제·사회적 제권력으로부터 교사의 지위를 보호함으로써 교육의 독립성과 미래를 보장받아야 한다는 의미일 것이다.

그러나 교직에 대한 공무원으로서의 신분보장은 또 다른 의미를 갖기도 한다. '국가공무원법' 제56조는 "교원은 주권을 가진 국민 전체에 대한 봉사자로서 공공권리를 위해 성실히 직무를 수행하여야 한다."고 명시하고 있다. 이는 흔히 일반직 공무원에게 부과되는 성실 의무로써, 모든 공직자는 각종의 개별적인 직무상의 의무는 물론이고, 직무 이외에서 기품을 유지해야 하는 의무까지 지켜야 함을 의미한다. 이에 따라 "교원은 소속 상관의 직무상의 명령에 복종하여야"(제57조) 한다는 점을 강조하고 있다. 또한 '교육법' 제75조에서도 "교사는 교장의 명을 받아 학생을 교육할 것" 등을 규정함으로써 일반직 공무원에 해당되는 성실, 복종의 의무를 교사들에게까지 강요하고 있다. 이와 함께 공무원은 정당 기타 정치단체의 결성에 관여하거나, 이에 가입하는 것을 비롯한 일정한 정치 행위가 금지된다(국가공무원법 제65조, 지방 공무원법 제57조). 공무원의 정치 활동을 금지한 것은 공무원에게 국민에 대한 봉사자의 지위를 보장하고 그의 정치적 중립성을 유지할 수 있도록(헌법 제7조) 하기 위한 것이다. 물론 공무원으로서의 교사에게도 같은 법리가 적용되기도 한다. 이상에서처럼 교직에 대한 공무원으로서의 신분보장은 동시에 성실·복종의 의무와 정치적 중립성 유지를 위한 정치활동 금지라는 제한을 동반한다. 그러나 이러한 의무에 대하여 국가의 정책과 교사의 교육적 양심이 일치하지 않을 때, 과연 교사가 어떠한 행동을 해야 하는가에 대한 의문이 제시되기도 한다. 이에 대하여 '권고문' 제46조는 "교원은 그 전문적 지위나 신분에 영향을 미치는 부당한 행위로부터 충분히 보호되어야 한다."고 명시하고 있다. 이는 교육 전문가로서의 교사는 일반직 공무원과는 달리 전문가로서의 양심에 따라 행동하고, 이에 대한 신분상의 보호를 받아야 한다는 의미로 해석된다. 교사의 행동에 대한 제한은 전문직으로서의 자율성에 근거해야 한다는 의미이다.

또한 '권고문' 제73조는 "윤리강령이나 행동강령은 교원단체에 의하여 제정되어야 한다. 이러한 강령은 교직의 권위를 보장하고 합의된 원칙에 따라서 교직을 수행할 수 있도록 하는 데 크게 공헌하기 때문이다."라고 함으로써 교직에 대한 행동 강령은 교사들 스스로가 작성하도록 권장하고 있다. 이는 외적 통제보다는 자율적 통제를 강조하는 전문직의 특징을 강조한 것으로서 단순히 현재의 사회적 상황에 기초하여 전문직의 행동을 통제해서는 안 된다는 의미이기도 하다. '권고문'에서의 이러한 제안은 교육공무원으로서의 신분을 강조하고 있는 우리나라의 현행 법률과 차이를 보이고 있다. 이러한 차이는 일반 시민으로서의 교사에 대한 개인적 행위에서도 동일하게 나타나고 있다. '권고문' 제79조는 "사회생활과 공공생활에 대한 교원의 참여는 교원 개인의 발전, 교육활동 및 사회 전반을 위하여 권장되어야 한다."고 함으로써 다양한 분야에서 교사의 개인 활동이 보장되어야 함을 밝히고 있다. 또한 제80조에서는 "교원은 시민이 일반적으로 가지는 공민으로서의 모든 권리를 자유롭게 행사할 수 있어야 하며 또한 공직에 취임할 수 있는 권리를 가져야 한다."고 함으로써 교사들이 일반 시민으로서의 모든 권리를 자유롭게 행사할 수 있어야 함을 분명히 하고 있다. 그러나 앞에서 제시되었듯이 우리나라 교사의 신분은 공무원 및 공무원에 준해서 취급되고 있다. 이는 결국 전문직으로서의 자율권이나 일반인으로서의 자연적 권리보다는 공무원으로서의 신분을 우선한 것으로써 교사들은 이에 따른 법적 제약을 받게 되었다. 따라서 교사에 대한 신분보장은 공무원으로서의 직업 안정성이라는 측면과 함께 전문직으로서의 지위 및 일반 시민적 권리의 제한이라는 양면을 가지게 되었다.

교사에 대한 신분 제약은 교원단체 활동에서도 동일하게 나타나고 있다. '권고문'에 따르면 교원단체는 당연히 있어야 할 자율적 기구이다. '권고문' 제9조에서는 "교원단체는 교육발전에 크게 이바지할 수 있는 하나의 세력으로 인정되어야 하며, 교원단체는 교육정책결정에 관여하여야 한다."고 함으로써 전문직으로서의 교원단체에 대한 정당성을 부여하고 있다. 또한 전문직으로서의 자유에 기초하여 제71조에서는 "교원의 직무수행에 관한 기준은 교원단체의 참여하에 규정되고 유지되어야 한다."고 명시함으로써 자율적 직무 수행의 원칙을 강조하였으며, 제72조에서는 "교육단체가 교육활동에 대하여 정부 당국과 협의해야 한다."고 함으로써 자율적 전문가 집단으로서의 교원단체의 역할을 중요시하고 있다. '권고문'에서 교원단체에 대한 중요성을 강조하고 있는 이유는 전문가 집단으로서의 자율성 보장이라는 측면과 함께 교육의 자주성과 독립성을 위한 필요성 때문일 것이다.

교원단체의 필요성에 대해서는 다양한 정치·사회적 시련을 겪기는 했지만, 우리나라에서도 교사의 지위 보장과 전문성 신장이라는 측면에서 법률적 조치를 통하여 발전해 왔다. 우리나라에서의 교원단체 관련법은 1949년의 제정 교육법이 규정한 '교육회' 제도로부터 시작되어 1997년 교육기본법에서의 '교원단체' 관련 조항을 거쳐 1999년 '교원노조법'의 제정을 통하여 구체화되었다. 1997년 개정된 '교원지위

향상을 위한 특별법'에서도 "교육기본법 제15조 1항의 규정에 의한 교원단체는 교원의 전문성 시장과 지위향상을 위하여 교육감 또는 교육인적자원부 장관과 교섭·협의한다."고 규정함으로써 교원의 지위에 관한 구체적 방법론으로서의 교원단체를 인정하고 있다. 그러나 교원단체는 공무원에 관련된 규정을 근거로 자율적 전문가 단체로서의 역할을 갖지 못하고 있는 것이 지금의 현실이다. '국가공무원복무규정' 제3조에서는 "공무원은 법령과 직무상 명령을 준수하여 근무기강을 확립하고 질서를 존중하여야 하며, 집단·연명(連名)으로 또는 단체의 명의를 사용하여 국가의 정책을 반대하거나 국가정책의 수립·집행을 방해해서는 아니 된다."고 명시하고 있으며, '국가공무원복무규정' 제27조 1항에서는 "정당의 조직, 조직의 확장, 그 밖에 그 목적 달성을 위한 것" 등을 정치적 행위로 규정하고 공무원의 이러한 행위를 금하고 있다. 또한 '국가공무원법' 제66조 1항은 "공무원은 노동운동, 그밖에 공무 외의 일을 위한 집단행위를 해서는 안 된다."고 규정하고 있다. 이러한 법률에 근거하여 교사는 전문직으로서가 아니라 일반 공무원으로서의 직위를 갖게 된다. 따라서 국가가 정한 복무 원칙과 내용에 복종해야 하며, 원칙적으로 그 어떤 정치적 행위도 할 수 없도록 되어 있으며 현실적으로는 교육의 독립성과 전문직으로서의 자율성도 보장받고 있지 못하다. 한편에서는 교직의 전문성을 강조하면서, 또 다른 쪽에서는 교사에게 공무원으로서의 의무를 강조함으로써 전문직으로서의 권리를 제한하고 있는 것이다. 이에 따라 우리나라의 교원단체는 법적으로는 인정을 받으면서도 한편으로는 공무원과 관련된 각종 법률에 의거하여 전문직 단체로서의 역할에 어려움을 겪음으로써

'권고문'에서 제시하고 있는 기준에 미치지 못하고 있다.

(2) 신분보장 및 교원단체와 교원의 지위

교사에 대한 신분보장은 두 가지 관점에서 요구된다. 자연인으로서의 시민적 권리 보장과 전문직으로서의 역할에 대한 권리 보장이 바로 그것이다. 헌법 제21조 1항은 모든 국민에게 언론·출판의 자유와 집회·결사의 자유를 보장하고 있다. 따라서 교원에게도 집회·결사의 자유는 보장된다. 헌법 제21조 2항은 결사에 대한 허가제를 금지하고 있으므로 시민으로서의 교사도 원칙적으로 허가받지 않는 결사의 자유를 누릴 수 있는 것이다. 그러나 교사들은 '헌법' 제37조 2항의 기본권제한의 일반 원칙에 의거하여3) 결사의 자유를 누리고 있지 못하다. 이에 따라 교사의 정치활동도 제한되고 있으며, 초·중·고교 교사들의 정치활동을 전면금지한 국가공무원법과 교원노조법은 헌법재판소에서 합헌 결정을 받았다4). 이는 교사를 자율성을 지닌 전문가 집단으로 인정하지 않는다는 의미를 지니고 있을 뿐 아니라, 일반인으로서의 시민적 권리조차도 제한하고 있다는 것을 의미한다. 교사의 권리에 대한 이러한 제한은 교사의 법적 신분에 따른 것이다. 교원이라는 법적 용어는 1949년 12월 31일에 제정된 교육법을 통해서 일원화

---

3) 2항, 국민의 모든 자유와 권리는 국가안전보장·질서유지 또는 공공복리를 위하여 필요한 경우에 한하여 법률로서 제한할 수 있으며, 제한하는 경우에도 자유와 권리의 본질적인 내용을 침해할 수 없다.

4) 헌법재판소는 2014년 28일, 2009년 시국선언에 참여했다 징계를 받은 교사들의 국가공무원법 제66조 1항과 교원노조법 제3조에 대한 위헌청구소송에서 합헌 결정을 내렸다. 이는 '국가공무원법'의 '공무외 집단행위' 및 '정치활동' 금지에 대한 포괄적 해석이라 할 수 있다.

되었으며 신분상의 호칭으로는 국·공립학교 교원의 경우, 오늘날 교육공무원으로 불리게 되었다. 교사가 국가 공무원의 신분을 갖게 되었다는 의미이다. 비록 공무원이라는 신분으로 인하여 '헌법' 제21조에 대한 위헌 심판에서 합헌 판정이 나기는 했지만, 헌법재판소의 판단은 시민적 권리를 강조하고 있는 '권고문' 제79조 및 제80조 등과는 많은 차이를 보이고 있다. 일반적으로 교사의 법적 지위는 국민의 교육기본권 실현을 위하여 교사에게 기대되는 법제화된 역할, 즉 신분을 말하며, 이는 교사의 '권리'뿐만 아니라, 시민으로서의 일반적 권리를 모두 포함하기 때문이다. '권고문'에서 교사의 권리를 강조한 것에 반하여 우리나라에서는 이러한 권리에 우선하여 공무원이라는 신분을 강조함으로써 교사의 권리를 제한하고 있다고 평가된다.

교원단체에 대한 '권고문'에서의 제안은 앞에서도 보았듯이 매우 강력하다. 교사의 지위를 유지·향상시키기 위해서는 교사들 스스로가 자신의 권리를 확보해야만 한다는 의미이다. 이것은 전문직으로서의 교직에 대한 권리 확보이기도 하다. 그러나 우리나라에서는 분단이라는 정치 상황을 이유로 교직의 노동조합 활동이 제한되고 있는 것이 현실이다. 1989년 결성된 전국교직원노동조합은 노조 결성과 관련하여 약 1500여 명의 교사가 해직되는 등, '법외 노조'의 지위를 가지고 있다가 1999년이 돼서야 합법 노조의 지위를 찾게 되었다. 그러나 2010년 183명의 전국교직원노동조합 소속 교사들의 정당 기부 행위에 대하여 검찰로부터 현행 공무원법 위반 사항으로 기소당하고 이에 대한 후속 조치로서, 교육과학기술부에 의하여 위 교사들이 징계조치를 당함으로써 전교조에 대한 합법성 논란이 다시금 시작되었다. 이후

2014년 해직교사의 조합원 인정과 관련하여 고용노동부는 '교원노조법' 제2조를 근거로 전교조를 '법외 노조'로 통보하게 되며, 이에 대하여 2015년 5월 헌법재판소가 합헌 결정을 내림으로써 실질적으로 전교조는 다시금 '법외 노조'로 자리 잡게 되었다. 이러한 과정 속에서 2011년 7월에 개최된 '세계 교원단체 총연맹(Education International)' 제6차 총회5)에서는 결사의 권리 보호와 자유에 대한 ILO 협약 87호 2항에 의거하여 한국 정부는 전교조 활동가들과 교사들에게 부과된 일체의 징계 조치가 즉시 중단되어질 수 있는 필요한 조치를 권고하였으며, ILO는 2013년에만 두 차례에 걸쳐 한국 정부에 이러한 사건의 부당성에 대한 '긴급 개입'을 통지하였다. 또한 미국 국무부에서 발간한 '2014년도 세계 인권보고서'에서는 한국 정부의 전교조 해산 시도의 부당성을 제기하면서 이는 공립학교 교사뿐만 아니라 정부 공무원들도 국가공무원법에 따라 자신의 의견을 표현하는 것이 금지되어 있기 때문이라는 점을 강조하였고, 2015년 국제노동조합총연맹과 EI는 헌재의 판단에 대한 문제 제기 형식의 공동 의견서6)를 헌법재판소에 제출하게 된다.

전교조의 '법외 노조' 판결과 관련된 대외적 논란에 대하여 한국 정부에서는 아직도 충분한 조치를 취하지 않고 있다. 이러한 정부의 조치는 교사가 공무원 신분이기 때문에 시민으로서의 권리 제한은 당

---

5) "Resolution on the restrictions of the civil rights of teachers in South Korea" EI Resolution 2.3.6 E

6) "한국 정부의 전교조 법외노조 결정은 ILO 87호 협약을 위반하고 있다. ILO 회원 국가는 이 기본 원칙을 지켜야 할 의무를 가지고 있다. 그런데 해직자가 있다는 이유로 전교조 등록 취소 결정을 한 것은 국제협약을 명백하게 위반하는 것이다."

연하다는 점을 근거로 하고 있다. 교직에 대한 정부의 이러한 인식은 '권고문'에서의 제안과 많은 차이를 보이고 있으며, 여타의 국제적 기준에도 미치지 못하고 있다. 교직은 전문직이기 때문에 충분히 윤리적 기준과 사회적 합의에 대한 조정 능력을 가지고 있다고 보아야 한다. '권고문'은 국제적 기준에 근거하여 교직의 이러한 특성을 강조하고 있다. 따라서 공무원으로서의 교직을 강조함으로써 교사의 단체 활동을 제한하고 있는 것은 교사에 대한 신분상의 제약이며, 이는 교육에 대한 정부의 심각한 간섭일 수 있고 동시에 전문직으로서의 교직에 대한 지나친 견제라고 평가된다. 그리고 교직에 대한 이러한 제약은 결국 교사의 지위 하락에 결정적 요소로 작용하게 되었다.

4 전문직으로서의 사회·경제적 권리

교사의 지위를 결정하는 요소 중 하나가 바로 교사의 사회·경제적 지위이다. 교사의 사회적 지위는 교직에 대한 사회적 시각이라고 할 수 있으며, 경제적 지위는 직업으로서의 교직에 대한 경제적 대우를 의미한다고 할 수 있다. 따라서 교사의 사회·경제적 지위는 전문직으로서의 교육자유권이나, 신분보장과 함께 교직의 지위를 가늠하는 중요한 요소 중의 하나가 된다. '권고문' 제5조에서는 "교원의 지위는 교육의 목적과 목표에 비추어 교육의 필요성에 합당한 것이어야 한다. 그리고 교원의 적절한 지위와 교직에 대한 사회적 존경은 이들 교육목적과 목표를 온전히 실현하는 데 대단히 중요하다는 것이 인식되어야 한다."고 함으로써 교직에 대한 사회적 존경과 적절한 지위의 보장이 교육목적을 실현하기 위한 전제 요소임을 강조하고 있다. 우리 나라에서도 이러한 의미에서 법률적 조치를 통하여 교사의 사회적 지위 보장을 강조하고 있다. '교원지위향상을 위한 특별법' 제2조에서는 교원에 대한 예우를 위하여 "첫째, 국가, 지방자치단체, 그 밖의 공공단체는 교원이 사회적으로 존경받고 높은 긍지와 사명감을 가지고 교육활동을 할 수 있는 여건을 조성하도록 노력하여야 한다. 둘째, 국가, 지방자치단체, 그 밖의 공공단체는 교원이 학생에 대한 교육과 지도를 할 때 그 권위를 존중받을 수 있도록 특별히 배려하여야 한다. 셋째, 국가, 지방자치단체, 그 밖의 공공단체는 그가 주관하는 행사 등에서 교원을 우대하여야 하며, 교원이 교육활동을 원활하게 수행할 수 있도록 적극 협조하여야 한다."고 함으로써 교사의 사회적 지위 보장을 위한 국가 및 지방자치단체의 역할을 강조하고 있다.

교사의 사회적 지위를 보장하기 위해서는 당연히 교직에 대한 경제적 지위가 확보되어야 할 것이다. 이러한 의미에서 '권고문' 제114조에서는 "오늘날의 세계적 상황에 비추어, 교원들에게 주어지는 사회적 대우나 존경은 … 경제적 지위에 크게 달려있으므로 교원의 지위에 영향을 주는 여러 가지 요인 중에서도 봉급은 특히 중요시되어야 한다."고 함으로써 사회적 지위 확보를 위한 적절한 경제적 대우가 확보되어야 함을 강조하고 있다. 이를 위한 방법과 기준에 대하여 제115조에서는 "교원의 봉급은 유사 또는 동등한 수준의 자격을 요구하는 타 직업 종사자의 봉급에 비하여 손색이 없어야 하며, 교원의 전문적 자격을 향상하기 위한 계속교육이나 문화생활에 쓸 수 있음은 물론, 교원 자신과 그 가족에 상당한 생활수준을 확보할 수 있는 수단이 되어야 한다."고 명시하고 있다. 또한 제123조에서는 "교원의 봉급표는 생계비의 상승, 국내 생활 수준의 향상을 가져오는 생산성의 향상, 혹은 전반적인 임금 또는 봉급수준의 인상 등 제 요인을 감안하여 정기적으로 재검토되어야 한다."고 함으로써 교사의 봉급 수준에 대한 구체적 기준을 제시하고 있다. 우리나라에서도 1958년 발표한 '대한교육연합회'의 '한국교원윤리강령' 제4장 5항과 1982년에 발표한 '사도 헌장'을 통하여 교사의 지위 향상과 복지 증진을 강조하고 있다. 또한 '교육기본법' 제14조 1항에는 "교원의 전문성은 존중되며, 교원의 경제적·사회적 지위는 우대되고 그 신분은 보장된다."고 명시함으로써 교사의 경제적·사회적 지위가 보장되어야 함을 분명히 하고 있다.

'권고문'에서는 교사의 경제적 지위 향상을 위한 방법에 대해서도 구체적인 제안을 하고 있다. '권고문' 제124조에서는 "교원의 봉급결정을 목적으로 하는 어떠한 근무평정제도도 관계교원단체와의 사전 협의 및 승인 없이 도입되거나 적용되어서는 안 된다."고 함으로써 교사의 경제적 대우가 정부 및 상급기관의 독단적인 결정에 의하여 이루어져서는 안 된다는 점을 분명히 하고 있다. 또한 제125조를 통하여 "모든 교원은 그들이 근무하는 학교의 종류에 관계없이 동일 또는 유사한 사회보장의 보호를 받아야 한다."고 함으로써 교사에 대한 경제적 처우가 단지 봉급 수준의 유지뿐 아니라, 각종 복지 혜택을 포함해야 한다는 점을 강조하고 있으며, 교사의 근무 상황에 관계없이 이러한 경제적 처우는 계속되어야 한다는 점을 제시하고 있다. 우리나라에서도 '교원지위향상을 위한 교섭, 협의에 관한 규정' 제3조에서는 교섭 및 협의 사항의 범위에 대하여 "봉급 및 수당체계의 개선에 관한 사항, 근무시간·휴게·휴무 및 휴가 등에 관한 사항, 여교원의 보호에 관한 사항, 안전·보건에 관한 사항, 교권 신장에 관한 사항, 복지·후생에 관한 사항, 연구활동 육성 및 지원에 관한 사항, 전문성 신장과 연수 등에 관한 사항, 기타 근무조건에 관한 사항" 등을 구체적으로 규정하고 있다. 또한 '교원노조법' 제6조에는 임금, 근무조건, 후생복지 등 경제적 사회적 지위 향상 사항에 관한 교섭이 가능하도록 명시하고 있다. 이상과 같은 점을 고려해 볼 때, 교사의 사회·경제적 지위 향상을 위한 '권고문'에서의 제안은 우리나라에서도 각종 법률 조항을 통하여 충분히 제도화되고 있다고 할 수 있다. 그러나 교사의 봉급 수준 및 복지 조건 등에 관한 교직 단체의 교섭 및 결정권은 많은 제한을 받고 있다. '국가공무원법'에 의한 단체 활동 및 정치적 행위에 대한 제약은 교사의 경제적 지위 확보를 위한 스스로의 노력을 무력화시킴으로써 정부의 정책적 결정에 순응하도록 하고 있는 것이다. 이로 인하여 교사의 지위는 다양한 법적 배경에도 불구하고 '권고문'에서 제안하고 있는 수준에 미치지 못하고 있다.

이러한 현상은 다양한 지표를 통해서도 잘 나타나고 있다. 1984년 '대한교육연합회'의 조사에 따르면 우리나라 교사의 사회적 지위는 중등교사가 20위, 초등교사가 24위로 육군대위(17위), 은행원(18위) 등보다도 낮게 평가되고 있는 것으로 나타났으며, 경제적 지위는 중등교사가 26위, 초등교사가 30위로서 은행원(19위), 육군대위(22위), 개인택시기사(25위) 등보다도 낮은 것으로 조사되었다. 1994년에 실시한 조사에서도 중등 및 초등교사의 사회적 지위는 19, 20위에 머물고 있다.7) 그러나 2013년도 교육관련 비영리 재단인 '바키 젬스(Varkey GEMS

Foundation)'가 발표한 '교사 위상 지수(Teacher Status Index 2013)'에 따르면 한국의 교사 위상 점수는 62점으로 중국(100점), 그리스(73.7점), 터키(68점)에 이어 4위를 기록함으로써 미흡하지만 교사의 사회·경제적 지위가 상승하는 것으로 나타나고 있으며 아울러 교직에 대한 중·고생 및 학부모의 '진로실태조사'에서의 직업 선호도 역시 21세기 들어서면서 꾸준히 높게 나타나고 있다. 이는 취업난 속에 직업 안정성이라는 측면이 고려된 것으로 과거에 비하여 교직에 대한 사회·경제적 지위가 향상되고 있음을 의미한다.

그러나 이와는 반대의 현상도 나타나고 있다. 2015년 국정 감사의 '교권 침해 현황' 자료를 보면 최근 5년간 전국 초·중·고교에서 학생과 학부모에 의한 교권 침해 사례는 무려 2만4천569건에 이르렀다. 특히 그중 1만5천324건이 교사에게 폭언과 욕설을 퍼부은 경우고 수업 진행을 방해한 경우도 5천223건이었다. 또한 2015년 교원노동조합 서울지부에서 서울지역 초·중·고 교사 1,233명을 설문조사한 결과 38.1%가 최근 1년 사이 학교에서 교권침해를 경험한 적이 있다고 대답했으며, 교사들의 73%가 교권침해를 심각하게 생각하고 있다고 하였다. 이러한 현상은 결국 교권 하락과 함께 교사의 사회적 지위가 아직도 미흡하다는 점을 반영하는 것이라 짐작할 수 있다. 교사의 경제적 지위도 마찬가지 모습을 보인다. "한국의 교사들이 의사만큼의

---

7) 그 후, 1994년 서울대 사범대와 일본 쓰쿠바 대학이 공동으로 양국의 초·중·고등학교 교사, 일반인, 사범대생, 초·중·고·대학생 등 총 9천 명을 대상으로 실시한 '韓-日 간 교원의 사회, 경제적 지위 및 교직관'에 대한 의식조사 결과에 따르면 우리나라 중등교사와 초등교사의 사회적 공헌도는 총 26개 직업 집단 중 각각 4, 5위로 평가되었으며, 경제적 지위는 중등 및 초등교사가 각각 19위, 20위로 나타났다.

봉급을 받는다."는 오바마 대통령의 2015년 5월 연설에 대하여 교총에서는 "의사는 국내 직업 중 보수 상위 10위권 내에 올라있는 반면에 교사는 소득 상위권에 전혀 진입하지 못하고 있다."고 발표하였다. 또한 OECD의 '2013년 교수·학습 국제 조사(TALIS·Teaching and Learning International Survey, 2013)'를 바탕으로 34개 회원국 중학교 교사 10만 5000여 명을 분석한 결과, 교사가 된 것을 '후회한다.'고 답한 교사의 비율은 한국이 20.1%로 가장 높았는데, 이는 OECD 평균인 9.5%의 두 배 넘는 수치이며, '다시 직업을 택한다면 교사가 되고 싶지 않다.'고 응답한 비율도 한국은 36.6%로, OECD 평균인 22.4%보다 높게 나타났다. 한편에서는 교사의 사회·경제적 지위가 약간씩 상승되고 있다는 조사 결과가 나오고 있지만, 다른 한편에서는 교권침해가 심각하게 진행되고 있으며 교사들의 자긍심이 하락하고 있다는 것은 교사의 지위에 대한 심각한 위기가 도래하고 있다고 해석될 수 있다.

이러한 현상의 원인은 교직 내부에서보다는 외적 요인에서 찾을 수 있다. 특히 교직의 특수성을 고려하지 않는 '국가공무원법' 등에 의한 권리의 제한과 전문직에 대한 배려 없이 실시되고 있는 정부의 각종 정책은 교원단체의 교섭권을 제한함으로써 전문직으로서의 교직의 사회적 지위를 낮추는 결정적인 원인을 제공하고 있다. 또한 교원단체 및 국정교과서 문제 등에서 볼 수 있듯이 교육에 대한 정부 및 정치권의 과도한 개입은 전문직으로서의 교직에 대한 사회적 지위를 떨어뜨리는 또 다른 원인이 되고 있다. 자율성과 윤리적 자기 통제 능력은 전문직의 가장 큰 특징 중 하나이다. 이러한 점에서 법률에 근거한 신분 제약 및 노동 기본권의 제한, 그리고 정부 및 각종 기관의 교육에 대한 간섭은 우리나라 교사의 사회·경제적 지위를 낮추는 주요 원인이 되고 있으며, 전문직으로서의 교직에 대한 지위가 '권고문'에서 제시하는 기준에 미치지 못하는 결과를 가져오게 하였다. '권고문' 서문에서는 교육의 권리를 인간의 기본적 인권으로 규정하면서[8], 모든 사람에게 적절한 교육을 실시하는 것이 국가의 책임이라는 점을 선언한다. 또한 교육활동에 있어서 교사의 역할 및 인류 발전에 대한 그들의 공헌을 인정하며, 교사들이 이러한 역할에 합당한 지위를 갖도록 보장하는 데 관심을 갖는다는 점을 밝히고 이에 대하여 적절한 국제적 기준과 척도를 설정하기 위하여 본 '권고문'을 작성하였다는 점을 강조하고 있다. 이러한 국제적 권고가 나오게 된 배경은 앞에서도 밝혔듯이 교사의 지위에 대한 최소한의 기준과 척도를 설정하기 위한 것이다. 이는 우회적 표현이기는 하지만, 교사의 지위가 보장되고 있지 못한 국가들에 대한 국제적 기준의 제시와 이의 수행을 권고하기 위함일 것이다. 좋은 교사가 되기 위해서는 개인의 노력도 필요하지만 동시에 교사의 지위 보장에 대한 국가와 사회의 인식도 필요하다. 좋은 교사는 공동체의 밝은 미래를 보장하기 때문이다. 따라서 전문가로서의 교사의 지위와 권리에 대한 논의는 현재의 법률적 논리나 정치·사회·종교적 상황 논리에서 탈피하여 미래의 관점에서 이루어져야 할 것이다. 이것이 바로 UNESCO와 ILO가 '권고문'을 통하여 전문직으로서의 교직에 대한 최소한의 기준을 제공하고 있는 이유이기도 하다.

---

8) the right to education is a fundamental human right.

참고 문헌

강승규(2008). 학생의 삶을 존중하는 교사. 서울: 동문사.

강인수(1988). 교육법 연구. 서울: 문음사.

고려대학교 교육사·철학 연구회 편(1996). 인간주의 교육사상. 서울: 내일을 여는 책.

고전(1997). 교사의 법적 지위에 관한 연구. 교육법학연구, 제 9호, 168-193.

구경남(2014). '2009년 역사교과서 재판'으로 본 역사교육의 정치적 도구화. 역사와 담론. 72. 441-471.

권순영 외(2015). '세월호사건'으로 본 교사상에 대한 성찰. 교육의 이론과 실천. 20권 3호. 1-24.

권순영(2018). 미래학교에선 뭘 배우지. 서울: 내일을여는책.

권영성(2007). 헌법학 원론. 서울: 법문사.

김운종(2013). 교권보호조례를 통해서 본 교권의 재음미. 한국교원교육. 제30권 4호, 117-138.

김유환 외(2005). 교원단체의 법적 지위. 한국교육개발원. 현안연구 OR 2004-2.

김인회(1983). 교육과 민중문화. 서울: 한길사.

김정환(1981). 過去·現代·未來의 바람직한 敎師像. 한국교육학회. 교육학연구 19권 3호. 17-23.

김정환(1982). 전인교육론. 서울: 세영사.

김정환(1995). 교육철학. 서울: 박영사.

김정환(1995). 인간화교육 어떻게 할 것인가. 서울: 내일을 여는 책.

김정환(2003). 우리가 바라는 스승상, 송순재 외, 엮음. 영혼의 성장과 자유를 위한 교사론. 서울 : 내일을여는책.

김정환(2005). 현대의 비판적 교육이론. 서울: 박영사.

김택수 외(2021). 선생님도 학교가기 싫을 때가 있습니다. 서울: 창비.

김희선(2002). 프레이리의 지식습득이론에 대한 고찰. 한국교육학연구. Vol.8, No.1, 1−14.

나달숙(2013). 교육권을 둘러싼 법적 논의와 한계성에 관한 연구. 법과인권교육연구. 제6권 2호, 23−41.

나달숙(2021). 학령기 아동인권 보장의 전개와 법적 실현. 법과인권교육연구. 제14권 3호. 161~184.

노기호(2008). 교육권론. 서울: 집문당.

대한교육연합회(1984). 교원의 사회적 경제적 지위에 관한 인식조사. 대한교육연합회.

문형만 역(1985). 교육자론. 서울: 세영사.

배경내(2000). 인권은 교문 앞에서 멈춘다. 서울: 우리교육.

손희권(2007). 교원의 교육권의 법리. 교육행정학연구. 제 25권 4집, 47−72.

송순재(2020). 김정환의 교육철학 산책. 김정환 선생님 추모 학술제 자료집. 고려대 교육사철학회/안암교육학회. 2020. 8. 27.

실천교육교사모임(2023). 대한민국 교육 광장에 서다. 서울: 학교도서관저널.

양은희(2011). 교사는 무엇으로 사는가? 교육은 무엇으로 성장하는가?. 열린전북. 통권 137호, 62−64.

왕학수(1960). 교육학대요. 서울: 정양사.

우정길(2020). 김정환의 "인간주의 교육사상"의 형성과 의미에 관한 고찰. 한국교육학연구 26권 3호. 139−162.

육혜원(2004). "플라톤의 '국가'에 나타난 소크라테스와 트라시마코스의 '정의'에 관한 논쟁. 한국정치 연구회. 정치비평. Vol.13. 269－294.

윤구병(2002). 실험학교 이야기. 서울: 보리.

윤선영(2006). '교육예술'로서의 교육과 '예술가'로서의 교사에 대한 고찰-발도르 프 유아교육 관점에서. 교육의 이론과 실천. Vol 11, No. 1, 117－142.

이경희(2024). '논어'에 나타난 전인적 교육자상. 강릉원주대학교 대학원 교육학 과. 박사학위 논문.

이만규(1948, 1949). 朝鮮 敎育史(上.下). 서울: 을유문화사.

이무완(2018). 교사, 이오덕에게 길을 묻다. 서울: 살림터.

이승원(2005). 학교의 탄생. 서울: 휴머니스트.

이지혜 외(2014). 교사의 교육의 자유에 관한 연구: 교과서 판례를 중심으로. 법 과인권교육연구. 7(2). 71－102.

전광석(2016). 한국 헌법론. 서울: 집현재.

전성은(2015). 학교는 왜 불행한가. 서울: 메디치미디어.

전일균 (2005). 케르셴슈타이너의 교사론 연구. 교육철학. 제34집. 7－22.

전일균 (2009). 프레이리의 교사론 연구. 한국교육철학학회. 교육철학. 제46집. 209－228.

전일균(2005), 노작교육론. 서울: 내일을여는책.

전일균(2005). 케르셴슈타이너의 교사론 연구. 한국교육철학학회. 교육철학. 34 집. 7－22.

전일균(2013). 슈타이너의 교사론에 나타난 정신세계의 교육적 의미. 교육문제연 구. 26권 3호. 139－159.

전일균(2015). 전문직으로서의 교사의 지위에 관한 연구. 한국교육학연구. 21집 4

호. 255 – 274.

전일균(2017). '국정 역사교과서 사태'에 관한 교육학적 탐색. 교육철학연구. 39
권. 3호. 93 – 113.

전일균(2023). 김정환의 교사론 연구. 한국교육학연구, 29권 2호. 119 – 138.

정광희 외(2007). 한국의 헌신적인 교사 특성 연구. 연구보고 RR2007 – 8. 서울:
한국교육개발원.

정영근(2005). 문화와 교육에 대한 교육철학적 고찰 –문화산업시대 교육철학의
과제–. 교육철학회. 교육철학. 33집. 157 – 173.

정영수 외(1998). 교사와 교육. 서울: 문음사.

정필운(2021). 인권교육을 위한 인권이론의 구성. 법과인권교육연구. 제14권. 제3
호. 47 – 70.

진미숙(2005). 프레이리의 윤리학과 교육실천. 교육철학. 제 28집. 49 – 67.

차병직 외(2016). 지금 다시 헌법. 서울: 로고폴리스.

최형찬(2015). 학생인권과 좋은 삶 –학생인권조례를 중심으로–. 교육법학연구.
제27권. 2호. 110 – 131.

표시열(2000). 21세기 교사의 법적 사회적 지위. 한국교사교육. 17권 1호.
119 – 145.

한국사교과서 국정화저지 네트워크 편(2016). 거리에서 국정교과서를 묻다. 서울:
민족문제연구소.

한완상 외(1985). 한국 민중 교육론 – 그 이념과 실천전략. 서울: 학민사.

홍성수(2021). 1990년대 이후 한국에서 인권의 발전과 문재인 정부 5년. 인권연
구. 제4권 2호. 177 – 198.

Banner, J.M., Cannon, H.C.(2008). *The Elements of Teaching*. 이창신 역. 훌륭

한 교사는 이렇게 가르친다. 서울: 풀빛.

Brubacher,J.A.(1966). A *History of the Problems of Education*. N.Y.: McGraw—Hill Book Company.

Budd, H., Roby, K.(1978). *Adult Learning—a design for action*, Oxford: Pergamon Press. 민중교육 편역. 교사는 정치가며 예술가다—프레이리와의 대담. 민중교육. Vol.1. 337—348.

Christodoulou, D., *Seven Myths about Education*. 김승호 역(2018). 아무도 의심하지 않는 일곱가지 교육미신. 서울: 페이퍼로드.

Francis, K.(2004). *The Education of a Waldorf Teacher*. NewYork: Universe, Inc.

Freire, P., Horton, M.(2006). *Conversations on Education and Social Change*, 프락시스 옮김. 우리가 걸어가면 길이 됩니다. 서울: 아침이슬.

Freire, Paulo(2002). *Pedagogy of the Oppressed*. 남경태 옮김. 페다고지. 서울: 그린비. 한국천주교 평신도 사도직 협의회(1979). 페다고지. 비정규 인쇄물.

Freire, Paulo(2007). *Pedagogy of Freedom: Ethics, Democracy, and Civic Courage*. 사람대사람 옮김. 자유의 교육학. 서울: 아침이슬.

Freire, Paulo(2000). *Teachers as Cultural Workers—Letters to Those Who Dare Teach*, 교육문화연구회 옮김. 프레이리의 교사론. 서울: 아침이슬.

Giroux, H.A.(2003). *Teacher as Intellectuals Toward a Critical Pedagogy of Learning*. 이경숙 역. 교사는 지성인이다. 서울: 아침이슬.

Glasser, William.(1993). *The Quality School Teacher*. 박정자 역(1998). 좋은 선생님이 되는 비결. 서울: 사람과 사람.

Highet, G.(1950). *The Art of Teaching*, 김홍옥 역(2009). 가르침의 예술. 서울:

아침이슬.

Hutchins,R.A.(1947). *Education for Freedom*. Louisiana: Louisiana State Unov. Press.

Kant, I.(1971). *Education*. Ann Arbor: The University of Michigan Press.

Kerschensteiner, G.(1926). *Theorie der Bildung*, Berlin : Verlag von B.G. Teubner.

Kerschensteiner, G.(1965). *Die Seele des Erziehers und das problem der Lehrerbildung*, München : R.Oldenburg Verlag.

Kerschensteiner, G.(1969). *Begriff der Arbeitsschule*. München: R.Oldenburg Verlag.

Mayer, F.(1997). *The Great Teachers*, 성기산 역. 위대한 교사들. 서울: 문음사.

McLaren, P.(2008). *Che Guevara, Paulo Freire, and The Pedagogy of Revolution*, 강주헌 역. 체 게바라, 파울로 프레이리, 혁명의 교육학. 서울: 아침이슬.

Moulthrop, D., Calegari, N.C., Eggers, D.(2006). *Teachers have it Easy*, N.Y.: The New Press.

Myers, D. *Teacher`s Power-Professionalization and Collective Bargaining*. 황기우 역(1999). 교사의 권력. 서울: 원미사.

Rich. J.M. *Humanistic Foundations of Education*. 김정환 역(1985). 人間主義 敎育學. 서울: 박영사.

Spranger, E. *Der geborene Erzieher*. 김재만 역(2005). 천부적인 교사. 서울: 배영사.

Steiner, Rudolf(1971). *Theosophy*, NewYork: Anthroposophic Press.

Steiner, Rudolf(1982). *The Roots of Education*. London: Rudolf Steiner Press.

Steiner, Rudolf(1992). *Discussions with Teachers*. Bristol: Rudolf Steiner Press.

Whitaker, T.(2004). *What Great Teachers Do Differently*, 송형호 역(2010). 훌륭한 교사는 무엇이 다른가. 서울: 지식의 날개.

Wilkinson, R.(1993). *Rudolf Steiner on Education*. Gloucestershire: Hawthorn Press.

국가법령정보센터 누리집: https://www.law.go.kr/LSW/main.html

세계교원단체 총연맹 홈페이지, http://www.ei-ie.org/

유네스코 한국 위원회, http://www.unesco.or.kr/

참여연대 홈페이지. http://www.peoplepower21.org

Paulo Freire Institute in UCLA, http://www.paulofreireinstitute.org/

▌저자 소개

전일균 교수

서울 중앙고등학교와 고려대학교 교육학과 및 고려대학교 대학원 교육학과 석사를 거쳐 고려대학교 대학원 교육학과에서 "케르셴슈타이너와 듀이의 노작교육론 비교 연구"로 박사 학위를 취득하였다. 주로 교사론 및 발도르프 교육론, 그리고 우리나라 교육 현실 등에 대한 다수의 논문을 발표하였다. 현재는 국립 강릉원주대학교 교직과정 교수로 재직 중이다.

교사론 좋은 선생님 되기

초판발행	2024년 12월 20일
지은이	전일균
펴낸이	노 현
편 집	소다인
기획/마케팅	이선경
표지디자인	BEN STORY
제 작	고철민·김원표
펴낸곳	㈜ 피와이메이트 서울특별시 금천구 가산디지털2로 53, 210호(가산동, 한라시그마밸리) 등록 2014. 2. 12. 제2018-000080호
전 화	02)733-6771
f a x	02)736-4818
e-mail	pys@pybook.co.kr
homepage	www.pybook.co.kr
ISBN	979-11-7279-049-3 93370

정 가   17,000원

박영스토리는 박영사와 함께하는 브랜드입니다.